掌尚文化

Culture is Future

尚文化·掌天下

CREDIT PORTFOLIO MANAGEMENT OF COMMERCIAL BANKS

国家自然科学基金项目（71201143）成果

商业银行
信贷组合管理

聂广礼　著

经济管理出版社
ECONOMY & MANAGEMENT PUBLISHING HOUSE

图书在版编目（CIP）数据

商业银行信贷组合管理/聂广礼著 . —北京：经济管理出版社，2022.12
ISBN 978-7-5096-8919-6

Ⅰ. ①商…　Ⅱ. ①聂…　Ⅲ. ①商业银行—信贷管理　Ⅳ. ①F830.5

中国国家版本馆 CIP 数据核字（2023）第 007776 号

组稿编辑：宋　娜
责任编辑：宋　娜
责任印制：黄章平
责任校对：陈　颖

出版发行：经济管理出版社
　　　　　（北京市海淀区北蜂窝 8 号中雅大厦 A 座 11 层　100038）
网　　址：www. E-mp. com. cn
电　　话：（010）51915602
印　　刷：唐山昊达印刷有限公司
经　　销：新华书店
开　　本：720mm×1000mm/16
印　　张：19.75
字　　数：377 千字
版　　次：2023 年 6 月第 1 版　　2023 年 6 月第 1 次印刷
书　　号：ISBN 978-7-5096-8919-6
定　　价：98.00 元

前　言

　　我国的融资结构以间接融资为主，做好信贷管理对金融体系的稳定至关重要。信贷管理有着自己的独特性，虽然基于互联网的商品销售是成功的，但 P2P 等基于互联网的信贷却草草收场，这主要是因为信贷业务是基于信用产生的债权债务关系，不是普通的商品买卖，把贷款放出去容易，但是收回贷款存在很多的不确定性。

　　信贷结构在信贷管理中的地位非常重要。我国的商业银行经历了技术性破产、不良资产剥离、上市重生等重大的过程，这个过程中最本质的变化是信贷资产质量好转，而信贷结构是资产质量的重要影响因素。2020 年 11 月 23 日，原中国银行保险监督管理委员会网站发布批复称，原则上同意包商银行进入破产程序，包商银行成为第一家真正完成破产清算程序的商业银行。包商银行破产的本质原因是公司治理不当，直接原因是不均衡信贷资产结构带来的质量恶化。

　　资产组合理论的本质就是"不要把鸡蛋放在一个篮子里"。马科维茨的资产组合理论是现代资产管理理论的开端，影响了此后整个资产组合理论的发展方向。现代投资组合理论已经在资本市场得到了广泛应用，这个被证明有效的投资理论可以应用到信贷资产组合中。商业银行持有大量的信贷资产，各个行业都有涉足，商业银行应该将全部资产作为整体，对全部资产进行前瞻性、战略性和全局性配置，以组合的角度审视信贷资产，获取长期稳健的收益。

　　商业银行信贷组合管理是指商业银行按照投资组合理论对信贷资产进行多元化管理，以实现分散风险、提高收益的目的。广义的银行资产配置是指银行将包括信贷资产和其他金融资产在内的全部资产作为整体进行组合管理，由于信贷资产与其他金融资产差异较大，本书仅就商业银行最重要的资产——信贷资产进行了组合管理的相关研究，并结合我国商业银行的情况进行了相关分析。一方面，组合管理可以避免集中度风险；另一方面，组合管理可以利用资产间的相关性分散非系统风险，提高资产质量，并节约资本。从组合管理的阶段来看，信贷资产的组合管理可以分为信贷投放阶段（前端）的组合管理和贷后阶段（后端）的组合管理。从组合管理的维度来看，信贷组合管理可以分为行业、区域、产品、期限、客户、担保等，其中客户又可以按照信用等级、规模等分类。

信用风险领域虽然有组合管理相关的书籍出版，但是无论是在企业界还是在学术界都未得到足够重视。部分书籍偏理论化，实践意义较弱。本书试图将部分理论和银行实践相结合，力争为学术研究和企业操作提供参考。本书总体分为三个部分：第一部分介绍了信贷组合管理的现状，主要包括组合管理的经验教训和金融机构目前的实践。第二部分是本书的主体部分，聚焦于前端的信贷组合管理，也就是投放阶段的组合管理，主要介绍了两种组合管理的方法：一种是基于相关关系的组合管理方法，并从行业维度进行了分析；另一种是基于风险调整资本回报率（RAROC）的组合管理方法。聚焦了三个组合管理维度，分别是行业、区域和客户。第三部分是贷后主动管理的相关内容，主要介绍了信贷资产证券化，特别介绍了基础资产的选择方法。总之，本书主要研究信贷结构对银行的重要性，以及银行如何优化自己的信贷结构。

笔者从 2011 年博士后阶段开始从事信贷组合管理研究工作，本书的研究成果得益于笔者自 2011 年 7 月起在中国农业银行博士后科研工作站和北京大学博士后科研流动站的工作经历。出站后的数年，虽然历经公司和岗位的变化，但是一直从事信用研究的相关工作，认识也在不断加深，并利用假期时间优化、更新了本书的内容。本书是笔者近年来理论研究和实践经验的总结，是笔者持续多年完成的，因此，各章节数据的年份有差异，但不影响相关的结论。

本书在撰写过程中比较注重文献的引用，这可以帮助有兴趣的读者按图索骥，找到更多的文献进行了解学习。本书也非常注重落地，也就是在银行的实践，希望相关从业人员能够在本书中有所收获。本书可以作为经济金融专业高年级本科生和研究生的教材。

本书稿的完成离不开众多前辈和领导的帮助指导。本书在写作和出版过程中得到了中国农业银行曾经的领导和同事胡新智、周万阜、朱科帮、田学思、李运、张耀平、成峰、李军彦、陆先界、孙素民、刘永强、付兵涛、周莹莹、王丽华、高连水、满明俊、李莉、郭娜、孙鬻、曹晶、刘纪学、李燕桥、李润平、谢婷、张春霞、李学军、兰大海、张帅、张荆麓、闫峰、刘明伟、张树东、武欣、曾重、纪啸天、陈佳炜等，以及北京大学王明进教授，中国科学院大学石勇教授、张玲玲教授、李建平教授，广东工业大学李兴森教授和浙大宁波理工学院袁平副教授等老师的指导和帮助。本书的出版得到了国家自然科学基金项目（71201143）和中国博士后科学基金（2012M510280）资助，在此表示衷心的感谢！感谢经济管理出版社宋娜老师的督促和帮助。

本书稿的写作断断续续持续了较长的时间，占用了大量假期的时间，没有家人的鼓励和支持，这本书是不可能完成的，非常感谢家人特别是爱人陈懿冰的理解和支持，她是本书很多章节的第一个读者，也为部分章节做出了贡献。

　　虽然笔者力争书稿内容准确，但作为研究性书籍，其中一定有很多的问题和不足，如有意见或者建议请联系笔者，电子邮箱：SDUNGL@ 163. COM。本书中体现的数据仅为模拟展示所用，没有明确的指示意义，其内容不代表曾经的工作单位的观点。文责自负。

聂广礼
2023 年春节于北京

目　录

第二部分　信贷投放组合管理

第三部分 贷后积极组合管理

第一部分

信贷组合管理现状

第一章　引言

虽然商业银行信贷组合管理已经有一定的研究和实践，但相比资本市场的组合管理研究仍有一定的差距。本章主要介绍目前信贷组合管理的背景及其对商业银行的意义，总结国内外商业银行的现状及本书的主要结构。

第一节　信贷组合管理的背景与意义

商业银行是国民经济再生产顺利进行的纽带，在整个金融体系中居于特殊而重要的地位，是我国整个金融系统中信用风险的主要承担者。截至 2020 年底，我国银行业金融机构共有法人机构 4601 家，总资产 319.7 万亿元，负债 293.1 万元①。信贷是银行最重要的资产，信贷组合管理对银行有重要的价值和意义。

一、商业银行信贷资产质量至关重要

资产质量恶化严重损害银行利润，成为影响利润最主要的因素。随着经济下行，风险水平上升，资产质量对银行利润的侵蚀十分严重。根据原中国银行保险监督管理委员会（2023 年 3 月，中共中央、国务院印发了《党和国家机构改革方案》，决定在中国银行保险监督管理委员会基础上组建国家金融监督管理总局。5 月 18 日，国家金融监督管理总局揭牌。以下简称"银保监会"）的数据，截至 2020 年末，我国银行业金融机构的不良贷款余额为 3.5 万亿元，较年初增加 2816 亿元，不良贷款率 1.9%（见表 1-1）。根据银保监会的统计，2017~2020 年，我国银行业的税后利润合计 9.14 亿元，同期累计处置不良贷款高达 8.8 万亿元（郭树清，2021），虽然利润数据已经通过拨备等考虑了资产质量的影响，

---

① 2020 年商业银行主要监管指标情况表［EB/OL］.［2021-02-09］. http：//www.cbirc.gov.cn/cn/view/pages/ItemDetail.html？docld＝966727&itemld＝954&generaltype＝0.

但仍可以看出资产质量对利润的侵蚀。2020 年，银行业税后净利润从 2019 年的 2.4 万亿元下降到 2.3 万亿元，当年新提取拨备 1.9 万亿元，同比增加 1139 亿元，当年银行业共处置不良资产 3.02 万亿元（梁涛，2021），见表 1-2。

表 1-1　2015~2020 年银行业金融机构不良贷款情况

项目	2015 年	2016 年	2017 年	2018 年	2019 年	2020 年
不良贷款余额（亿元）	19624.4	21935.7	23892.2	28426.2	31924.1	34740.0
次级（亿元）	9678.1	9554.4	9731.1	12053.7	13745.6	16508.7
可疑（亿元）	7987.9	9424.7	10703.7	12233.7	13199.7	13343.9
损失（亿元）	1958.4	2956.7	3457.4	4138.9	4978.8	4887.4
不良贷款率（%）	1.9	1.9	1.9	2.0	2.0	1.9
次级（%）	1.0	0.8	0.8	0.8	0.9	0.9
可疑（%）	0.8	0.8	0.8	0.8	0.8	0.7
损失（%）	0.2	0.3	0.3	0.3	0.3	0.3

资料来源：银保监会统信部（2021）。

表 1-2　2015~2020 年银行业金融机构税后利润情况　　　　单位：亿元

机构	2015 年	2016 年	2017 年	2018 年	2019 年	2020 年
银行业金融机构	19738.1	20732.4	22008.1	22848.3	23962.3	22625.5
其中：政策性银行及国家开发银行	1162.0	1254.3	1111.9	1320.5	1367.8	1168.9
大型商业银行	8925.4	8789.8	9177.9	9573.2	10606.1	10924.6
股份制商业银行	3373.2	3534.0	3684.3	3881.0	4232.7	4106.6
城市商业银行	1993.6	2244.5	2473.5	2460.8	2509.4	2145.6
农村商业银行	1487.4	1784.5	1974.6	2094.4	2286.5	1952.8
农村合作银行	82.4	37.5	24.3	14.2	10.4	8.4
农村信用社	663.7	518.9	488.5	399.7	293.7	174.3
非银行金融机构	1437.0	1554.6	2314.8	2175.9	2256.7	1804.2
外资银行	152.9	128.0	146.6	248.2	216.1	170.4
新型农村金融机构	115.35	108.1	115.3	100.2	101.0	76.9

注：①2017 年起，非银行金融机构利润数据含金融资产管理公司，与此前年度不可比。②2019 年起，大型商业银行包括邮政储蓄银行的数据，与此前年度不可比。

资料来源：银保监会统信部（2021）。

从具体银行来看，2020 年我国上市商业银行的信用减值损失增加较多，净利润增长率仅个位数，兴业银行、浦发银行、中信银行、光大银行、民生银行等商业银行的当年减值高于净利润。虽然受到了新冠肺炎疫情的影响，但仍可以看到资产质量的影响（见表 1-3）。

表 1-3 2020 年利润排名前 20 的上市银行拨备对利润的影响

证券简称	2020年净利润（亿元）	2019年净利润（亿元）	2020年信用减值损失（亿元）	2019年信用减值损失（亿元）	2020年净利润同比（%）	2020年信用减值损失同比（%）
中国工商银行	3176.9	3133.6	2026.7	1789.6	1.4	13.2
中国建设银行	2735.8	2692.2	1934.9	1630.0	1.6	18.7
中国农业银行	2164.0	2129.2	1647.0	1386.1	1.6	18.8
中国银行	2051.0	2018.9	1183.8	1019.7	1.6	16.1
招商银行	979.6	934.2	648.7	610.7	4.9	6.2
兴业银行	676.8	667.0	753.0	580.9	1.5	29.6
邮政储蓄银行	643.2	610.4	504.0	553.8	5.4	-9.0
浦发银行	589.9	595.1	795.5	747.1	-0.9	6.5
中信银行	495.3	489.9	824.8	766.8	1.1	7.6
光大银行	379.1	374.4	567.3	489.7	1.2	15.9
民生银行	351.0	549.2	929.9	628.1	-36.1	48.1
平安银行	289.3	282.0	696.1	584.7	2.6	19.1
北京银行	216.5	215.9	248.6	225.5	0.3	10.3
华夏银行	215.7	221.2	400.1	302.5	-2.5	32.3
上海银行	209.1	203.3	182.7	171.5	2.9	6.6
江苏银行	156.2	149.6	223.9	172.2	4.4	30.0
宁波银行	151.4	137.9	86.7	74.6	9.8	16.2
南京银行	132.1	125.7	85.0	80.9	5.1	5.0
浙商银行	125.6	131.4	201.7	189.0	-4.4	6.7
重庆农村商业银行	85.6	99.9	102.1	65.7	-14.3	55.3

注：中国工商银行采用资产减值损失。

资料来源：Wind 数据库。

资产质量恶化对银行经营造成了严重影响，是决定银行生存的直接因素。虽然我国银行破产清算案例较少，但也出现了包商银行资不抵债最终破产关闭的案例。20 世纪八九十年代，美国商业银行和储贷机构的倒闭也是由资产结构不合理、资产质量恶化所致。这些将在第二章中详细分析。

优良的商业银行信贷资产对国民经济健康发展至关重要。高质量的信贷资产对自身的经营，以及整个社会的经济发展具有长远的意义。现代商业银行是国民经济体系运转的中介机构，其本身已经成为国民经济的重要组成部分，是实体经济发展的血液（成思危，2006）。在间接融资仍然是我国最主要的融资渠道的情况下，信贷资产是商业银行最重要的资产形式，优良的银行资产是对实体经济发展的最大支持，商业银行的资产质量对国民经济健康发展和人民福祉至关重要

（涂锐，2010）。美国次贷危机引发的商业银行经营危机表明，商业银行信贷资产不良，最终影响的还是国民经济的健康发展，次贷危机对企业的投资产生了不利影响，导致其产出迅速下降（Duchin，Ozbas and Sensoy，2010）。因此，需要对商业银行信贷资产的合理配置进行深入研究，以避免集中度风险，并利用组合之间的相关关系分散非系统风险，确保商业银行对实体经济发展的金融支持以及国民经济的健康发展（魏国雄，2008；Berkmen et al.，2009）。

2011年我国姜、蒜等多种农产品价格出现剧烈波动①，这些农产品多集中在某一区域种植。调研报告显示，农产品的大起大落已经影响了相应种植区域银行体系的信贷资产质量，好的资产质量和存款量才会吸引当地金融业加大对实体经济发展的支持（李兴华，2011）。例如，2011年山东潍坊银监局对全国鲜姜集散中心进行调研发现，当地大部分信贷资产都与鲜姜有关，鲜姜价格的波动已经影响了当地银行的资产质量，如果不合理分散信贷投放，鲜姜价格风险就会成为当地银行的系统风险，而银行业资产的不良将会进一步影响下期鲜姜种植加工的金融支持。甘肃省张掖市的养殖业也体现了这一关系。2015年下半年以来，农产品价格大幅波动，对涉农贷款质量造成了极大冲击。以羊肉价格为例，其零售价格一度从高峰时期的46元/千克下降至32元/千克，导致产销价格倒挂，甘肃省张掖市大量从事养殖业的借款人丧失偿债能力。同时，由此引发的信贷风险暴露，极大地削弱了养殖户的再融资能力，导致其在市场价格回升时缺少资金及时补栏，引发了农业经济和涉农贷款质量的恶性循环（巴年基等，2018）。因此，保障信贷资产质量对商业银行和国民经济都有非常重要的意义。

2018年末，莒县不良贷款率为6.32%。2019年7月，东方金诚下调了山东莒县农村商业银行股份有限公司的信用评级。区域信贷已经连续两年不增或者下滑，2017年末，莒县金融机构本外币各项贷款余额合计349.18亿元，比年初增加3.2亿元，增长0.93%；2018年，金融机构本外币各项贷款余额合计340.70亿元，比上年减少8.48亿元，下降2.43%。从表1-4可以看出，莒县经济出现下滑，区域金融机构惜贷导致的投放能力下降已对当地经济发展产生影响，这也说明了区域信贷资产质量对经济发展有影响。

表1-4　2018年和2019年莒县主要经济指标　　　　　　　单位：%

年份	GDP增长率	固定资产投资	社会消费品零售额	出口	一般公共预算收入	税收增速
2019	6.3	-5.6	8.1	-0.7	11.2	6.5

---

① 全国生姜价格同比降幅超四成 [EB/OL]．[2011-10-12]．http：//www.ce.cn/cysc/sp/info/201110/12/t20111012_21052353.shtml.

续表

年份	GDP 增长率	固定资产投资	社会消费品零售额	出口	一般公共预算收入	税收增速
2018	8.5	7.8	7.6	3.0	16	19.4

资料来源：《2019 年莒县国民经济和社会发展统计公报》http://www.juxian.gov.cn/art/2020/3/24/art_163415_10307500.html. 和《2018 年莒县国民经济和社会发展统计公报》（http://www.juxian.gov.cn/art/2019/3/20/art_163415_10307505.html.

二、资产质量呈现结构化特征

从商业银行历年的实际情况看，商业银行信贷资产质量有着较强的结构化特征。

从国内实践来看，根据原中国银行业监督管理委员会（以下简称"银监会"）公布的商业银行主要监管指标情况（法人），2012 年我国商业银行不良贷款余额 4929 亿元，比年初增加 650 亿元，增幅高达 15%[1]。各家上市银行除了不良贷款增长的趋势如出一辙外，不良贷款的形成和分布区域高度集中，几乎全部"折戟"于长三角地区、中小制造企业等。根据各企业年报及各家银行高管的回应，2012 年新增不良贷款仍多数来自长三角等地区。浦发银行表示，该行 2012 年新增不良贷款 90% 来自浙江，而这其中 75% 来自温州，不良贷款存量的 85% 来自批发和制造业[2]。总部并不在长三角地区的银行也未能幸免。招商银行年报显示，报告期内企业贷款不良增量主要集中在制造业、批发和零售业两个行业，占客户贷款不良总增量的 68%。受经济下行的影响，2012 年招商银行不良贷款增量近七成集中在长江三角洲地区，其他区域的资产质量保持稳定。平安银行 2012 年的不良贷款率从 0.53% 上升至 0.95%，不良贷款同样集中在长三角地区，温州、杭州、宁波、上海四家分行的不良资产增量占全行增量的 88%。该年度中信银行为应对风险，大幅计提拨备，中信银行解释称，由于长三角、珠三角地区以及环渤海地区部分中小企业经营停顿、资金链紧张甚至断裂、银行融资难，导致上述地区贷款质量出现下降，该行新发生的不良贷款主要集中在上述地区[3]。

以中国农业银行 2015 年的情况为例，中国农业银行风险管理总监称，该行

---

[1] 参见银保监会：商业银行主要监管指标情况表（法人）. http://www.cbirc.gov.cn/cn/view/pages/ItemDetail.html?docId=12196&itemId=954&generaltype=0.

[2] 参见 2013 年 3 月 14 日 21 世纪网：浦发银行新增 31 亿不良贷款九成来自浙江. http://finance.sina.com.cn/money/bank/20130314/094914829767.shtml.

[3] 参见 2013 年 4 月 10 日《中国证券报》：钢贸光伏藏"地雷"银行不良贷款二季度或见顶回落. http://finance.ce.cn/rolling/201304/10/t20130410_17091935.shtml?_t=t.

2015年的不良增长呈现四个特点。第一个特点是东部沿海地区和部分资源大省的不良贷款约占全行不良贷款的80%，如福建、云南、广西、内蒙古、陕西、山东等地，浙江地区的不良贷款攀升势头有所缓解；第二个特点是制造业、批发和零售业约占新增不良贷款的80%，这两个行业中的产能过剩企业较多；第三个特点是民营企业约占新增不良贷款的80%；第四个特点是中型企业约占不良贷款的80%①。可见，资产质量的劣变呈现了显著的结构性特点。

再看一个农村商业银行的例子，截至2018年末，莱州农村商业银行关注类贷款余额44.58亿元，占贷款总额的35.18%；不良贷款余额5.87亿元，不良贷款率为4.63%；逾期贷款余额14.68亿元，占贷款总额的11.59%。联合资信评估有限公司（以下简称"联合资信"）在评级报告中分析，由于2018年以来莱州市的主要支柱行业受到环保整治，辖区内塑料行业、石材行业、装载机行业风险凸显，部分企业出现经营收入减少、应收款账期限延长、流动性不足，甚至暂时性停止经营的情况，导致莱州农村商业银行的信贷资产质量下降。另外，莱州农村商业银行大力支持小微和"三农"企业，数量较多，行业风险相对集中，贷款出现前清后增的现象，导致莱州农村商业银行不良贷款和逾期贷款的规模及占比均有所上升（联合资信评估有限公司，2019）。可见，莱州农村商业银行信贷资产质量问题中的结构性特征明显。2019年莱州政府通过土地帮扶置换了4.12亿元，但2019年末的不良贷款率仍然高达4.34%，关注类贷款占比28.63%（联合资信评估有限公司，2020）。

2021年共有11家银行的评级出现下调，规模较大的是盛京银行，联合资信将盛京银行主体评级由AAA下调为AA+。在评级报告中，联合资信认为，盛京银行面临一定的客户及行业集中风险、信贷资产质量有所下降且仍面临一定的下行压力、拨备水平有所下降、非标投资规模较大带来的业务结构调整压力以及盈利水平下降等，这些不利因素可能对其经营表现及信用水平造成不利影响。可见，信贷资产结构的问题导致了评级下调。

从国际实践看，20世纪80年代后期，美国许多商业银行对商业房地产市场波动风险暴露过多，房地产价格的快速下降导致数百家银行倒闭（FDIC，1997）。另外，1984~1987年美国农业类银行的倒闭数量占了美国倒闭银行总量的很大一部分，这些银行的倒闭就发生在美国农田价格触顶回落的几年里，这反映了该类银行吸收了农业收入下降的损失，由于银行没能在区域或者行业中分散资产，最终耗尽资本，导致银行倒闭（Kliesen and Gilbert，1996）。可见，在国际实践中，信贷资产质量也有着较强的结构性特征。本书第二章第四节也有相关分析。

---

① 2016年4月1日《21世纪经济报道》：农行2015年净利润1808亿元不良超行业均值. http://finance. sina. com. cn/roll/2016-04-01/doc-ifxqxcnp8340927. shtml.

专栏 1　美国新英格兰银行倒闭的沉思

1991 年 1 月 6 日，美国新英格兰银行宣布倒闭。这是美国历史上规模最大和损失最惨重的一次银行倒闭事件。美国联邦储蓄保险公司为此支付了 7.33 亿美元来偿还新英格兰银行所欠的债务。通过分析新英格兰银行倒闭的原因，我们可以了解商业银行的风险点，从中吸取教训，加强监督。

导致新英格兰银行倒闭的原因有很多，其中重要的原因有以下两方面：

第一，贷款组合结构存在致命的问题，贷款集中于单一行业和地区。

新英格兰银行的贷款主要集中于房地产市场，从 1985 年末至 1988 年末，房地产贷款年增长率达到 42%。1985 年末，新英格兰银行的房地产贷款总计 24 亿美元，占该银行全部贷款余额的 16.9%；到 1988 年末，房地产贷款总计达到 69 亿美元，占该银行全部贷款余额的 27.9%，这个比率比同期同等规模的银行高出近一倍。

新英格兰银行的房地产贷款主要集中于新英格兰地区。1987 年末和 1988 年初，新英格兰地区的房地产市场已经出现明显的衰退迹象，这也是新英格兰银行贷款质量恶化的预警信号。但是，新英格兰银行的高级管理层忽视了这个信号，没有采取措施来减少房地产贷款的损失。商业银行管理的实质是知道如何承担风险，以及如何为获得利润而管理其承担的风险。新英格兰银行的管理层知道如何使银行承担过度的风险，但是他们不能管理其承受的风险，结果是承受风险不仅没有带来利润，反而导致了银行倒闭。

第二，失去控制的增长速度。

贷款的增长速度是预测银行未来资产质量的关键因素之一。合理的贷款增长速度是保证贷款质量的重要环节。过快的贷款增长速度必然导致贷款质量恶化，因为只有放松信贷政策或贷款标准，才能达到贷款过快增长的目标。

1985 年 3 月 31 日至 1988 年 12 月 31 日，也就是说，在 3 年 9 个月的时间里，新英格兰银行资产总额的年均增长速度达到 48%。1985 年末至 1989 年末，与新英格兰银行资产规模相似的美国 90 家银行的平均资产增长率是 8.9%。这种过快的增长导致了灾难性后果。

1989 年 9 月 30 日，新英格兰银行的呆账达到 9 亿美元。1986~1988 年，贷款过度集中于房地产市场和新英格兰地区，短期内为新英格兰银行带来了高于同业平均水平的利润，1988 年新英格兰银行的净利润达到 2.82 亿美元。但是，随着新英格兰地区房地产市场和整个地区的经济进入衰退阶段，贷款过于集中带来的高风险使新英格兰银行遭受了灭顶之灾。1989 年新英格兰银行亏损 11 亿美元。实际上，到 1989 年 9 月 29 日，新英格兰银行已经不具有债务偿还能力。

资料来源：刘姝威．美国新英格兰银行倒闭的沉思［J］．中国审计，1999（8）：43.

鉴于商业银行信贷资产质量对国民经济健康发展的重要意义，需要对商业银行的信贷资产进行深入研究，以保障商业银行的信贷资产质量和商业银行的健康发展。

三、组合管理对信贷资产质量的意义

前面两小节我们看到了资产质量的重要性和结构性特征，组合管理对保障商业银行信贷资产质量既有可行性又有必要性，其意义主要体现在以下三个方面：

第一，组合管理可以避免信贷资产的集中度风险，保障信贷资产质量。集中度风险是监管机构和银行都已经注意到的风险类型，没有合理的组合管理的信贷资产极易导致集中度风险，增加银行资产风险（李芳和陈德棉，2011）。这主要是因为银行倾向于将风险暴露集于其最优质的客户，而单笔的信贷审批容易出现"只见树木不见森林"的情况，难以保证行业等中观维度的风险控制，以单个企业为对象的微观层次贷款审批标准不足以控制集中度风险（李红侠，2010）。由次贷危机引发的金融危机对美国的银行业造成了沉重的打击，其部分原因是银行有过多的信贷资产都与房地产相关（Demyanyk and Hemert，2011）。摩根大通在安然倒闭等公司危机中犯的最大错误即向单一行业和单一客户发放了巨额信贷（陆晓明，2002）。光伏、钢贸等行业曾经是部分银行信贷资产质量的重要威胁，主要是因为这些商业银行在一段时期内对信贷投放在某些维度的增长没有重视，导致行业等中观维度的信贷风险控制失败。陈四清（2006）提出，单笔授信的审批是从个体来看待授信的合理性的，我国商业银行的授信决策机制更多的还是关注个体信用风险，而仅从个体角度来看待授信的合理性还远远不够，必须要从资产组合层面来进一步分析其合理性。商业银行特别是大型银行在全国众多行业和区域中都有信贷投放（樊志刚和何崇阳，2010），可以借助资产组合的思想，通过行业等中观维度组合管理信贷资产，从而分散信贷风险，提高银行信贷资产质量，合理管理经济资本，为国民经济的健康发展提供金融保障（杨继光和刘海龙，2009；任秋潇和王一鸣，2021）。因此，需要通过适当的组合管理对信贷资产进行适当配置，避免集中度风险，确保信贷资产不过多暴露于同一种资产类型（巴曙松和陈剑，2010）。

国际信贷组合经理协会（International Association of Credit Portfolio Managers，IACPM）是一个致力于推进信贷组合管理实践的非营利组织。该组织持续做一些调研，从 2021 年的调研可以看到，规模小于 5000 亿美元的银行组合管理的第一

目标是降低集中度（IACPM，2021）。具体见第三章第三节的分析。

第二，组合管理可以利用相关性分散信贷资产风险，保障信贷资产质量。由于债务人之间的违约相关性源于宏观经济、行业、地域等因素对经营业绩的影响（魏国雄，2004），因此，通过信贷资产在行业、区域等维度的合理分配，利用维度内部元素之间的信贷资产较低的违约相关关系（李秀敏和史道济，2007），可以分散行业、区域的贷款组合风险，降低贷款非预期损失，保障信贷资产质量。图1-1中有两种资产类型，即信贷资产I和信贷资产K，若这两种信贷资产的价值分布均为正态分布，资产的违约点分别为A点和B点，当资产I（K）的价值低于A（B）所指示的位置时，则资产I（K）违约，那么两种资产可能会出现图1-1所示的四种情况。

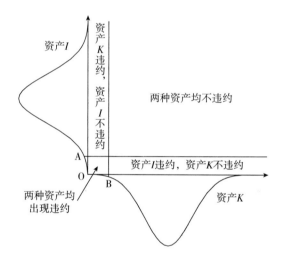

图1-1 信贷组合风险分散原理

假设两种资产处于中观维度的不同类型（如两个行业），且各自的违约概率为0.5，表1-5列出了不同中观维度相关系数下平均分配信贷的组合方差。若两种资产的违约相关系数为1.0，即同时出现违约或者不违约，则组合不能降低方差，也就是非预期的损失，分散不能降低风险，资产分配到两种类型或单一类型没有差异；若两种资产的违约相关系数为-1.0，即两种资产违约相关关系为完全负相关，那么将信贷资产平均分配为两种资产时组合方差将会降为0，也就是完全抵消贷款的非预期损失。实际上，以企业微观维度为对象难以探讨相关关系，因此，需要研究中观维度的组合，以减少非预期损失。

表 1-5　不同中观维度相关系数下违约概率分布及组合方差

中观维度相关系数	均违约	均不违约	仅 I 违约	仅 K 违约	单资产方差	组合方差
1.0	0.5	0.5	0	0	0.25	0.25
0.5	0.375	0.375	0.125	0.125	0.25	0.1875
0	0.25	0.25	0.25	0.25	0.25	0.125
-0.5	0.125	0.125	0.375	0.375	0.25	0.0625
-1.0	0	0	0.5	0.5	0.25	0

注：组合方差即将贷款平均分配给两个借款人的非预期损失的测度。

　　第三，组合管理还能够大幅节约资本，保障资产质量。由于贷款组合投放能够降低非预期损失，因此，组合管理能够降低资本消耗，减少经济资本占用（BCBS，2012）。图 1-2 是巴塞尔委员会研究人员给出的示意图，如果有两种资产类型，当两种资产的相关系数降到 0.5 时，若信贷资产在这两种资产中进行平均分配，那么组合要求的资本率就会下降两个百分点。

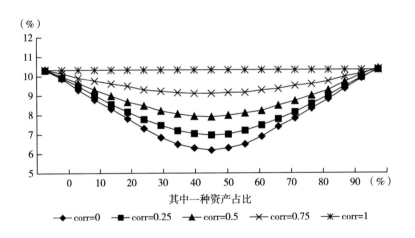

图 1-2　组合管理中风险暴露组合对资本需求示意图

资料来源：BCBS，2006b. Studies on credit risk concentration：An ovenview of the issues and a synopsis of the results from the Research Task Force project ［EB/OL］．［2006-11-30］．https：//www. bis. org/publ/bcbs_wp15. htm.

　　信贷组合管理与资本市场投资组合理论差异较大，需要深入的理论研究。

　　目前，资本市场投资组合管理已经有相当多的研究，也取得了非常大的进展，但是债权人角度的信贷资产配置仍有进步空间。由于资本市场投资和商业银行信贷管理的差异，将资本市场组合的思想应用到信贷资产管理领域存在一些问题。信贷资产的组合管理同资本市场组合的差异主要体现在以下五个方面：

一是信贷资产收益的度量和所受的监督约束与资本市场投资组合不同。在传统的资本市场组合管理研究中，收益通过股价变动实现，收益率借助股价变动进行度量（Steinbach，2001）。而商业银行的信贷资产是固定收益的债权，定价权主要通过谈判实现，利息率的上下浮动幅度受监管机构的约束（中国人民银行，2005），且长时间保持稳定。信贷资产是杠杆经营的结果，资本约束是监管机构对商业银行的重点监管指标（BCBS，2012），因此，资本约束和资本节约是传统的投资组合不会面临的问题。监管机构对商业银行信贷投放的集中度监管限制等约束也是资本市场研究中不需要考虑的①。另外，关注的维度也有差异，对于作为债权人的商业银行而言，除了同资本市场投资一样需要关注行业等维度外，信贷资产还要关注区域、期限等因素（李敏新，2000）。

二是分散成本差别较大，面临分散和集中两难选择。在资本市场投资组合管理中，交易成本主要是交易所收取的费用、交易佣金以及税费等，其数额一般与交易额度呈线性关系。而信贷资产管理成本一般包括贷前调查、审查审批、贷后管理等成本，与信贷额度不呈严格的线性关系，单笔贷款额度越大，则单位金额贷款的管理成本就会越小（杨谷芳，2006）。分散成本的差异导致在信贷组合中如果过于分散，则会使成本上升，利润下降（Acharya，Hasan and Saunders，2006），因此，信贷组合中信贷资产的集中与分散投放对银行绩效的影响以及分散和集中的边界是一个需要研究的问题（Tabak，Fazio and Cajueiro，2011）。

三是风险的来源和度量与资本市场投资组合不同。资本市场投资组合研究中价格变动导致的市场风险是主要的风险类型（Artzner et al.，1999；Danielsson et al.，2006），而在信贷资产配置中信贷资产的信用风险是组合管理中重点关注的风险类型。资本市场风险主要通过收益率的方差进行度量（Cheklov，Uryasev and Zabarankin，2005），在信贷资产管理中，违约率和违约损失率导致的预期损失以及违约率和违约损失率的波动导致的非预期损失是信贷组合管理的重要风险监测指标（Samuels，2011）。如前文所述，分散会导致成本上升，从而使利润下降，信贷组合管理的效果主要体现在对风险的控制上，信贷组合管理的目标主要是减少预期损失和非预期损失（查尔斯·史密森，2006）。

四是相关关系的度量也有显著差异。相关性的度量是组合管理的核心问题，体现了组合管理的意义（Steinbach，2001）。在资本市场研究中，可以通过收益率进行相关关系测度（Markowitz，1959）。在商业银行的资产配置中，违约相关性是组合方法在信贷资产管理实践中的主要障碍，这主要是因为大多数公司没有

---

① 银监会关于印发《银团贷款业务指引》（修订）的通知［EB/OL］．［2011-08-11］．http：//www．gov．cn/gongbao/content/2012/content_2106871．html．

违约，观测到的违约相关性是零，这样的统计结果并没有意义（Smithson，2003）。因为违约的相关性不能被直接估计出来，所以，需要寻找替代的方法来探讨违约的相关系数。

五是信贷悖论难题。信贷悖论（Paradox of Credit）是信贷资产组合中一个特有的问题。投资组合理论告诉我们，商业银行的信贷投向越分散，越容易降低风险。但在实践中，由于区域的行业特点、发展趋同性以及商业银行在某个领域经营的优势，银行在发放贷款时往往会出现信贷集中的现象（谷秀娟，2006），包括地域和行业的高度集中（殷林森和马欣，2013）。这两方面的矛盾形成了信贷悖论，信贷悖论也是资本市场组合研究一般不会涉及的内容。

总之，商业银行的信用风险的分散主要通过不同行业、区域、客户类型等维度投放贷款，但在实践中商业银行信贷业务的开展难以贯彻执行这一原则。商业银行由于具有地缘优势、自身的信息优势、专长领域等，往往倾向于专门在特定的行业或地区开展业务。更进一步，商业银行因为对特定客户（尤其是老客户）具有信息优势，出于信任和审贷、监管成本的考虑，或者为了维护融洽的客户关系，以便与之同时开展非信用业务，常常增加对特定借款人的授信。因此，分散化的潜力实际上是受到一定约束的。

基于信贷组合管理对商业银行特别是国民经济健康发展的重要意义以及信贷组合管理与传统资本市场组合管理的重要差异，直接照抄照搬资本市场组合理论与实际是不相符的，根据信贷资产的特殊性，本书通过行业、区域、客户类型等中观信贷组合管理，进行符合我国商业银行实际情况的信贷组合理论和实践研究，并探讨信贷资产证券化用于后端信贷组合管理。

之所以需要对中观维度进行组合管理，是因为对商业银行而言以企业客户为对象进行微观维度的组合管理既不可行，又无必要。由于信用风险相关关系度量的特殊性，以单个企业为对象来看，其违约概率较低，无法计算企业之间违约的相关关系，缺少组合的基础，因此不可行。另外，当前，各商业银行已经建立了成熟的贷款调查、审查、审批决策机制，通过目前已有的信贷决策机制可以较好地实现风险控制，因此也无必要。而中观维度的组合管理则具有较强的理论和实践意义。从本书的研究看，可以通过一定的方法探讨中观维度不同方面内部之间的相关性具有组合的基础，而且商业银行也可以通过信贷政策、限额等进行中观维度实际的控制，具有实践的价值。

作为一个理论与实践双轮驱动的研究，本书具有以下理论价值和应用价值：

1. 理论价值

（1）中观维度集中度对商业银行效益影响的实证研究。根据我国的实际情况，对商业银行中观维度的信贷集中与分散对银行业绩的影响进行实证分析，以得到我国商业银行信贷投放集中与分散的决策支持，研究具有一定的理论价值。

（2）探讨基于默顿模型的行业维度信用风险相关关系。相关性分析是组合管理的基础和核心，将为债权组合提供理论基础。本书将默顿模型引入中观维度（行业维度）信用风险的相关关系研究中，以解决中观维度信用风险的相关问题，探讨不同行业之间信用风险的关系，这具有一定的理论价值。

（3）研究信贷组合管理的中观维度各方面的非预期损失组合优化模型。系统地深入分析信贷资产在不同维度下的成本收益，并借鉴均值方差模型，以最小化非预期损失为目标，以一定的收益要求为约束，研究分析作为债权人的商业银行的中观维度组合模型，研究具有较强的理论价值。

2. 应用价值

（1）为我国银行监管机构提供参考。通过本书的研究，探索中观维度的信贷监管以及信贷监管的指标，这将为我国银行监管机构从哪些角度对银行信贷变动进行监督管理提供参考，并能为监管机构对商业银行的宏观引导提供决策建议。

（2）为商业银行中观维度信贷政策制定、限额额度确定和授信审批提供参考建议。本书将着重分析行业等中观维度的信贷投向组合，主要价值包括三个方面，一是为商业银行行业、区域、客户信贷政策制定提供参考，二是为贷款计划额度确定提供参考，三是为授信审批提供参考。信贷政策、限额管理和授信审批均为发放阶段的组合手段，通过相关关系分析可以计算中观维度的违约相关关系和当前组合下新增贷款的边际风险，从而得到不同行业的投放顺序。信贷组合模型中的权重可以为信贷计划和信贷投放限额提供参考，边际风险贡献可以作为新增贷款审批的参考，基于 RAROC 的组合分析也可以直接指导商业银行的信贷投放，这都具有较强的应用价值。

（3）为商业银行资产证券化的基础资产选择提供参考。本书对资产证券化的实施情况进行总结和分析，这将为商业银行资产证券化时机选择和入池基础资产选择提供参考。

第二节　国内外研究现状综述

本书涉及金融投资理论等方法，在后面的各章节中还将针对相关的研究进行文献总结。因此，本部分将从现代投资组合管理、信贷资产组合管理方法、信贷悖论三个方面进行文献综述。

一、现代投资组合管理

现代资产组合理论（Modern Portfolio Theory，MPT）是在 20 世纪 50 年代由诺贝尔奖获得者马科维茨（Markowitz）提出的。该理论是当前资本市场投资中较为常用的理论，其基本思想就是"不要把鸡蛋放在一个篮子里"。资产组合的主要理论基础是资产不是独立的，互相之间是有相关性的，投资者可利用收益负相关的资产相互抵消非系统风险，调整资产组合，使之移向有效边界。应用现代资产组合理论的好处在于，通过将投资组合中的资产捆绑在一起，我们可以在给定的风险水平下获得更高的预期收益，或者在给定的预期收益水平下拥有更低的风险。如图 1-3 所示，处于有效边界上的点（如点 C）在相同风险水平下，有最高预期收益（比点 D 收益高）；在相同预期收益水平下，有最低的风险。这个模型及其所蕴含的风险分散化思想是现代投资理论的基础。组合理论提出以预期收益来衡量收益，以方差来衡量风险的基本分析框架，将风险理解为收益的变动性。

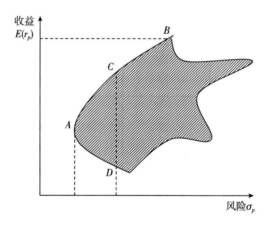

图 1-3 现代投资组合有效前沿

马科维茨的均值方差模型假定市场是有效的，投资者都是厌恶风险的，具体有以下假设：①证券市场是完全有效的；②证券投资者都是理性的；③证券的收益率可以视为随机变量，且服从正态分布，其性质由均值和方差来描述；④各种证券的收益率之间具有一定的相关性，这种相关程度可以用收益率的协方差来表示；⑤每一种资产都是无限可分的；⑥税收和交易成本等忽略不计；⑦单一投资期；⑧不存在卖空机制。在收益一定的条件下，将风险降到最小的模型如下所示。

$$\min\sigma^2 = \sum_{i=1}^{n} \sum_{j=1}^{n} w_i w_j \sigma_i \sigma_j \rho_{ij}$$

$$\text{s. t} \begin{cases} \sum_{i=1}^{n} w_i E(r_i) = \mu \\ \sum_{j=1}^{n} w_i = 1 \quad w_i \geq 0 \quad i = 1, 2, \cdots, n \end{cases} \tag{1-1}$$

其中，σ_i，σ_j（i，$j=1$，2，$\cdots$，n）表示资产预期收益率的标准差，ρ_{ij} 表示其相关系数，E（r_i）是 n 项风险资产的预期收益率；w_i 表示相应资产在组合资产中的比重，其和为 1，由于不能做空，权重不能为负；μ 是要求的收益率。

组合理论将单一资产与资产组合的相关关系作为衡量资产风险属性的重要指标。现代资产组合理论的基本观点是任何投资决策或者对资产的风险和收益的衡量都应该从组合的角度考虑，而不应仅从单一资产本身予以考量。对单一资产风险属性的评测，必须结合特定的资产组合，不仅要认识到资产自身的波动性，更要认识到资产波动对整个组合的影响。某一单项资产本身可能风险较大，但若能够对组合风险起到稳定的作用，也能够降低组合风险（魏国雄，2008）。

组合模型中的一个基础且当前仍在争议中的问题是如何度量风险。Markowitz（1959）讨论过用其他的风险度量模型代替方差的优势和劣势。除了 Markowitz 使用的方差外，目前还有几种风险度量方法：一种是不对称风险度量，有研究人员提出，价格的下降才是风险，而上升不是。随着随机优势理论的发展，期望损失和半方差等不对称风险方法被引入组合模型（Bawa and Lindenberg，1977；Harlow and Rao，1989；Konno，1990；Zenios and Kang，1993）。还有一种是效用，这是一种将投资者本身的感受引入模型的方法。Steinbach（2001）提出了具有风险偏好系数的均值方差期望效用函数的投资组合模型，并分析了在允许卖空情况下仅含有风险资产的投资组合有效前沿的特征。此外，Artzner 等（1997，1999）和 Embrechts 等（1999）将一致性风险度量（coherent risk measures）引入组合模型，并进行了深入分析。多期组合理论也有相应的研究，Phelps（1962）等通过多期组合的方法对长期资产组合进行了深入研究。

此后，基于均值方差模型，现代投资组合理论又发展出了资本资产定价模型（Sharpe，1964；Lintner，1965）和套利定价模型（Ross，1976）。

资本资产定价模型所考虑的是不可分散的系统风险对证券要求报酬率的影响，其假定投资人可通过完全多元化的投资来分散可分散的非系统风险（公司特有风险），故只有无法分散的风险才是投资人所关心的风险，也只有这些风险可以获得风险贴水。套利定价理论推导出了与资本资产定价模型相似的一种市场关系。套利定价理论以收益率形成过程的多因子模型为基础，认为证券收益率与一组因子线性相关，这组因子代表证券收益率的一些基本因素。

组合理论提出了资产多样化的原理。现代资产组合理论的核心内容是多样化的投资组合的风险要小于单一投资的风险，多样化的投资有助于降低投资风险。资产组合通过多样化来降低风险，资产之间的相关性越小，越容易通过多样化的方法降低风险。从理论上讲，只要组合的资产足够多，那么不同资产特有的非系统风险就可以互相完全抵消掉，只剩下影响全部资产的系统性风险。

国内学者也对组合模型特别是风险的度量有一些深入的研究。何信等（2003）以投资期限的划分为分界点，提出了静态和动态两种类型的金融风险度量方法，以风险度量的一致性标准为纽带，分析和证明了动态风险度量的一致性，对动态一致性风险度量的特征进行了探讨，指出它在实际应用中为多期风险度量方法提供了理论依据。屠新曙等（2002）通过空间变换，把 Markowitz 的均值方差模型的有效前沿用投资组合的权重向量表示出来，然后将无差异曲线（IDC）也用投资组合的权重向量表示出来，再通过风险资产组合的有效选择原则得到效用最大化的风险资产组合。魏红刚（2010）认为，Markowitz 的均值方差模型分散投资，在牛市时可能因过于谨慎而丧失获取超额收益的机会，在熊市时又可能因无法应对下跌风险而面临损失，从而提出用下跌风险测度——风险值来替代均值方差理论的风险测度——标准差。

二、信贷资产组合管理方法

苏州（2006）认为，我国银行信贷发展经历了从对单笔贷款管理，到对授信进行限额管理，再到把全部贷款看作一个组合加以管理的过程。尹灼（2005）提出，由于信用风险是银行信贷资产的主要风险，信用衍生品交易成为国际银行业领先者积极管理信贷资产、分散组合风险的主要途径，信用衍生工具所带来的信用风险管理方式使所有的交易参与者获得了越来越强的流动性，能够改变甚至反转原有风险资产组合的风险收益特征，实现资产组合分散优化管理。李勇和谢刚（2009）提出，通过银团贷款分销、信贷资产证券化和信用衍生品，银行不仅可有效分散信贷集中带来的风险，而且还可通过投资组合优化信贷资产结构，获取不低于市场平均收益率的投资回报。任秋潇和王一鸣（2021）基于最优增长率的均值方差基准模型和专家判断的主动配置模型，通过加入风险相关性、风险容忍度、经济资本等内容，为银行在不同风险偏好下积极配置资产提供依据。国际信贷组合经理协会（IACPM）将信贷组合管理分为两个部分，并将相应部分的工具分为前端工具（front-end tools）和后端工具（back-end tools），见表 1-6。根据调查，前端主要工具是集中度的控制，后端主要工具是贷款买卖（IACPM，2021）。

表1-6 国际信贷组合经理协会定义的组合管理相关概念

概念	定义
信贷 （Credit）	信贷（credit）主要指的贷款（loan），信贷组合实践都是植根于过去十年的贷款组合实践
组合 （Porfolio）	传统实践往往单一考虑个别信贷资产，尤其是贷款；正如20世纪60年代及更早之前，投资者在选择股票时采取的"挑选赢家"策略。虽然信贷持有人认识到不同信贷头寸的价值是相关的，但对此相关性的具体认知并无定法，如计量对单一债务人或产业集中度。运用"组合"一词意味着不同信贷头寸的相关性已被明确地纳入实践中，而且是核心内容。相关性是通过信贷组合模型或信贷资本模型等分析工具落实的
管理 （Management）	管理的范畴，包括：①计量及监督组合内的敞口和风险；②识别在机构所既定目标下的最优化组合；③加入信贷头寸；④卸下信贷头寸或敞口

资料来源：http：//iacpm. org/wp-content/uploads/2017/08/IACPMSoundPracticesinCPMChinese. pdf.

总结起来，信贷资产的组合管理可以分为两个阶段，即信贷发放阶段的组合管理和贷后阶段的组合管理两部分。当前，在信贷发放阶段主要依靠控制信贷的投放方向来进行组合管理，在贷后阶段可以通过二级市场进行相应的资产组合管理。

第一个阶段即信贷发放阶段的组合管理。在信贷发放阶段可以通过风险管理模型进行组合风险量化分析和以限额管理、信贷政策为主要手段的维度管理。国内商业银行的实践详见第三章第二节，这里主要介绍一些框架方法。

当前已经开发了较多组合风险测度模型。20世纪90年代中后期，西方一些大金融机构和咨询机构结合不同的经济学理论，开发出了许多信用风险管理模型。其中，最具有代表性的四大现代信用风险管理模型是基于期权定价理论的KMV模型、基于VaR的CreditMetrics模型、基于保险精算的Credit Risk+模型，以及基于宏观经济变量的Credit Portfolio View模型。KMV模型是KMV公司的信用风险组合管理模型，被视为一种比较成熟的现代资产组合理论模型，该模型利用上市公司的数据可以计算信用有效边界，还可以计算任何一笔贷款组合的边际风险贡献（Marginal Risk Contribution）。对于未上市公司的信用评级，KMV公司也有相应的模型。2002年初，穆迪收购KMV后，将穆迪原有的Moody's Risk-Calc v1.0和KMV公司的未上市公司信用评级模型Private Firm Model（PFM）合并，设计出新模型EDF RiskCalc v3.1。该模型包括仅考虑财务报表的模型，也包括同时考虑行业因素和经济周期因素的模型（Dwyer et al.，2004）。但是这些模型都以企业为分析对象，对于商业银行而言，要对更高层次的方面制定相应的政策，需要考虑不同维度的信贷组合。

限额管理是目前商业银行实践中比较常用的组合管理方式，主要用于规避集中度风险。学术界提出的单一客户集中度风险计量方法主要有敞口比率法、基尼系数法、HHI 指数法（赫芬达尔-赫希曼指数法）、基于 ASRF 模型的分散度调整法、基于 Credit Risk+模型的分散度调整法等。

敞口比率法是计算出银行机构排名前几十的大客户（我国银行监管部门一般要求计算排名前十的大客户）的敞口总额，并要求不得超过银行资本净额的一定比例。基尼系数法是比较单个敞口对资产组合的贡献度与平均贡献度之间的差异，如果系数接近 0，说明组合中各个敞口分布均匀，如果系数接近 1，说明组合高度集中。

HHI 指数法定义为组合内各单一客户资产敞口比重的平方和，HHI 指数接近 1，说明单个或数个客户在资产组合中所占比重较大，存在客户集中度风险；HHI 指数接近 0，说明资产组合分散化程度高。目前，国际上通常认为如果 HHI 指数≤0.05，说明该资产组合中的客户较分散，客户集中度风险较小。在实践中，敞口比率法、HHI 指数法等模型方法因计算简便，运用较广（巴曙松和陈剑，2010）。各国商业银行的 HHI 值各不相同，一些研究报告了部分国家以 HHI 值为测度的集中度情况。其中，巴西 HHI 指数为 0.316（Tabak，Fazio and Cajueiro，2011），意大利 HHI 指数为 0.237（Acharya，Hasan and Saunders，2006），爱尔兰 HHI 指数为 0.291（McElligott and Stuart，2007），德国 HHI 指数为 0.291（Hayden，Porath and Vow Westernhagen，2007），阿根廷 HHI 指数为 0.55（Bebczuk and Galindo，2008）。

信贷政策是当前我国银行实践中常用的手段。信贷政策一般从行业和区域等维度对信贷发放环节进行指导，这是目前国内银行实践中较为常用的方法。如有的信贷政策将行业分为倾斜类、支持类、审慎类和禁止类等类别，制定相应的信贷管理规则。信贷政策的制定和实施为商业银行信贷发放组合控制发挥了重要作用。

第二个阶段即贷后阶段的组合管理。贷款转让、资产证券化以及信用衍生产品等是贷后资产管理阶段的主要工具方法。信贷资产证券化是将原本不流通的金融资产转换成可流通资本市场证券的过程。信用衍生产品是指用来分离、转移和对冲信用风险的各种工具的总称，交易双方利用信用衍生产品来增加（或减少）对某一经济实体的信用风险暴露，主要包括信用违约互换（CDS）、指数 CDS 和担保债务凭证（CDO）等。我国当前已有的工具主要包括贷款转让、资产证券化以及信用风险缓释工具。

根据 IACPM（2021）调研的结果，在前端工具中排名前三的是集中度限额、监管资本度量工具和组合视角下的交易决策。在后端工具（市场工具）中贷款转让/购买的排名位于第一，其次是信用风险保险和担保。第三章将会进行更为详细的讨论。具体见表 3-12 的数据。

三、信贷悖论

商业银行经营的核心目的是提高经济效益和实现自身利润最大化。它要求银行采取科学的管理方法和技术，对资源进行有效集中和利用。其中，对信贷业务规模效应的追求和对专业优势、地缘优势的充分运用是商业银行最大化利润的重要手段。商业银行常常由于具有地缘优势、专业优势（或因为缺乏专业技能），倾向于集中在特定的地区或行业里开展业务。这样一方面能实现其交易成本（含监督成本）的节约，另一方面专业优势、地缘优势和信息优势能帮助实现商业银行对单笔信贷资产的风险评估和控制。而且，银行业传统上奉行客户关系导向的经营原则，以提供信贷支持为支点，致力于与客户发展长期稳定的关系，以便形成对特定客户开展业务的比较优势（客户关系、信息优势等），向客户出售系列化产品和服务，实现客户关系盈利性最大化。随着信贷投向集中度的增加，商业银行对特定借款人的风险暴露也会增加，而组合管理又要求分散信贷投向，从而导致了银行业在其信用风险管理过程中保持良好的客户关系与分散信用风险之间的矛盾（魏国雄，2008）。

国外信贷市场中也存在同样的问题，研究人员通过对日本信贷市场进行分析，发现日本国有银行的信贷存在等级划分，等级高的信贷具有一定的信贷集中的现象。其原因在于，贷款银行存在信息优势，银行认为，其客户具有较高的市场等级，因此，较多的贷款集中于此类客户（Shin and Kolari，2004）。由于承担了更大的风险，当债务人违约时，银行会遭受到更大的损失，潜在的损失规模的增加会导致银行要求更加显著的贷款价差——风险补偿，但银行通常并未收取足够的与其所承担的信用风险相匹配的价差（薄纯林，2009）。谷秀娟（2006）认为，信用衍生品可以用于分散风险和化解信贷悖论。

四、文献评述

目前，关于证券投资组合的研究，学者们已经做了非常多的工作，取得了较多的成果，信贷组合管理也有一些涉及，但仍有些欠缺，总体而言，存在以下问题需要进一步解决。

1. 组合管理的中观维度的讨论较少

行业组合分析是当前银行实践中已有的维度，部分研究已经涉及，但是对于商业银行组合的中观维度的探索尚缺少系统全面的研究。在传统的组合分析研究中，一般以单笔贷款为研究对象，较少关注行业、区域、产品、期限、客户类型等中观维度，但是以单笔贷款为对象的微观管理不足以控制整体风险，容易导致"只见树木不见森林"的问题。因此，在信贷组合的理论研究及信贷管理的实践中，均应该关注中观维度的状况，从不同的侧面系统、全面地分析商业银行的信贷管理。中观维度的信用风险的相关关系需要进行深入研究，而在行业等更高维度的信用风险的相关关系研究中需要使用更符合实际经济情况的方法。

2. 现代组合模型的应用尚需继续探讨

当前组合理论的研究多以资本市场的组合为研究对象，资本市场的股权投资是资产组合模型研究的重点，债权角度的组合研究，特别是以 Markowitz 的组合理论为基础的商业银行信贷组合研究目前尚缺少相关的深入分析。在当前的组合模型中，收益、风险及相关关系的度量方法均不适合在信贷组合管理中直接应用。

3. 中观维度的分散与集中的边界尚未确定

国内外实证研究表明，一味地分散或者过度集中对商业银行都不是好的选择。分散会造成成本的上升，从而侵害银行收益，集中度对收益的边际贡献与风险之间呈 U 型关系。我国商业银行集中度对收益的边际贡献与风险之间是否也有 U 型曲线的相关关系，需要针对我国商业银行的具体经济情况进行进一步实证研究。

4. 贷后积极调整的研究较少

目前的组合管理特别是国内相关的研究已有一些，但关于贷后的积极调整，特别是信贷资产证券化基础资产选择的研究尚少。商业银行选择资产证券化的成本收益是多少，参与资产证券化的时机如何选择，资产证券化基础资产如何选择才能对银行更有意义，目前缺乏深入且具有可操作性的研究。

第三节　内容结构

本书一共分为三大部分，第一部分是信贷组合管理现状；第二部分是信贷投放组合管理，也就是前端的信贷组合管理；第三部分是贷后积极组合管理，也就是后端的信贷组合管理，主要分析了信贷资产证券化这一贷后组合管理工具。

第一部分是信贷组合管理现状，主要包括前三章的内容。

第一章是引言，主要分析研究背景和研究意义，回顾国内外相关文献，并予以分析，给出本书的主要内容和研究框架。

第二章是信贷组合管理的经验教训，这部分主要总结了国内外的银行业金融机构风险事件，分析信贷组合管理或信贷结构在持续经营中的重要作用，以教训为主。具体而言，分析了我国海南发展银行关闭和广东国际信托投资公司破产、

2019 年高风险银行处置、我国高不良贷款率的农村商业银行、美国 20 世纪八九十年代的银行类机构破产潮，揭示了信贷结构和信贷组合管理在信用风险防控中的作用。

第三章是国内外商业银行信贷投向及组合管理实践，主要总结商业银行行业、区域、客户、产品和风险缓释等角度的信贷结构现状，分析了国内和国外商业银行信贷组合管理的实践。

第二部分是信贷投放组合管理，主要包括第四章到第十章，是本书组合管理的主体，主要有两种方法，分别是基于相关关系及其行业维度的分析和基于 RA-ROC 及其行业、区域、客户等维度的分析。资本也是信贷管理中的重要因素，本部分安排了专门的章节分析资本计量的影响因素。

第四章是信贷资产应该集中管理还是分散投放。商业银行的信贷应该集中管理还是分散投放是一个需要回答的战略问题。本章基于我国 16 个上市商业银行的信贷投放的数据，通过建立面板模型从风险和收益两个角度研究商业银行信贷投放的行业分散程度对银行的影响。研究发现，在当前我国商业银行信贷分散的情形下，随着集中度增加，银行的信贷资产风险将加大，同时银行的收益也会增加，即如果银行选择更高收益的策略就意味着要承担更高的风险，这与高风险高收益的认识相一致。信贷资产的不同风险状况跟信贷风险的边际收益贡献没有明显的关系，这与国外实证结论不一致，但是银行的经营能力决定了银行应该选择的分散程度，更强经营管理效率的银行可以选择更加分散的信贷投放。本书建议我国商业银行可以在控制风险的情形下适度增加集中度。

第五章是资本影响因素维度的组合管理。信用风险是商业银行面临的主要风险类型，也是新资本协议中风险加权资产计算的主要组成部分。2012 年 6 月，原银监会发布了《商业银行资本管理办法（试行）》（以下简称《资本办法》），本章以该办法为主要依据，以信用风险为主线，分析了信用风险加权资产计算的内涵思想和各个因素对风险加权资产计算的影响情况，并以减少风险加权资产为目标给出了银行信贷组合管理的建议：大力发展高信用等级的贷款客户，适度配置优质中小企业信贷，大力发展零售业务，合理利用风险缓释工具，合理安排贷款期限及还款方式。

第六章和第七章属于方法论的章节，分别介绍了依赖相关关系测度和不依靠相关关系测度的方法。第六章是信用风险相关关系研究方法的现状及其发展。准确测度信用风险相关关系对商业银行进行风险管理和资本计量至关重要。本章全面总结了当前信用风险相关关系的国内外研究成果，将其分为无模型方法和模型方法，并进行了借鉴比较。其中，基于历史数据的方法和基于信用利差的方法等为无模型方法，基于资产价值相关系数计算违约相关系数、渐近单风险因子模型、Copula 函数方法均属于模型方法。我国由于数据积累较少，方法创新性不够，没有在新巴塞尔协议参数制定中充分发挥应有的作用，建议我国应加强数据积累和实证研究，增强在国际银行风险管理参数设定中的话语权。

第七章介绍了一种基于 RAROC 的信贷组合优化模型。目前，存量的方法多需要测度相关关系，而相关关系的测度难度较大，且测度结果可信度存疑，本章介绍了一种无须测度相关关系，基于历史收益率数据进行组合管理的模型，具有较强的实践价值。

第八章是行业维度的组合管理。行业是商业银行中观维度信贷配置管理的重要方面，行业之间信用风险的相关关系是组合配置的基础。本章全面总结了当前信用风险相关关系的国内外研究成果，提出了适应我国信贷管理实际情况的行业维度信用风险相关关系的研究方法。也就是先根据默顿理论，利用上市公司数据计算各个上市公司的违约距离，然后根据违约距离的变动情况，借用无模型方法研究行业维度的信用风险相关系数，并在相关系数测算的基础上，分别计算边际风险贡献和最优化的信贷组合管理模型。另外，基于第七章的方法计算了行业维度的 RAROC 组合模型。

第九章是区域维度的组合管理。我国幅员辽阔，区域经济和金融差异较大，区域是总行和一级分行可以控制的维度，有较强的实践价值。本章介绍了一种测算区域信贷空间的测度体系，并将该计算结果与区域维度的 RAROC 模型相结合，提出了区域组合管理的模型。

第十章是客户维度的组合管理，主要是基于生命周期的中小企业信贷管理。中小企业是国民经济发展的重要组成部分，也是商业银行的重要信贷客户。本章从中小企业存活的生命周期以及中小企业生命周期融资结构角度，研究商业银行对中小企业信贷的管理；提出商业银行在进行中小企业信贷管理时，要加强中小企业生命周期研究，利用生命周期进行中小企业信贷发放管理和贷后管理，同时对规模和信用等级维度进行 RAROC 的组合测算。

第三部分是贷后积极组合管理，这部分主要包括第十一章，分析了信贷资产证券化的基础资产选择，以充分利用资产证券化这一工具进行贷后积极组合管理，调节信贷结构。

第十一章是利用信贷资产证券化积极组合管理信贷资产。信贷资产证券化是目前商业银行可以实际操作并有较强意义的贷后信贷管理手段。本章总结了信贷资产证券化的发展，并从信贷资产池的选择角度分析了试点阶段的经验，以中国工商银行 2007 年工元一期为对象，分析了信贷资产证券化的代价和收益，为商业银行的信贷资产证券化决策提供了参考。关于资产证券化的时机，建议在信贷需求旺盛时通过资产证券化盘活长期贷款；在信贷需求不足时，银行流动性充足，融资后如果不能找到更好的再投资机会，就不适合大规模进行信贷资产证券化。关于基础资产的选择，建议银行遵循优化结构、节约资本、资产质量高、单笔额度大的原则进行企业贷款资产池基础资产的选择。

第十二章对信贷组合管理提出了一些建议。

第二章　信贷组合管理的经验教训

刘鹤（2013）在《两次全球大危机的比较》中提出，"在一些自然科学领域，理解和判断往往在实验室进行，而社会科学没有研究实验室，当统计数据不充分、研究对象又十分泛化时，替代的研究方式可能是进行历史比较。正如在自然界存在着气候变化长周期一样，在经济社会发展领域，只要时间的跨度足够大，也会发现历史的重复现象或者相似之处"。这段论述也是本章的价值和意义所在。目前，已经有部分银行的持续经营出现了问题，这为研究提供了不充分但较有价值的样本，本章试图通过总结金融机构风险事件的教训，给未来以启示。

导致银行陷入困境的原因是多方面的，如经济危机期间银行破产量会急剧增加，这说明外部经济环境对银行的持续经营较为重要。但是，在同样的外部环境下为什么有的银行经营较好，有的银行最终倒闭破产，这说明还是有个体的原因。银行最重要的资产是信贷资产，基于过去经验来看银行出现的持续经营风险，主要问题是由信贷资产恶化导致的。只有总结经验教训，银行的经营才能行稳致远。

一个稳健的信贷结构能保障银行的健康经营。本章主要从信贷组合管理，也就是从信贷结构的角度来解释银行的财务危机，探讨什么样的信贷结构容易导致银行陷入困境。探讨我国海南发展银行关闭和广东国际信托投资公司破产、2019年高风险银行处置、我国高不良贷款率的农村商业银行、美国 20 世纪八九十年代的银行类机构破产潮等金融机构风险案例，从而揭示信贷结构和组合管理在信用风险防控中的作用。国内的有些风险事件本质上是由公司治理失效所致的，但也体现在信贷结构上，阅读信贷结构可以获取相关的风险信息。总结这些经验教训，我们可以得出，银行要想基业长青就不能把信贷资产过度集中于某一行业或者某一区域，分散的信贷组合对于持续经营至关重要①。

---

① 本章主要是关于历史上相关事件的反思、探讨，介绍前因后果时会较大篇幅地直接引用相关作者的成果，已经注明出处，在此表示感谢。如果读者想继续了解更多细节，可以阅读相关文献。本章题目是经验教训，但实际上主要着眼于教训。

第一节 国内 20 世纪 90 年代两家
金融机构的风险事件

一、海南发展银行关闭

1988 年 8 月 23 日，有"海角天涯"之称的海南岛从广东省脱离，成为中国第 31 个省级行政区。海口这个原本人口不到 23 万、总面积不足 30 平方千米的海滨小城一跃成为中国最大经济特区的省会。

1992 年初，邓小平发表南方谈话，随后，中央提出加快住房制度改革的步伐。海南建省和特区效应因此得到全面释放。据海南省处置积压房地产工作小组办公室统计，海南省 1989 年的房地产投资仅为 3.2 亿元，1992 年全省的房地产投资达 87 亿元，占固定资产总投资的一半，仅海口一地的房地产开发面积就达800 万平方米，地价由 1991 年的十几万元/亩飙升至 600 多万元/亩。同年，海口市经济增长率达到了惊人的 83%，另一个热点城市三亚也达到了 73.6%，海南省财政收入的 40% 来源于房地产业。1990~1993 年，房地产投资分别比上年增长了143%、123%、225%、62%，最高年投资额达 93 亿元，房地产投资额占当年固定资产投资总额的比例为 22%、38%、66%和 49%。这时全国经济都处于一个过热状态（见图 2-1），国家相应出台了一些加强宏观调控的措施。

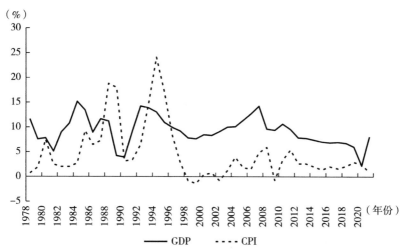

图 2-1 1978~2020 年我国 GDP 与 CPI 情况

资料来源：Wind 数据库。

伴随着这些调控措施，地产也开始降温。1995~1996 年，海南出现了 600 多栋楼烂尾、18834 公顷闲置土地和 800 亿元积压资金，仅四大国有商业银行的坏账就高达 300 亿元。同年的北海，一个 30 多万人口的城市留下了 130 多个、共计 120 多万平方米的烂尾楼，还有大片闲置土地。

房地产的退温导致金融机构产生了大量的劣质资产，1993 年海南省的一些金融信托公司在房地产热降温后陷入了困境，其中，浙琼、蜀兴、华夏等信托公司已出现了支付困难，经营难以维系。在这种情况下，海南省政府为寻求解决办法，申请建立地方银行，报经中国人民银行批准，以信托公司强弱联合为基础建立海南发展银行，即基于当时效益较好的海南省富南国际信托投资公司，合并浙琼、蜀兴、华夏、吉亚四家信托公司，并在此基础上吸收新的股东，组成股份制的海南发展银行（见图 2-2）。由此可以看到，海南发展银行成立的基础比较弱，有一定的先天不足。

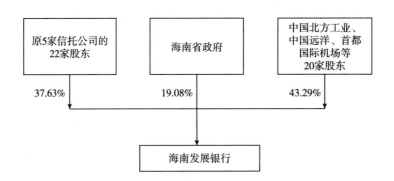

图 2-2　海南发展银行股权结构

资料来源：《海南年鉴（1997）》、国海证券股份有限公司研究所。

此外，在房地产市场出现泡沫的时候，很多信用社通过高息揽存的形式发展业务。1997 年，中国人民银行公布的银行存款基准利率为 5.67%，而部分信用社吸储的利率竟然高达 25%，大量的高进低出、食储不化，只能借新还旧，用更高的利息吸入存款以支付到期的部分，形成了严重的恶性循环（郭一先和吴鹤立，2001）。很快，信用社就开始资不抵债、入不敷出，信用社的经营陷入了困境。到 1997 年底，海南已有几十家信用社资不抵债，无法兑付到期存款，发生了多起挤兑事件。最终，海南省政府决定让海南发展银行兼并信用社，承担信用社的资产和负债，在海南省政府和中国人民银行海南分行的主导下，《处置海南城市信用合作社支付危机的实施方案》出台，有 28 家信用社并入了海南发展银行。

28 家城市信用社的加入引发了海南发展银行的挤兑。挤兑的原因很简单，海南发展银行兼并城市信用社后，允诺按国家规定的正常利率付息，这一利率比当初城市信用社（包括海南发展银行）揽储的高息低十几个百分点，当初人们将钱存入信用社和海南发展银行就是为了获取高利息，否则宁愿将钱存入实力雄厚、风险更小的国有银行。如今高利息的诱惑没有了，海南发展银行由于兼并了效益并不好的信用社，实力有所下降，加之海南发展银行单方面降低利率，引起了储户的不满，促使储户争相挤兑。挤兑又会产生示范效应，许多原本无意提款的储户也加入了挤兑队伍，于是银行的储备日渐干涸。海南发展银行虽然也采取了一些紧急措施，但最终不得不于 1998 年 6 月 21 日关闭，由中国工商银行托管海南发展银行的债权债务。从 1997 年 12 月海南发展银行兼并并托管信用社，到 1998 年 6 月海南发展银行关闭（见图 2-3），仅半年时间（王智勋和陈欣，1999）。

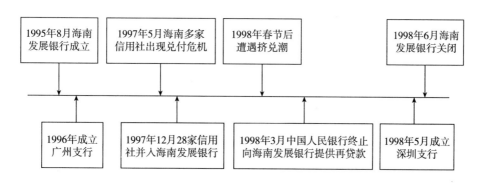

图 2-3　海南发展银行的发展历程

资料来源：《海南统计年鉴》、国海证券股份有限公司研究所。

　　海南发展银行陷入困境有着自己独特的原因，以强弱联合的方式成立，导致海南发展银行先天不足，成立之初就背上了沉重的债务负担；1997 年末，在海南发展银行面临支付困难的情况下，又并入 28 家面临危机的城市信用社，这更是雪上加霜。

　　信贷结构是产生上述资产质量的重要影响因素。海南发展银行的贷款有 80% 投放于房地产和相关行业，海南的大环境一变，这部分贷款的资产质量劣变，直接导致了海南发展银行的支付危机。因此，贷款投放空间过于狭窄和集中，是导致海南发展银行关闭的一个重要原因。

　　从总体上看，海南发展银行出现问题的原因是流动性危机，但本质上还是信贷结构过偏导致的信贷资产质量恶化。

二、广东国际信托投资公司破产

广东国际信托投资公司破产案是我国首例非银行金融机构破产案。虽然不是银行类金融机构，但是其破产仍有一定的借鉴意义。广东国际信托投资公司原名为广东省信托投资公司，是一家以吸收外资、从事信托投资为主的国营金融企业，1980 年 7 月经广东省人民政府批准，在广州市工商行政管理局注册成立，系全民所有制企业法人。1983 年由中国人民银行批准为非银行金融机构，并享有外汇经营权；1984 年 3 月，经广东省工商行政管理局注册登记，更改名称为广东国际信托投资公司，注册资金为 12 亿元。1985 年专门有文章介绍经验：几年来，根据中央关于"设立广东投资公司，采取多种形式，吸收侨商、外商投资，自筹、自用、自还、自负盈亏"的精神，大胆探索，锐意经营，1981～1984 年，共吸收外资 8000 多万美元投放于国内经济建设，成为广东省利用外资的一条重要渠道。1984 年这家公司年末资产总额达 9.29 亿元，其中，资产净值为 2.73 亿元，固定资产为 3744 万元，实现利润 1330 万元（吴惠强，1985）。

20 世纪 80 年代末，广东国际信托投资公司的经营范围不断扩大，逐渐从单一经营信托业务的公司，发展成为以金融和实业投资为主的企业集团，在广东的投资有 3000 多项，涉及金融、证券、贸易、酒店旅游、投资顾问、交通、能源、通信、原材料、化工、纺织、电子、医疗、高科技等领域，并在房地产业倾注巨资①，其经营规模在中国信托业居第二位，是广东省最大的非银行金融机构。在最辉煌的时候，资产多达上百亿元，其标志性建筑——广东国际大厦高达 63 层，一度被认为是身份和财富的象征。1993 年国际评级机构穆迪投资者服务公司和标准普尔公司分别将广东国际信托投资公司评为 BAA1 和 BBB 的信用等级，与国家主权评级比肩而立。

但是由于广东国际信托投资公司盲目投资，乱铺摊子，在多个项目上投资失败，导致其不良资产逐渐累积。20 世纪 90 年代以后，信托业面临的政策环境也在变化。国家的对外引资战略有所调整，开始更多地发行主权债；同时，在政策上放宽对国有商业银行和政策性银行对外融资的限制。1995 年国家明确规定，地方政府不可自行举借外债，也不能再为窗口公司提供担保，并决定对外债实行全口径管理。这样，广东国际信托投资公司这类窗口公司不再拥有原来的特殊地位②。亚洲金融危机使中国香港也受到了严重冲击，外国银行加紧逼债，并纷纷从中国香港和亚洲撤资，导致许多香港中资企业借新债还旧债的路子中断，资金

---

①② 开放编年史｜1999：广信破产［EB/OL］.［2018－06－25］. https：//finance. ifeng. com/c/7e1Uy7jDP7X.

流动性发生严重困难。广东毗邻港澳，广东国际信托投资公司在中国香港设有子公司，中国香港是公司融资的重要渠道，亚洲金融危机对广东国际信托投资公司的影响同样严重，并由此暴露和加剧了该公司的自身问题，到期债务支付不断发生危机，经营活动难以为继。由于长期以来盲目举债，信贷资产质量低下，经营管理存在严重问题，不能支付到期巨额债务，1998年10月6日广东国际信托投资公司被中国人民银行宣布关闭（张朝祥，1999）。1999年1月11日，广东国际信托投资公司以严重资不抵债、无法偿付到期巨额债务为由，向广东省高级人民法院申请破产。

关闭清算期间，广东国际信托投资公司的金融业务和相关的债权债务由中国银行托管，公司下属的证券交易营业部由广发证券有限责任公司托管，其业务经营活动照常进行。1998年10月6日至1999年1月6日为期三个月的关闭清算查明，该公司的总资产为214.71亿元，负债为361.65亿元，资产负债率168.44%，净资产为-146.94亿元，已资不抵债。1999年1月11日，中国银行发布了《关于清偿原省国投自然人债权的公告》，鉴于广东国际信托投资公司已严重资不抵债、无力偿还巨额债务，对自然人债权的清偿只支付本金，不支付利息；中国银行清偿广东国际信托投资公司的自然人债权后，中国银行广东省分行代广东省财政厅依法申报债权，以普通债权人的身份按破产清偿顺序受偿。

广东国际信托投资公司是我国第一家通过司法程序宣告破产还债的，破产财产金额最大、境外债权人最多的非银行金融机构。该案涉及490多个境内外债权人，申报债权高达467亿元，在国内外引起了强烈的反应。广东省高级人民法院、广州市中级人民法院和深圳市中级人民法院历时四年成功审理终结，广东国际信托投资公司破产清算组向200多家境内外债权人进行四次破产财产分配。2003年2月28日，广东省高级人民法院宣布，广东国际信托投资公司破产案终结破产程序。经广东省高级人民法院、广州市中级人民法院、深圳市中级人民法院审理，公司及其三个全资子公司广东国际租赁公司、广信企业发展公司和广东国投深圳公司的破产清偿率分别为12.52%、11.5%、28%和19.48%①。至此，全国首宗非银行金融机构破产案尘埃落定。

虽然广东国际信托投资公司不是典型的商业银行，但是其资产结构也是流动性危机时难以自救脱身的重要原因。

---

① 广东国投破产案破产程序终结［EB/OL］．［2003-02-28］．http：//ent.atv.com/lm1776/B/82451.html.

第二节　2019年高风险银行处置

2019年是中国银行业历史上重要的一年，这一年有多家商业银行出现了风险，并被监管部门通过不同的措施进行了处置。2020年，锦州银行风险处置和改革重组工作基本完成，初步恢复自我造血功能；同年，蒙商银行成立并开业，蒙商银行和徽商银行分别收购承接包商银行的相关业务、资产及负债，2021年2月北京第一中级人民法院裁定宣告包商银行破产；恒丰银行经过剥离不良、引进战投，股改建账工作顺利实施，改革重组工作基本完成[①]。这些银行由于公司治理不当导致风险管理失控，直接体现在资产质量恶化和经营困境上，而信贷结构又是质量恶化的重要原因和表征指标。

一、包商银行

包商银行股份有限公司于1998年12月28日经中国人民银行批准设立，前身为包头市商业银行，2007年9月28日经原中国银监会批准更名为包商银行。

2019年5月24日，中国人民银行和银保监会发布了关于接管包商银行股份有限公司的公告。公告称，鉴于包商银行股份有限公司出现严重信用风险，为保护存款人和其他客户的合法权益，依照《中华人民共和国中国人民银行法》《中华人民共和国银行业监督管理法》和《中华人民共和国商业银行法》的有关规定，银保监会决定自2019年5月24日起对包商银行实行接管，接管期限为一年（中国人民银行，2019）。包商银行作为总资产5500亿元的中型银行，它的被接管给市场带来了较大的冲击。

中国人民银行有关负责人在接管包商银行一周后就有关问题答《金融时报》记者问时指出，包商银行的大股东是明天集团，该集团合计持有包商银行89%的股权，由于包商银行的大量资金被大股东违法违规占用，形成逾期，长期难以归还，导致包商银行出现严重的信用危机，触发了法定的接管条件，被依法接管（李国辉，2019）。中国人民银行报告称接管启动前，据中国人民银行会同银保监会派驻现场的联合调研组摸底，包商银行实际已资不抵债，几次市场化重组均告以失败。同时，包商银行涉及同业交易对手数百家，其中，逾60%为中小金融机构。相关媒体报道，包商银行被"明天系"占用资金过千亿元，被内部人占用

[①]　中国人民银行. 中国区域金融运行报告（2021）[EB/OL].[2021-06-08].http://www.pbc.gov.cn/goutongjiaoliu/113456/113469/4264899/index.html.

资金数百亿元（吴红毓然，2019a）。这暴露出包商银行在公司治理方面也存在着严重的问题，如上层控股公司在公司决策方面进行了不正常的干预和控制，其正常决策程序没有建立或者被虚化（周小川，2020）。

根据中国人民银行的《中国金融稳定报告（2020）》，中国人民银行指出2019年5月包商银行因出现严重信用风险被依法接管，在各方共同努力下，接管托管工作进展顺利。针对包商银行的风险特征，以收购承接方式处置包商银行风险，由存款保险基金提供部分资金支持，促成新设银行收购、承接包商银行的资产负债和业务。经各方努力，包商银行的大额债权收购、清产核资等工作如期完成，改革重组进展顺利。2020年4月30日，蒙商银行宣布设立，包商银行内蒙古自治区外各分支机构和四家分行宣布转让给徽商银行；5月25日，蒙商银行和徽商银行收购的四家分行全面对外营业，包商银行风险处置收尾工作按计划有序推进。根据《存款保险条例》第十八条，存款保险基金向蒙商银行、徽商银行提供部分资金支持，促成蒙商银行、徽商银行顺利收购、承接相关业务，并平稳运行。整个风险处置既最大限度地保护了存款人和其他客户的合法权益，维护了社会稳定，守住了不发生系统性金融风险的底线；又坚持了市场纪律，有序打破了刚性兑付，打破了规模和牌照信仰，促进了风险合理定价，对恢复市场秩序、完善金融法律和制度建设具有重大意义。北京市第一中级人民法院于2021年2月7日裁定包商银行破产。

包商银行风险问题的本质是公司治理不善。由于包商银行"三会一层"治理体制失效，缺乏制衡机制和有效监督，管理层不仅违规为大股东"明天系"套取巨额资金提供帮助，而且还通过在本行工会注册企业、成立中微小集团公司和发展战略客户等关联交易的方式套取信贷资金，这些贷款基本形成不良，大多数关联交易都未通过董事会的决议审批。截至接管前，通过"绿色通道"和"特事特办"审批的关联方贷款，其不良贷款率高达98%；有些关联交易由高管层集体决议，凭行务会议纪要发放；有些关联交易甚至仅凭盖有领导印鉴的"特别贷款审批单"便可放款（周学东，2020）。

包商银行风险问题的直接原因是信贷结构不合理。包商银行从2017年起未公布年报，根据2016年的年报，截至2016年底，包商银行的十大客户贷款占资本净额的28%，接近30%（见表2-1）。2016年末，前十大贷款客户主要是民营企业。从贷款行业看，该行多年的单一贷款大客户包头市荣泰置业是"明天系"旗下产业，2016年被列入失信名单。此外，在2015年年报披露的前十大单一贷款客户中，北京万方恒泰资产管理有限公司及北京正和鸿远置业有限责任公司的实际控股人为包商银行工会（见表2-2）。根据财新报道，向包商银行借贷的壳公司有上千家（吴红毓然，2019a）。

表 2-1　2016 年包商银行前十大贷款客户

客户	行业	贷款余额（亿元）	占贷款总额比例（%）
包头市荣泰置业有限责任公司	房地产业	14.20	0.91
满洲里联众木业有限责任公司	制造业	12.04	0.77
深圳市中化联合能源发展有限公司	批发和零售业	11.39	0.73
深圳朗信天下金属供应链管理有限公司	批发和零售业	11.07	0.71
满洲里木材交易市场有限公司	批发和零售业	10.54	0.67
宁夏银行	金融业	10.47	0.67
北大方正集团有限公司	信息传输、软件和信息技术服务业	10.00	0.64
中国庆华能源集团有限公司	采矿业	8.83	0.56
宝恒（北京）投资控股集团有限公司	租赁和商务服务业	8.80	0.56
吉林市九洲能源集团股份有限公司	制造业	8.25	0.53
合计		105.59	6.75

资料来源：包商银行 2016 年年报。

表 2-2　2015 年包商银行前十大贷款客户

客户	行业	贷款余额（亿元）	占贷款总额比例（%）
中国庆华能源集团有限公司	采矿业	20.0	1.64
北京万方恒泰资产管理有限公司	科学研究、技术服务	16.4	1.35
包头市荣泰置业有限责任公司	房地产业	13.2	1.08
深圳市中化联合能源发展有限公司	批发和零售业	11.0	0.90
包头交通投资集团有限公司	采矿业	9.0	0.74
内蒙古庆华集团有限公司	采矿业	8.0	0.66
北京正和鸿远置业有限责任公司	租赁和商务服务业	8.0	0.66
苏宁电器集团有限公司	批发和零售业	8.0	0.66
泰安佳缔纳贸易有限公司	批发和零售业	6.5	0.53
北京华业资本控股股份有限公司	房地产业	6.0	0.49
合计		106.1	8.71

资料来源：包商银行 2015 年年报。

　　从行业情况看，2016 年年报显示，批发和零售业贷款 330 亿元，占全部贷款的 22.8%，占法人贷款的近 40%，通过与第三章的行业分布数据对比可以看到，这个比例与一般银行相比是完全不合理的（见表 2-3）。

表 2-3　2015 年和 2016 年包商银行行业信贷结构

行业	2016 年			2015 年		
	账面余额（亿元）	占全部贷款比例（%）	占法人贷款比例（%）	账面余额（亿元）	占全部贷款比例（%）	占法人贷款比例（%）
公司贷款和垫款	843.39	58.25	100	716.30	64.78	100
农、林、牧、渔业	14.05	0.97	1.67	20.80	1.88	2.90
采矿业	64.67	4.47	7.67	77.07	6.97	10.76
制造业	187.48	12.95	22.23	112.80	10.20	15.75
电力、热力、燃气及水生产和供应业	10.57	0.73	1.25	6.04	0.55	0.84
建筑业	25.45	1.76	3.02	28.83	2.61	4.02
交通运输、仓储和邮政业	23.66	1.63	2.81	28.07	2.54	3.92
信息传输、软件和信息技术业	22.03	1.52	2.61	17.31	1.57	2.42
批发和零售业	330.19	22.80	39.15	285.61	25.83	39.87
住宿和餐饮业	11.35	0.78	1.35	11.04	1.00	1.54
金融业	3.85	0.27	0.46	5.03	0.46	0.70
房地产业	36.52	2.52	4.33	33.00	2.98	4.61
租赁和商务服务业	24.42	1.69	2.90	23.06	2.09	3.22
科学研究和技术服务业	8.97	0.62	1.06	18.07	1.63	2.52
水利、环境和公共设施管理业	5.54	0.38	0.66	10.41	0.94	1.45
居民服务、修理和其他服务业	3.28	0.23	0.39	8.85	0.80	1.24
教育	5.98	0.41	0.71	3.71	0.34	0.52
卫生和社会工作	12.92	0.89	1.53	13.69	1.24	1.91
文化、体育和娱乐业	12.84	0.89	1.52	6.68	0.60	0.93
公共管理、社会保障和社会组织	0.00	0.00	0.00	1.36	0.12	0.19
买断式转贴现	39.10	2.70	4.64	4.87	0.44	0.68
境外贷款	0.52	0.04	0.06	0.00	0.00	
个人贷款	604.56	41.75		389.40	35.22	
贷款和垫款总额	1447.95	100		1105.69	100	

资料来源：包商银行 2016 年年报。

批发和零售业本质上是一个流转行业，买入货物然后卖出，依靠赚取中间差价获取利润。行业的特点是中小企业多，毛利率低，应收账款多，容易产生纠纷。由于行业内中小客户较多，抗风险能力弱，从第三章可以看出批发和零售业的不良贷款率非常高，资产质量较差。中国工商银行 2016 年的年报披露，截至 2016 年末，中国工商银行批发和零售业的不良贷款率高达 9.28%。包商银行 2016 年的年报披露，截至 2016 年末，不良贷款为 26.41 亿元，若按照 330 亿元的余额和 9.28% 的不良贷款率测算，批发和零售业的不良贷款额已达到 30.6 亿元。

二、锦州银行

锦州银行于 1997 年 1 月 22 日成立，由锦州市 15 家城市信用社和锦州市城市信用合作社联社整体改制而成，2008 年 4 月更名为锦州银行股份有限公司。锦州银行总部位于辽宁省锦州市，在北京、天津、沈阳、大连、哈尔滨、丹东、抚顺、鞍山、朝阳、阜新、辽阳、葫芦岛、本溪、营口及锦州设立了 15 家分行，H股于 2015 年 12 月 7 日在香港联合交易所有限公司主板上市。锦州银行的股权比较分散，自 2015 年末至问题爆发，锦州银行始终没有持股 5% 以上的股东。

2019 年 4 月 1 日，锦州银行发布公告称由于核数师需要"额外资料和文件"，该银行 2018 年的年度业绩将会延迟刊发。5 月 31 日，锦州银行宣布更换核数师。同期锦州银行爆发了较为严重的同业挤兑。8 月 20 日，锦州银行发布盈利警告，预期 2018 年的净亏损达 40 亿~50 亿元，2019 年上半年的净亏损达 5 亿~10 亿元。根据最终公布的数据，锦州银行 2019 年归属于母公司股东的净亏损 9.59 亿元，2018 年的亏损额为 45.93 亿元。

2019 年 7 月 28 日，锦州银行正式宣布引进战略投资者，向工银金融资产投资有限公司、信达投资有限公司及中国长城资产管理股份有限公司转让其持有的部分该行内资股。2019 年末，工银投资持股 10.82%，信达投资持股 6.49%，长城资产持股 4.33%。2020 年 3 月，锦州银行与成方汇达签订处置框架协议。按照框架协议的约定，锦州银行处置的资产包括发放贷款及垫款本金 983.7 亿元、受益权转让计划 516.3 亿元，合计 1500 亿元。作为交易对价，成方汇达现金出资 450 亿元；同时，作为资产处置计划交易的一部分，锦州银行认购辽宁金融与存款保险基金管理有限公司所控制企业设立的合伙企业发行的定向债务工具 750 亿元，期限为 15 年，年利率 2.25%；剩余 300 亿元将通过计提减值准备进行核销（联合资信评估股份有限公司，2021）。

对于锦州银行的处置，中国人民银行总结为以"在线修复"方式化解锦州银行的风险。中国人民银行稳定报告指出，锦州银行股权高度分散，内部人控制严重，且资产规模大，同业关联度高。2019 年 5 月，锦州银行爆发严重的同业挤兑危机，情势较为紧急，中国人民银行、银保监会会同辽宁省政府果断决策，快速引入战略投资者为锦州银行提供增信，多措并举化解锦州银行同业挤兑危机，大幅改善了市场对中小金融机构稳健性的预期，截断了风险传播。中国人民银行认为，锦州银行不良资产规模大，为使其重回正常经营轨道，必须实施财务重组。成方汇达公司以市场化价格收购锦州银行 1500 亿元不良资产，并会同辽宁省国资平台共同出资 121 亿元认购 62 亿股锦州银行的新发股份。财务重组过程中严格夯实了各方责任，锦州银行及原有问题股东依法承担历史损失，不良资产清收工作有力推进。锦州银行 2019 年年报期后事项显示，财务重组完成后，锦州银行核心一级资本充足率、一级资本充足率、资本充足率分别达 8.85%、10.38%、12.56%，账面不良贷款率下降至 1.95%。截至 2020 年末，锦州银行第一大股东成方汇达（最终拥有人为中国人民银行）的持股比例为 37.69%；第二大股东辽宁金控（最终拥有人为辽宁省财政厅）的持股比例为 6.65%；第三大股东工银金融资产投资有限公司（最终拥有人为中国工商银行）的持股比例为 6.02%；其余股东的持股比例均未超过 5%。

锦州银行改革重组工作顺利完成，基本恢复自我"造血"功能，初步具备正常经营能力，风险得到稳妥化解，未对金融市场形成大的冲击。锦州银行风险处置成为上市银行"在线修复"的典型案例[①]。根据 2020 年年报，2020 年锦州银行税前利润为 3.28 亿元，净利润为 1.54 亿元。

锦州银行风险问题的本质是公司治理不善。根据财新的报道，按锦州银行发布的历年年报，宝塔石化、华泰汽车、天元锰业、东旭集团都曾成为过该行的十大股东。为什么锦州的主要股东是问题民企，因为大股东都是锦州银行高层挑的，其目的很明确。比如，天元锰业和中国华融勾结，套取华融资金，意图反向控制华融，成为华融的影子机构，涉及金额有数百亿元。在这一利益链条上，锦州银行扮演了重要的角色，对天元锰业的贷款有 300 亿元之多。2018 年以来，锰价一度回升，天元锰业经营现金流一度回暖，但仍然无法按期归还在华融的债务，而此时天元锰业在锦州银行的贷款还没有被划入不良贷款行列。治理混乱、专业缺失导致锦州银行的窟窿逐步难以掩盖（吴红毓然，2019b）。

从锦州银行的信贷结构可以看出其蕴藏的风险。从锦州银行的公司和个人贷款分布情况看，锦州银行绝大多数的贷款为公司类贷款，占比持续高于 90%，这与我国大部分商业银行的信贷结构有较大的差异（见表 2-4）。从公司类贷款的行业结构来看，锦州银行批发和零售业的占比长期处于高位，2017 年末甚至超

---

① 中国人民银行．中国金融稳定报告 2020［EB/OL］．［2020-11-06］．http：//www.pbc.gov.cn/goutongjiaoliu/113456/113469/4122054/index.html.

过其法人贷款的一半，达到了53.33%，前文已分析该行业是一个不良贷款率高发的行业，锦州银行信贷结构存在严重问题（见表2-5）。

表2-4 2016~2020年锦州银行客户信贷结构   单位：%

客户信贷结构 \ 年份	2016	2017	2018	2019	2020
公司贷款	92.71	94.13	95.04	97.74	94.09
票据贴现	0.03	1.15	1.71	0.05	3.87
个人贷款	7.26	4.72	3.25	2.21	2.04

资料来源：Wind 数据库。

表2-5 2016~2020年锦州银行行业信贷结构   单位：%

行业 \ 年份	2016	2017	2018	2019	2020
农、林、牧、渔业	1.31	0.76	0.36	0.24	0.22
采矿业	1.53	1.14	1.42	1.08	0.42
制造业	31.71	17.05	19.80	20.36	21.95
电力、热力、燃气及水生产和供应业	3.25	1.25	2.10	1.38	1.10
建筑业	1.40	1.03	1.01	0.95	1.81
批发和零售业	34.02	53.33	45.57	47.55	48.36
交通运输、仓储和邮政业	2.38	0.84	2.62	2.26	2.24
房地产业	11.72	7.22	7.29	7.33	6.03
租赁和商务服务业	5.47	5.58	8.22	9.13	7.57
科学研究和技术服务业				1.53	0.76
水利、环境和公共设施管理业	1.15	0.66	0.43	0.75	0.92
教育	2.73	2.75	1.86	1.51	1.39
卫生和社会工作			2.29	0.87	

资料来源：Wind 数据库。

此外，锦州银行投资较大规模的受益权转让业务，主要为购买的信托公司、证券公司、保险公司以及资产管理公司发行的受益权项目，底层资产主要涉及批发和零售业、制造业等行业的类信贷资产受益权转让业务（联合资信评估股份有限公司，2021）。

可以看出，股权分散带来的内部治理问题是锦州银行出现问题的本质原因，但是我们可以从资产和信贷结构中获取公司的风险信息。

三、恒丰银行

恒丰银行的前身为 1987 年成立的烟台住房储蓄银行，2003 年经中国人民银行批准，改制为恒丰银行股份有限公司。

2014~2017 年，恒丰银行多次被曝出高管分钱、违规股权运作等丑闻，两任董事长先后被查（吴红毓然，2017；吴红毓然和单玉晓，2020）。

2019 年，恒丰银行通过引进战略投资者化解了危机。恒丰银行非公开发行了 1000 亿股普通股，引进投资者资金 1000 亿元。2019 年 12 月 24 日，银保监会对发行方案及股东资格予以批复。其中，中央汇金投资有限责任公司、山东省金融资产管理股份有限公司分别认购该行上述非公开发行股份 600 亿股、360 亿股，新加坡大华银行有限公司和其他 7 家股东共增持 40 亿股，增资扩股后，恒丰银行总股本增至约 1112 亿元。2019 年 12 月 30 日，中央汇金、山东省资管及大华银行等十家投资者完成注资。截至 2019 年末，恒丰银行共有股东 61 家，中央汇金为第一大股东，持股 53.95%；其次为山东省资产管理运营有限公司，持股 32.37%。

在地方政府和金融管理部门的指导下，恒丰银行按照市场化、法治化原则制订实施了改革方案，经过剥离不良、引进战投，股改建账工作于 2019 年 12 月顺利完成，标志着恒丰银行市场化重组基本完成（中国人民银行金融稳定分析小组，2020）。中国人民银行以"地方政府注资+引战重组"的方式处置恒丰银行风险。中国人民银行报告指出，恒丰银行公司治理薄弱、经营管理混乱，接连两任董事长违法违纪被查，风险逐步暴露，声誉严重受损，出现流动性紧张的局面。恒丰银行作为山东省唯一的一家全国性股份制商业银行，对当地经济和社会发展尤为重要，山东省政府主动履行属地风险化解责任，按照市场化、法治化原则，牵头制定了通过地方政府注资及引入战略投资者进行重组的恒丰银行改革方案。在中央有关部门的支持下，恒丰银行改革重组工作进展顺利，山东省政府积极压实老股东责任，严肃追究违法违纪高管责任，积极引入汇金公司等战略投资者，加强公司治理改革，推动恒丰银行健康可持续发展。截至 2019 年底，恒丰银行顺利完成股改建账、资本充足率等核心监管指标均达到监管要求，改革重组工作基本完成[1]。

恒丰银行的信贷结构其实也提示了风险信息。由于恒丰银行的问题主要出现在 2014~2017 年，我们主要观察这段时间的信贷结构。从公司贷款和个人贷款的占比看，2016 年以前恒丰银行个人贷款的占比基本处于 10% 以下（见表 2-6）。

---

① 中国人民银行，2020. 中国金融稳定报告 2020［EB/OL］.［2020 - 11 - 06］. http：//www.
pbc. gov. cn/goutongjiaoliu/113456/113469/4122054/index. html.

从公司贷款的占比看，批发和零售业、制造业是占比较高的行业，批发和零售业于 2015 年占比超过 40%（见表 2-7）。从第三章的相关分析结果可以看出，个人贷款占比 10% 是一个十分低的水平，而批发和零售业较早就已经大规模暴露了风险，同前两家银行存在相同的问题。

表 2-6　2012~2016 年恒丰银行客户信贷结构　　　　　　单位：%

类型＼年份	2012	2013	2014	2015	2016
公司贷款	86.49	83.76	80.16	85.79	84.79
票据贴现	9.22	7.12	7.76	4.92	9.32
个人贷款	4.29	9.12	12.08	9.30	5.89

资料来源：Wind 数据库。

表 2-7　2012~2016 年恒丰银行行业信贷结构　　　　　　单位：%

行业＼年份	2012	2013	2014	2015	2016
农、林、牧、渔业	1.21	1.73	2.34	2.51	3.17
采矿业	3.40	4.05	3.24	1.89	2.66
制造业	33.77	31.81	30.26	23.33	20.27
电力、热力、燃气及水生产和供应业	2.23	2.20	2.68	2.15	2.30
建筑业	10.82	10.98	12.50	12.93	11.76
批发和零售业	2.88	26.25	30.07	40.34	35.75
交通运输、仓储和邮政业	20.39	2.67	2.22	1.87	1.63
信息传输、软件和信息技术服务业	2.12	0.49	0.44	0.24	0.42
住宿和餐饮业	0.45	2.68	2.29	1.92	1.69
金融业			0.25	0.22	
房地产业	7.48	11.08	10.18	6.15	5.79
租赁和商务服务业	8.56	8.00	8.34	6.48	9.00
科学研究和技术服务业	0.36	0.14	0.25	0.25	0.22
水利、环境和公共设施管理业	8.52	6.16	6.87	7.34	8.28
居民服务、修理和其他服务业	1.04	0.95	0.87	0.55	0.66
教育	0.06	0.06	0.03	0.02	0.06
卫生和社会工作	0.08	0.16	0.20	0.29	0.19
文化、体育和娱乐业	0.59	0.34	0.66	1.26	1.36

资料来源：Wind 数据库。

第三节　我国高不良贷款率的农村商业银行

截至 2021 年末，我国商业银行真正陷入财务困境后进入破产关闭阶段的只有海南发展银行和包商银行，其他银行目前尚没有走到这一步。但是目前我国部分农村商业银行（以下简称"农商行"）的资产质量已然较差，需要对这些金融机构的经营情况予以高度重视。以甘肃省为例，截至 2020 年底，甘肃银行业金融机构不良贷款金额为 1493.51 亿元，不良贷款率为 6.74%。其中，大型商业银行、股份制银行、城市商业银行（以下简称"城商行"）的不良贷款率分别为 1.82%、2.6% 和 2%。这意味着甘肃省包括农商行、农信社这类金融机构的不良贷款率已超 6.74%（陈洪杰，2021）。

根据银保监会的数据，2020 年末我国农村商业银行 1539 家，农村合作银行（以下简称"农合行"）27 家，农村信用社 641 家，新型农村金融机构 1691 家，农商行是数量最多的银行类型。2020 年，农村商业银行比 2015 年增加 680 家，也是增加最多的银行类型（见表 2-8）。

表 2-8　银行业金融机构情况　　　　　　　　单位：家

机构名称＼年份	2015	2016	2017	2018	2019	2020
政策性银行及国家开发银行	3	3	3	3	3	3
大型商业银行	5	5	5	6	6	6
股份制商业银行	12	12	12	12	12	12
城市商业银行	133	134	134	134	134	133
民营银行	5	8	17	17	18	19
农村商业银行	859	1114	1262	1397	1478	1539
农村合作银行	71	40	33	30	28	27
农村信用社	1373	1125	965	812	722	641
新型农村金融机构	1373	1504	1623	1674	1687	1691
非银行金融机构	385	412	437	444	451	455
外资银行	40	39	39	41	41	41
其他机构（中国邮政储蓄银行和中德住房储蓄银行）	2	2	2	1	1	1

续表

机构名称＼年份	2015	2016	2017	2018	2019	2020
理财子公司	0	0	0	0	9	20
金融资产投资公司	0	0	0	0	5	5

注：2018 年起，大型商业银行包括邮政储蓄银行。
资料来源：银保监会统信部（2021）。

农村金融机构先天不良，需要不断改革优化。1996 年底，农村信用社与中国农业银行脱钩，接受中国人民银行（2003 年开始为银监会，后为银保监会）监督和管理。不过，对农信社的改革及产权制度明晰的探索从未停止过。2001年 9 月，中国人民银行批准江苏省农村信用社联合社成立，按照省政府授权，对辖内法人单位履行指导、协调、服务和行业管理职能。2003 年，国务院发布了《深化农村信用社改革试点方案》，当时我国农信社存在的问题主要是产权不明晰，法人治理结构不完善，经营机制和内控制度不健全；管理体制不顺，管理职权和责任需要进一步明确；历史包袱沉重，资产质量差，经营困难，潜在风险仍然很大。此时，我国农村信用社的资本充足率水平极差，处于非常严重的负值状态（周小川，2004）。2010 年，原银监会提出，用三至五年时间将农村合作金融机构总体改制为产权关系明晰、股权结构合理、公司治理完善的股份制金融企业，为建立现代农村金融制度奠定良好基础。同时提出 2015 年底前全面取消资格股，今后不再组建农村合作银行，符合条件的农村合并行和农村信用合作社应直接改制为农村商业银行。

经过多年的改革，我国的农村商业银行和农村信用合作社净资产已经有了长足进步。根据银保监会的统计，2002 年末农村商业银行的资产为 33.40 万亿元，2015 年末为 15.23 万亿元；2020 年末所有者权益为 2.57 万亿元，2015 年末为1.20 万亿元；2020 年税后利润为 1952.80 亿元，2015 年为 1487.40 亿元（见表 2-9、表 2-10）。从这个数据可以看出，农村商业银行的资产和利润都有了一定的增长。

表 2-9　银行业金融机构总资产情况　　　　　　　单位：亿元

机构＼年份	2015	2016	2017	2018	2019	2020
银行业金融机构	1993454	2322532	2524040	2682401	2900025	3197417
其中：政策性银行及国家开发银行	192847	229935	255306	270718	280206	294096
大型商业银行	781630	865982	928145	983534	1167770	1284290

机构　　　　　年份	2015	2016	2017	2018	2019	2020
股份制商业银行	369880	434732	449620	470202	517818	578325
城市商业银行	226802	282378	317217	343459	372750	410699
农村商业银行	152342	202680	237033	262616	292567	334004
农村合作银行	7625	4359	3633	3055	2961	3191
农村信用社	86541	79496	73525	64990	59655	58717
非银行金融机构	64883	79311	119424	133554	145126	158799
外资银行	26808	29286	32438	33452	34833	37819
新型农村金融机构	10063	12436	14017	15127	16974	19402

注：①本表数据为法人合计口径。②2017年起，非银行金融机构总资产数据含金融资产管理公司，与此前年度不可比。③2019年起，大型商业银行数据包括邮政储蓄银行数据，与此前年度不可比。

资料来源：银保监会统信部（2021）。

表2-10　银行业金融机构所有者权益情况　　　　　　　　单位：亿元

机构　　　　　年份	2015	2016	2017	2018	2019	2020
银行业金融机构	152053	174305	195334	216624	244662	266284
其中：政策性银行及国家开发银行	14364	15318	16150	16966	18092	18970
大型商业银行	61228	66723	72509	79754	96459	106426
股份制商业银行	23212	26762	30573	34264	41174	45900
城市商业银行	15481	18338	21875	25205	27775	29159
农村商业银行	12000	15167	17908	20818	23809	25662
农村合作银行	670	363	291	246	228	225
农村信用社	5162	4698	4390	4110	3723	3505
非银行金融机构	12226	14673	21276	23956	26363	28443
外资银行	3511	3720	3835	4137	4392	4474
新型农村金融机构	1323	1513	1666	1784	1890	1983

注：①本表数据为法人合计口径。②2017年起，非银行金融机构所有者权益数据含金融资产管理公司，与此前年度不可比。③2019年起，大型商业银行数据包括邮政储蓄银行数据，与此前年度不可比。

资料来源：银保监会统信部（2021）。

虽然农村商业银行和农村信用合作社的改革发展取得了长足进步，但是近年来由于信贷结构的问题，个别地区的农村商业银行资产质量出现了严重恶化，资本充足率大幅度下降，甚至出现核心一级资本下降到负值的情况。2020年末，农村商业银行的不良贷款率为 3.88%，远高于大型商业银行和股份制银行 1.5% 左右的水平（见表 2-11）。

表 2-11　2020 年末商业银行主要指标情况

指标	大型商业银行	股份制商业银行	城市商业银行	民营银行	农村商业银行
不良贷款余额（亿元）	11052	5008	3660	87	7127
次级类贷款余额（亿元）	5357	2264	2142	37	2959
可疑类贷款余额（亿元）	4077	1707	978	28	3694
损失类贷款余额（亿元）	1617	1037	540	22	475
不良贷款率（%）	1.52	1.50	1.81	1.27	3.88
资产利润率（%）	0.89	0.75	0.55	0.84	0.62
拨备覆盖率（%）	215.03	196.90	189.77	295.44	122.19
资本充足率（%）	16.49	13.60	12.99	13.53	12.37
流动性比例（%）	55.87	55.40	67.60	61.60	65.20
净利润（亿元）	10925	4107	2146	92	1953
净息差（%）	2.05	2.07	2.00	3.67	2.49

注：外资银行资本充足率不含外国银行分行。2014 年第二季度起，中国工商银行、中国农业银行、中国银行、中国建设银行、交通银行和招商银行六家银行经核准开始实施资本管理高级方法，其余银行仍沿用原方法。邮政储蓄银行纳入大型商业银行汇总口径。

资料来源：参见 http://www.cbirc.gov.cn/cn/view/pages/ItemDetail.html? docId = 966730&itemId = 954& generaltype = 0。

商业银行是否赎回次级债是银行流动性状态的测度指标。自 2017 年 12 月 "12 贵阳银行债" 和 "12 天津银行债 01" 两只次级债券以及 2018 年 7 月 "13 滨农商二级" 不行使赎回权以来，商业银行次级债（包括 2013 年以前发行的次级债券和混合资本债券，2013 年以后发行的二级资本债和永续债）不赎回案例逐渐增多（李思婕等，2021）。根据中国国际金融股份有限公司的统计，截至 2021 年末不行使赎回权的商业银行次级债已达到 29 只，其中，21 只的发行银行类型是农商行（见表 2-12）。

随着银行业机构 2021 年度评级报告的陆续出炉，截至 2021 年 7 月底，盛京银行、阜新银行、葫芦岛银行、大连农商行、河南新郑农商行、延边农商行、山西长子农商行、山西平遥农商行等城商行或农商行的主体长期信用等级被下调（见表 2-13），可以看到，农商行在其中占比较高[1]。

---

[1]　资产质量承压　盛京银行等多家辽宁城农商行被降级 ［EB/OL］．［2021-08-02］．https://finance.caixin.com/2021-08-02/101750112.html.

表2-12 截至2021年末未行使赎回权的商业银行次级债

债券简称	发行日期	赎回日期	到期日期	银行类型	发行规模（亿元）	发行期限（年）	票面利率（%）	特殊条款	最新主体评级	最新债项评级
12天津银行债01	2012-12-27	2017-12-28	2022-12-28	城商行	15.0	5+5	5.90	赎回	AAA	AA+
12贵阳银行债	2012-12-28	2017-12-28	2022-12-28	城商行	12.0	5+5	6.50	赎回	AAA	AA+
13滨农商二级	2013-07-26	2018-07-26	2023-07-26	农商行	15.0	5+5	6.50	赎回、减记	AA+	AA
14临商银行二级	2014-11-26	2019-11-28	2024-11-28	城商行	14.0	5+5	6.10	赎回、减记	AA	AA-
14南粤银行二级	2014-12-08	2019-12-09	2024-12-09	城商行	15.0	5+5	6.00	赎回、减记	AA+	AA
15九台农商二级	2015-04-09	2020-04-13	2025-04-13	农商行	8.0	5+5	6.30	赎回、减记	AA	AA-
15贵阳农商二级	2015-05-12	2020-05-13	2025-05-13	农商行	7.0	5+5	6.40	赎回、减记	AA-	A+
15桐城农商二级	2015-05-27	2020-05-28	2025-05-28	农商行	2.7	5+5	6.50	赎回、减记	A	A-
15石嘴山银行二级	2015-07-22	2020-07-24	2025-07-24	城商行	6.0	5+5	6.10	赎回、减记	AA-	A+
15大连农商二级	2015-12-11	2020-12-14	2025-12-14	农商行	20.0	5+5	5.09	赎回、减记	AA-	A+
16诸城农商二级	2016-02-01	2021-02-02	2026-02-02	农商行	5.0	5+5	5.50	赎回、减记	A+	A
16咸宁农商二级	2016-05-24	2021-05-26	2026-05-26	农商行	3.0	5+5	5.30	赎回、减记	A+	A
16襄阳银行二级	2016-06-20	2021-06-21	2026-06-21	农商行	5.0	5+5	5.15	赎回、减记	A+	A
16朝阳银行二级	2016-06-24	2021-06-29	2026-06-29	城商行	8.0	5+5	4.90	赎回、减记	AA	AA-
16庐江农商二级	2016-08-19	2021-08-23	2026-08-23	农商行	2.0	5+5	4.80	赎回、减记	A+	A

续表

债券简称	发行日期	赎回日期	到期日期	银行类型	发行规模（亿元）	发行期限（年）	票面利率（%）	特殊条款	最新主体评级	最新债项评级
16 莱州农商二级	2016-10-12	2021-10-13	2026-10-13	农商行	8.0	5+5	4.45	赎回，减记	AA-	A+
16 禹城农商二级	2016-11-17	2021-11-22	2026-11-21	农商行	3.0	5+5	4.60	赎回，减记	A+	A
16 唐山农商二级	2016-11-17	2021-11-22	2026-11-21	农商行	15.0	5+5	4.20	赎回，减记	AA	AA-
16 丹东银行二级	2016-11-18	2021-11-22	2026-11-21	城商行	12.0	5+5	4.40	赎回，减记	A+	A
16 张店农商二级	2016-11-25	2021-11-29	2026-11-29	农商行	6.0	5+5	4.60	赎回，减记	AA-	A+
16 潜江农商二级	2016-11-29	2021-11-30	2026-11-30	农商行	2.5	5+5	4.70	赎回，减记	A+	A
16 郓城农商二级	2016-12-02	2021-12-06	2026-12-06	农商行	4.0	5+5	4.70	赎回，减记	A+	A
16 抚顺银行二级	2016-12-09	2021-12-13	2026-12-13	城商行	10.0	5+5	4.50	赎回，减记	AA	A+
16 六安农商二级 01	2016-12-16	2021-12-20	2023-12-20	农商行	2.5	5+2	4.80	赎回，减记	AA-	A+
16 滨海农商二级 01	2016-12-16	2021-12-20	2026-12-20	农商行	20.0	5+5	4.50	赎回，减记	AA+	AA
16 辽东农商二级	2016-12-26	2021-12-28	2026-12-28	农商行	3.0	5+5	4.80	赎回，减记	A+	A
16 东港农商二级	2016-12-27	2021-12-29	2026-12-29	农商行	3.0	5+5	4.80	赎回，减记	A+	A
16 大通农商二级	2016-12-30	2022-01-04	2027-01-03	农商行	1.5	5+5	5.00	赎回，减记	A+	A
17 蛟河农商二级 01	2017-01-23	2022-01-25	2027-01-25	农商行	0.9	5+5	5.30	赎回，减记	BBB	BBB-

资料来源：李思婕、王瑞娟、许娟（2021）。

表 2-13 2021 年评级公司下调银行信用级别情况

企业名称	评级机构	评级调整日期	最新主体评级	评级展望	上次评级日期	上次评级	上次展望	企业性质	地区
延边农村商业银行股份有限公司	中诚信	2021-07-29	A+	稳定	2020-07-30	AA-	负面	地方国有企业	吉林省
盛京银行股份有限公司	联合资信	2021-07-30	AA+	稳定	2020-07-21	AAA	稳定	公众企业	辽宁省
山西长子农村商业银行股份有限公司	联合资信	2021-07-28	A	稳定	2020-07-24	A+	稳定	地方国有企业	山西省
山西榆次农村商业银行股份有限公司	中诚信	2021-05-13	A-	观察名单	2020-07-31	A+	稳定	地方国有企业	山西省
山西平遥农村商业银行股份有限公司	联合资信	2021-07-28	BBB+	稳定	2020-07-30	A	稳定	地方国有企业	山西省
吉林环城农村商业银行股份有限公司	联合资信	2021-07-23	A	稳定	2020-07-24	A+	稳定	地方国有企业	吉林省
葫芦岛银行股份有限公司	联合资信	2021-07-29	A+	稳定	2020-07-30	AA	稳定	民营企业	辽宁省
河南新郑农村商业银行股份有限公司	中诚信	2021-07-29	AA-	稳定	2020-07-27	AA	稳定	地方国有企业	河南省
阜新银行股份有限公司	联合资信	2021-07-29	AA-	稳定	2020-08-20	AA	稳定	民营企业	辽宁省
大连农村商业银行股份有限公司	联合资信	2021-07-29	AA-	稳定	2020-07-24	AA	稳定	地方国有企业	辽宁省
安徽阜南农村商业银行股份有限公司	东方金诚	2021-05-26	A+		2020-06-15	AA-	稳定	地方国有企业	安徽省

本节通过贵阳农商行的案例探讨农商行偏弱的信贷结构。2017 年末，贵阳农商行不良贷款率从 2016 年末的 4.13% 增至 19.54%，远超监管红线；资本充足率从 11.77% 降至 0.91%，核心一级资本充足率则降至 -1.41%。该行的贷款结构存在严重问题，其中，明显的特点就是批发和零售业占比过高，2017 年末该行法人贷款第一大行业是批发和零售业，占比 33.85%，然后依次是房地产业（占比 17.21%）、建筑业（占比 9.43%）、租赁商务服务业（占比 8.33%）和制造业（占比 6.72%）等，其中，批发和零售业不良贷款 44.64 亿元，不良贷款率为 32.85%；制造业不良贷款 11.71 亿元，不良贷款率 43.40%；房地产业不良贷款余额 6.07 亿元，不良贷款率 8.79%；建筑业不良贷款余额 3.16 亿元，不良贷款率 8.36%。截至 2017 年末，该行涉及地方融资平台贷款 10.90 亿元，占贷款总额的 2.71%，无不良贷款。从第二节和第三章的内容可以发现，批发和零售业的不良贷款率是非常高的，资产质量较差，而贵阳农商行却有三成以上的资产集中在这个行业。该行房地产业和建筑业的贷款在总贷款中的占比超过 26%，近年来房地产宏观调控政策对行业影响较大，较高的贷款集中度给该行风险控制带来了一定压力。

此外，相比于大型银行而言，农商行信贷结构存在的问题包括个人贷款占比偏低，法人贷款中多批发和零售业贷款，个人贷款中多个人生产经营贷款。以贵阳农商行为例，根据评级报告，2017 年末该行个人贷款占比仅 9.16%，其客户多为法人客户。法人贷款中多批发和零售业贷款，这主要是因为农商行自身难以获取大的客户，难以进入基础设施弱周期行业。大行的按揭贷款占比较高，而小行多为个人生产经营贷款，这类贷款抗风险能力弱。

近年来，该行不断优化信贷结构，提高个人贷款占比，提高不良资产的处置效率，资产质量有所提升。2020 年末，该行不良贷款余额为 12.82 亿元，较年初下降了 2.94 亿元；不良贷款率为 2.04%，较年初下降了 0.70 个百分点。

专栏 2　部分农商行不良贷款率飙升是个案还是爆发前兆？

【财新网】（记者武晓蒙）近期，部分农商行 2017 年末不良贷款率大幅飙升，受到市场关注。这究竟是个案还是风险爆发的前兆？

近日，河南修武农商行 2017 年报显示，该行不良贷款率由 2016 年末的 4.5% 大幅上升至 2017 年末的 20.74%，拨备覆盖率由 191.06% 下降至 43.44%，资本充足率由 12.92% 下降至 -0.75%，均突破了相关监管要求的下限。这是农商行不良贷款率骤升的又一新案例。

7 月初，贵阳农商行因不良贷款率从 2016 年末的 4.13% 飙升至 2017 年末的

19.54%、资本指标大幅下滑等因素，被中诚信国际下调主体信用评级。紧接着，7月10日，山东邹平农商行被东方金诚下调主体信用评级，原因同样涉及不良贷款激增，该行不良贷款余额从2016年的2.8亿元升至2017年的11.6亿元，增长三倍有余；不良贷款率从2.43%上升至9.28%。山东另一家农商行寿光农商行的资产质量也明显恶化，因未足额计提贷款损失准备及抵债资产减值准备，被审计机构出具保留意见。

农商行不良贷款率持续攀升，值得警惕。实际上，自2017年以来，不同类型银行之间的不良贷款率开始有了明显分化：大行不良贷款率持续下行，股份制银行、城商行不良贷款率微升，只有农商行不良贷款率一路攀升，从2016年末的2.49%上升至2018年第一季度的3.26%。

不过需要注意的是，虽然不良贷款率都在上升，但不同农商行的风险暴露原因有差别，未来趋势也有所不同。例如，据中信证券测算，贵阳农商行虽然2017年不良贷款率大幅上升，但不良贷款率和关注类贷款率之和同比是下降的，逾期率亦下降8.2个百分点，因此，该行主要是存量风险的加速确认；相比之下，山东邹平农商行不良贷款率和关注类贷款率之和是明显上升的，逾期率亦大幅上升20.07个百分点，升至27.2%，说明该行面临新发生风险的压力。

据财新网此前报道，部分农商行不良贷款率上升的原因主要有两个：一是农商行近年来在规模扩张的同时，业务经营和风险管理简单粗放，存量风险积累；二是2017年强监管以来，商业银行不良贷款认定标准提高，加速了此前贷款分类不准确的中小银行真实不良贷款率的暴露。

不过，市场更关注的是，近期频频爆出的农商行不良贷款率大幅上升，究竟是个案还是风险集中爆发的前兆？

对此，中信证券银行业分析师表示，尽管不良贷款率整体上升，但"暴涨"的仅仅是个别银行。据其统计，在65家发行过同业存单且发布了2017年财报的农商行中，31家银行不良贷款率上升，34家银行下降；其中，只有三家银行不良贷款率的上升幅度大于3个百分点，即河南修武农商行、贵阳农商行、山东邹平农商行。

此外，该分析师提到，农商行风险暴露的区域特征明显，主要集中在环渤海、东北和中西部地区，并非全面爆发。平均不良贷款率较高的是贵州、河南、辽宁、山东和吉林；而北京、四川、上海、广东等地不良贷款率均在1.5%以下。

她表示，预计未来部分地区农商行风险将适度上升，但农商行整体规模尚小，导致风险集中爆发的概率较小。部分农商行前期因经营不善导致的资产问题，加之未准确确认不良贷款等因素，在当前政策导向下将加速不良贷款暴露，但尚不是全行业趋势。

北京地区某农商行风险管理部人士亦表示，全国农商行有1200余家，个别农商行的案例还难以推及整体，要结合具体的区域经济发展情况，主要是之前未真实分类的不良贷款在暴露，农商行贷款分类普遍不太严格。

不过，亦有分析师对此持审慎观点，认为中小银行风险暴露会加速传导到同业，市场对此预期不足。银行评级下调事件频发，在去杠杆背景下，商业银行不仅面临表外刚兑被打破的情况，表内资产刚兑被打破的预期亦增强。

据其统计，自2017年以来，共有15家中小银行面临评级下调或负面事件，其中，农商行占比87%。这些负面事件主要涉及农商行贷款客户集中度较高、不良贷款持续攀升、资本充足率不足等方面的问题，且年初以来呈加速暴露趋势，未来，中小银行在区域经营风险、流动风险、公司治理方面将面临一定挑战。

该分析师认为，这将增加同业风险的传导，需要特别关注交易对手风险。例如，在同业存单发行中，评级AA以下的主要是由农商行发行的。数据显示，122家发行主体中，农商行有103家，且主要分布于山西、吉林、黑龙江、辽宁等地区，未来，此类区域的经济环境或将继续影响这类银行的资信。

定价上，目前市场对不同评级的银行的评价，并未在债券或NCD中充分体现。他认为，其主要原因是此前交易对手风险一直潜藏于水面之下，随着强监管政策落地，风险加速暴露于水面，应特别关注涉及交易对手风险的金融市场类业务及同业风险传导。

不过，据财新记者了解，对于农金机构风险暴露问题，监管层早有察觉。早在2018年2月的相关监管工作会议上，便针对农金机构做了相关部署：2018年将主要关注其不良贷款处置、同业投资、同业理财三项业务。

据出席该会议的人士透露，监管层判定农金机构目前面临四方面风险：一是周期性风险，即经济进入下行清算期，导致信用风险暴露；二是结构性风险，城乡结构导致资金、技术、人才流通不畅；三是历史性风险，目前尚有300余家高风险机构"高危"运行；四是体制性风险，农金机构股东股权治理有效性不足，与省联社摩擦加剧。

资料来源：参见 http://finance.caixin.com/2018-07-18/101305907.html。

第四节　美国 20 世纪八九十年代的
银行类机构破产潮

美国的银行类金融机构包括商业银行、互助储蓄银行和储蓄贷款协会（Savings and loan Associations，以下简称"储贷协会"）等，20 世纪 80 年代和 90 年代初美国这些金融机构发生了较为严重的危机，问题的严重程度之大是经济大萧条及联邦存款保险制度建立之后从未有过的。关于这次危机美国相关研究众多，解释危机的原因有很多，包括经济、金融、立法、行政规章、监管以及管理方面（FDIC，1997）。有研究指出，宏观经济、区域经济和行业经济衰退，监管机构放松监管，银行业自身经营管理不规范是引发这次银行危机的主因（娄飞鹏，2013）。很多分析文章是由美国联邦存款保险公司（Federal Deposit Insurance Corporation，FDIC）完成的，因此多是从监管的角度找原因。针对这一阶段的情况，FDIC 曾发表 *Volume I An Examination of the Banking Crises of the* 1980s *and Early* 1990s[①]，朱崇实和刘志云等对相关材料进行了翻译出版。本书主要想探讨信贷结构，了解信贷结构与这次危机的关系，从信贷结构中寻找风险的起源。本部分在这些资料的基础上就信贷组合管理这个话题进行了分析。

一、倒闭概况

美国历史上发生了经济大萧条、20 世纪 80 年代倒闭潮和 2008 年次贷危机三次银行倒闭潮，其中，1934 年和 2008 年的原因家喻户晓，因为这是两次非常大的危机。20 世纪 80 年代末期，美国这次非常严重的倒闭潮大家关注得相对较少，了解得不全面。1980~1994 年，美国出现了严重的银行危机，银行和储贷协会机构的倒闭数量急剧上升，共有 2912 家银行和储贷协会机构被迫关闭或接受联邦存款保险公司的援助[②]，其中，银行 1617 家，储贷协会机构 1295 家，约占同期银行和储贷协会机构总数的 14%，平均每两天就有一家被迫关闭或接受援助（徐

---

① 参见 https：//www.fdic.gov/bank/historical/history/vol1.html。

② 银行的统计口径是商业银行和由 FDIC 承保的互助储蓄银行，区域分布见表 9-8。FDIC 在报告中提到，20 世纪 80 年代美国的 4039 家储贷协会机构里大约有 1300 家在 1980~1994 年倒闭。详见美国联邦存款保险公司（2010）的研究。中金公司研究报告《美国 80—90 年代储贷危机的回顾和经验教训》中提到，根据 FDIC 统计，储贷危机期间破产的机构超过 2900 家，对应总资产约 9200 亿美元，占期间年均 GDP 的 19%左右。其中，储贷协会机构破产或被接管约 1300 家，对应总资产约 6200 亿美元，是期间破产金融机构的重灾区（其余主要是商业银行）。

诺金，2001）（见图 2-4）。

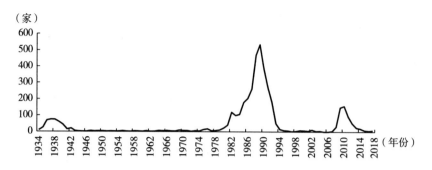

图 2-4　美国银行倒闭和救援数量

　　这次危机的高峰主要发生在 1990 年前后。1980 年，美国仅有 10 家银行倒闭，1985 年倒闭数量为 120 家，1986～1990 年的各年倒闭数量分别为 138 家、184 家、200 家、206 家、179 家。1985 年末，美国商业银行数量为 13898 家，1990 年末为 11992 家，五年间减少 1906 家（马蔚华和谢平，1992）。在 1988～1992 年的高峰期，平均每天倒闭 1 家银行和储贷协会机构，需处置资产 3.85 亿美元。1991 年 7 月 22 日，原居美国第七位的北卡罗来纳国民银行和曾居第二十位的素伏公司（C&S/Sovran Corp.）合并，改称国民银行，资产达 1180 亿美元，居美国第三位。8 月 12 日，原居美国第二位和第五位的美洲银行和太平洋证券公司合并，取名美洲银行公司，总资产 1900 亿美元，超过新化学银行，成为仅次于花旗银行的第二大银行（马蔚华和谢平，1992）。

　　1983 年，《国际金融》第 12 期转载了《美国新闻与世界报道》的消息：预计 1983 年美国的银行倒闭数量在 50 家以上。这是自 1937 年以来银行倒闭数量最高的年份，就美国而言，损失严重的是能源、农业、不动产及工业城市的业务部分的贷款。这些倒闭银行的主要问题仍是放款不当。有三家银行在过去的一年多里在能源贷款中损失严重。其中，西雅图第一国民银行冲销了数百万美元的能源贷款。农业贷款也引人关注，特别是中西部、东南部和得克萨斯地区的小银行发放的此类贷款。很多银行预计，如果来年的农业收成不好，银行的很多贷款就有收不回来的危险①。1988 年，中国人民银行工作人员曾经撰文关注了此事，认为其受经济和行业生产周期变化的影响比较大，如能源、农业和房地产等行业不景气（沈晓明，1988）。

　　这些破产事件给银行股东带来的损失自不必言，同时也给整个社会带来了沉

---

① 美国银行倒闭事件激增［J］．河南金融研究，1983（5）：13.

重的负担。1990年，有问题的贷款达到美国银行业资产的3%，巨额的坏账严重阻碍了美国银行的健康发展。一方面，美国银行不得不注销大量的坏账，这严重侵蚀了美国银行的资本。另一方面，为了安全起见，多数美国银行不得不紧缩业务，以满足最低的资本充足率要求，严重阻碍了这些银行的发展，而其中一些坏账负担过重或实力较弱的银行甚至面临破产的威胁（戴建中，1998）。

此外，需要特别提出的是储贷协会的破产危机。储贷协会是类似于银行的盈利性金融机构，它们通过吸收公众存款来借入资金，然后以贷款的方式把资金借出去，主要为当地居民提供由家庭作担保的住房抵押贷款。美国的储贷协会机构是不同于商业银行的另外一类银行机构。美国现在已经很少有人提到储贷协会这类组织。但在20世纪80年代，从资产份额上来说，它曾经一度是美国仅次于商业银行和人寿保险公司的第三大金融机构类型，最高时曾经占到储蓄金额的12.7%（刘戈，2015）。直到1989年，该类机构都是由联邦住房贷款银行委员会（Federal Home Loan Bank Board，FHLBB）进行监管，并由联邦储蓄和贷款保险公司（Federal Saving and Loans Insurance Corporation，FSLIC）按照区别于商业银行的另外一套法律和历史框架进行承保（美国联邦存款保险公司，2010）。FSLIC用于支付存款的资金源于储贷协会缴纳的保费收入，其大小同储贷协会的贷款和其他投资组合的风险无关（保罗·米尔格罗姆等，1998）。

该类机构资金主要来源于市场短期资金，资产主要为固定利率的中长期住房抵押贷款，资产负债面临严重的期限错配。1979年10月6日，时任美国联邦储备银行（以下简称"美联储"）主席Paul Volcker发表了反通胀演讲，随后美联储出台了一系列大幅提高短期利率的货币政策。1980年，美国国会提高了储蓄贷协会支付存款利息的上限，短期市场利率上升，一年的时间里，存款利率从1979年底的13%飙升到1980年的20%（刘戈，2015），但并没有放开贷款利率的上限。由于新来的钱成本越来越高，而从按揭贷款人身上只能收取原来的利息，导致资金成本高于资产收益，因此1981~1982年息差为-1.0%~0.7%。该类机构的主要业务就是发放住房抵押贷款，在息差为负的情况下，亏损倒闭在所难免。随着利率的上升，利润大幅下降，其总体利润从1979年的17.92亿美元下降到1980年的3.03亿美元，到1981年亏损31.25亿美元（刘胜会，2013）。

在储贷协会的压力下，美国国会在1982年通过了一项彻底放松针对储贷协会管制的法律，允许他们向住房之外的投资项目提供贷款。于是，储贷协会机构开始像商业银行一样四处放款。

20世纪八九十年代发生的这次储贷危机是美国金融机构自经济大萧条以来最大规模的倒闭潮（见表2-14）。前文提及1980年至1994年约有1300家储贷协会机构倒闭，据Curry和Shibut（2000）的数据，1986年至1995年年中共有

5000 亿美元资产的 1043 家由 FSLIC 承保的储贷协会机构倒闭。1980 年，FSLIC 承保的机构数量为 4000 家，资产为 6000 亿美元。大量的倒闭给 FSLIC 带来了巨大冲击，损失数额超过了 FSLIC 的承担能力，1988 年收不抵支，保险基金亏空 750 亿美元，1989 年 FSLIC 被迫并入联邦存款保险公司（徐诺金，2001）。此后，不得不动用纳税人的钱保障倒闭金融机构储户的利益，到 1999 年底该危机共耗费了 1240 亿美元，整个行业损失约 290 亿美元，合计约 1530 亿美元（Curry and Shibut，2000）。FDIC 报告指出，危机最终花费代价为 1600 亿美元，约是 FSLIC 储备金的四倍（美国联邦存款保险公司，2010）。

表 2-14 1980~1988 年破产的储贷协会机构

年份	破产数量	总资产（千美元）	估计成本（千美元）	监管性兼并	自愿兼并
1980	11	1348908	158193	21	63
1981	34	19590802	1887709	54	215
1982	73	22161187	1499584	184	215
1983	51	13202823	418425	34	83
1984	26	5567036	886518	14	31
1985	54	22573962	7420153	10	47
1986	65	17566995	9130022	5	45
1987	59	15045096	5666729	5	74
1988	190	98082879	46688466	6	25

资料来源：FDIC（1997）。

二、原因分析

本质上说，美国这个阶段的危机是由农业、房地产和石油的价格波动引起的，而部分区域的部分银行在这些行业的风险敞口过于集中，加之利率市场化和监管放松，导致了这个阶段的高风险。

1. 商业银行

美国银行的倒闭可以归因为信贷结构不合理，总结起来看主要分为两个方面，一个是行业集中，过于集中在地产、农业和石油领域，当相关资产出现问题时，易出现经营危机；另一个是区域集中，对于处在经济衰退地区的银行而言，在当地的支柱产业出现问题时，极易引发银行的经营风险，这一点对于只能在某些区域经营的银行而言非常不利，甚至是先天性的不足。

从行业角度来看，一是过度投资地产，根据 FDIC（美国联邦存款保险公司，2010）的研究，倒闭的银行在 1980 年向商业房地产开发投放的贷款额为其总资产的 6%，1993 年这个数是 30%；对比那些没有破产的银行，1980 年同样是 6%，但在 1993 年这些银行的商业房地产开发贷款仅上升到了 11%。二是过度集中在农业领域，20 世纪 70 年代后期紧缩的货币和加息以及世界范围内的农产品供需变化，使农产品出口需求锐减，前期繁荣时农场债务较高，导致农业贷款资产质量恶化。1981 年，美国 10 家倒闭的银行中仅有 1 家农业类银行（25%以上为农业贷款的银行），但到了 1985 年有 62 家农业银行倒闭，占当年倒闭银行数量的一半以上。三是过于集中在能源类贷款上，这主要集中在西南地区特别是美国的得克萨斯州。1981 年，油价开始回落后能源贷款出现问题，银行又转向了商业地产，但实际上两者是高度相关的，只是商业地产的反应滞后而已，最后银行遭受了重创。

从区域集中的角度看，在 1980~1994 年发生的 1617 个银行破产或者接受援助的案例中，有 78%发生在遭受经济衰退的地区——西南部、东北部和加利福尼亚州，或者这些地区之外的农业银行。实际上，区域是跟当地的产业紧密结合在一起的。西南地区的危机是最严重的，FDIC1986~1994 年所有破产重组的费用有一半用在了西南地区，该地区的主要问题集中在石油和商业地产领域，倒闭的高峰在 1987~1989 年，这几年美国全国倒闭银行的 71.3%在西南地区；东北地区的主要问题集中在房地产领域，该地区的银行资产过度集中于房地产领域，1983~1988 年不动产贷款占银行资产的比例从 25%上升到了 39%，于 1989 年达到了 51%。1989 年，房地产业的萧条给美国东北地区的银行业带来了打击，东北地区的破产高峰在 1991 年和 1992 年，这两年破产的银行数占美国破产银行总数的 40.9%和 35.2%。加州的破产主要集中在南加州地区，主要原因是美国经济衰退和国防开支减少，破产主要发生在 1990~1994 年（美国联邦存款保险公司，2010）。

国内学者对其原因也有所分析。1992 年，马蔚华和谢平（1992）对此问题进行了研究。他们认为，20 世纪 80 年代中期美国经济较为景气，房地产业膨胀发展，房地产贷款成为美国银行的主要业务。从 1988 年起，房地产贷款的比重超过了一般工商贷款和证券投资，成为美国商业银行第一大业务（见表 2-15）。美国商业银行资产结构的这一变化，过多过快地把贷款投向房地产业，导致银行资产过于集中，从而加大了经营风险。

2. 储贷协会

关于储贷协会危机的原因总结得非常多，包括借短贷长的业务模式、市场竞争加剧了无节制的大规模扩张、金融监管当局监管放纵、市场纪律宽容、房地产市场回落等（刘胜会，2013）。这些多是从外部环境和监管角度进行总结的，如果从经营者的角度考虑，还是可以落脚在信贷结构问题上的。

表2-15　美国商业银行房地产贷款状况　　　单位：%

年份 贷款状况	1985	1986	1987	1988	1989	1990
一般贷款占总资产的比重	22.26	20.96	20.04	19.55	19.20	18.59
房地产贷款占总资产的比重	15.71	16.71	18.89	20.56	22.18	23.51
证券占总资产的比重	17.58	18.29	18.58	16.84	16.74	17.25
房地产贷款年增长率	13.1	17.7	16.6	13.8	13.6	9.1

资料来源：马蔚华，谢平．美国商业银行的危机及其趋势〔J〕．金融研究，1992（6）：49-54.

一方面，资产的期限结构与负债不匹配，该类机构的模式天生具有期限错配的风险，虽然这是这类机构的先天特征，但是一旦短期利率上升，长期贷款固定不变，且流动性较弱，将会导致息差变负，产生经营损失，并带来流动性问题。

另一方面，信贷过于集中在地产行业。美国20世纪30年代经济大萧条后，储贷协会一直采用借短贷长的业务模式，吸收存款，发放长期固定利率的房屋抵押贷款。1950年至1975年，该类机构发放的住房抵押贷款一直占其资产的82%以上，1969年达到了87%（刘胜会，2013）。另外为应对利率上升，高成本揽储，贷款继续堆积在房地产行业。1980年和1982年，美国分别通过了《存款机构放松管制和货币控制法》和《存款机构法》，利率控制和经营范围的限制大幅放松。此后，储贷协会的商业模式开始有所转变，主要依靠发行大面额、高利率的可转让存单吸收高成本资金，再投资于房地产等高风险、高回报领域。在房地产投资冲动下，储贷协会发放的住房抵押贷款从1976年的7000亿美元急速上升到1980年的1.2万亿美元，随着房地产投资头寸不断放大，风险开始累积（刘胜会，2013）。由于利率水平较高，加之1986年国际石油市场震荡和1987年纽约股市"黑色星期一"等一系列事件的影响，房价大幅回落，房屋空置率上升，带来了信贷风险，最终威胁到了金融机构自身的生存。

第五节　结论及建议

我们在前面的原因分析中已经体现了对这些案例的观点，在此再简单予以总结，那就是要高度重视信贷结构，信贷组合要适当分散。

行业不能过于集中。无论是美国的银行还是中国的银行，一个典型的特征就是集中度过高，在某个行业高度集中，且一般这个行业易处于泡沫状态，一旦行业出现问题就容易导致银行倒闭，特别是一些规模偏小的银行。从美国的经验看，各个区域虽然有差异，但是商业地产的价值涨跌会影响美国各个地区的银行资产质量。我国商业银行的批发和零售行业的资产质量在大宗商品价格暴跌的几年里也出现了明显的恶化。

　　区域要适当分散。无论是出于资源禀赋还是管理需要，行业有区域集聚的特点，这些集聚会导致区域行业出现问题时，区域的经济和金融也会出现问题，大型银行要做到区域的分散，从而抵消局部区域带来的不确定性。

　　高利率环境下银行要保持定力。海南发展银行事件和美国 20 世纪八九十年代的银行危机都说明，在利率放开的过程中由于压制的利率被放松，存量资产不能支持高利率的负债，若过于激进追求资金，会使银行陷入更大的困境。

第三章 国内外商业银行信贷投向及组合管理实践

国内外商业银行已经在某些维度进行了信贷组合管理实践。本章主要总结当前商业银行信贷投向结构、商业银行进行信贷组合管理的手段方法以及国际商业银行组合管理实践。

第一节 国内商业银行信贷投向和资产质量

银行要对多种贷款维度进行详细分类，以方便分析和控制。本书认为，目前我国商业银行的贷款组合管理维度主要包括行业、区域、客户、产品、期限、风险缓释等，其中，前三个维度是需要重点关注的管理维度。

一、行业维度的信贷组合及资产质量

行业一般是指按生产同类产品或具有相同工艺过程或提供同类劳动服务划分的经济活动类别。《国民经济行业分类》（GB/T 4754-2017）将行业定义为从事相同性质的经济活动的所有单位的集合。《国民经济行业分类》采用线分类法和层次编码方法，将我国国民经济行业划分为门类、大类、中类和小类四级。我国国民经济共划分为 20 个门类，如表 3-1 所示。

表 3-1 国民经济行业分类

A 农、林、牧、渔业	D 电力、热力、燃气及水生产和供应业
B 采矿业	E 建筑业
C 制造业	F 批发和零售业

G 交通运输、仓储和邮政业	N 水利、环境和公共设施管理业
H 住宿和餐饮业	O 居民服务、修理和其他服务业
I 信息传输、软件和信息技术服务业	P 教育
J 金融业	Q 卫生和社会工作
K 房地产业	R 文化、体育和娱乐业
L 租赁和商务服务业	S 公共管理、社会保障和社会组织
M 科学研究和技术服务业	T 国际组织

资料来源:《国民经济行业分类》(GB/T 4754—2017)。

表 3-2 是 2020 年各行业城镇固定资产投资,同标准分类略有差异,但是基本反映了各个行业的占比及发展状况。当前,制造业和房地产业是城镇固定资产投资的主要行业。

表 3-2　2020 年分行业固定资产投资(不含农户)的增长速度

行业	比上年增长(%)	行业	比上年增长(%)
总计	2.9	金融业	-13.3
农、林、牧、渔业	19.1	房地产业	5.0
采矿业	-14.1	租赁和商务服务业	5.0
制造业	-2.2	科学研究和技术服务业	3.4
电力、热力、燃气及水生产和供应业	17.6	水利、环境和公共设施管理业	0.2
建筑业	9.2	居民服务、修理和其他服务业	-2.9
批发和零售业	-21.5	教育	12.3
交通运输、仓储和邮政业	1.4	卫生和社会工作	26.8
住宿和餐饮业	-5.5	文化、体育和娱乐业	1.0
信息传输、软件和信息技术服务业	18.7	公共管理、社会保障和社会组织	-6.4

资料来源:国家统计局。

在行业细分的基础上,可以将行业组合划分为第一、第二和第三产业。三个产业的划分范围如下:第一产业是指农、林、牧、渔业。第二产业是指采矿业,制造业,电力、热力、燃气及水生产和供应业,建筑业。第三产业是指除第一、第二产业以外的其他行业,主要包括:交通运输、仓储和邮政业,信息传输、软件和信息技术服务业,批发和零售业,住宿和餐饮业,金融业,房地产业,租赁和商务服务业,科学研究和技术服务业,水利、环境和公共设施管理业,居民服务、修理和其他服务业，教育，卫生和社会工作，文化、体育和娱乐业，公共管理、社会保障和社会组织，国际组织。

在国民经济发展过程中，行业本身也具有自身的轮动发展规律。一般而言，行业的发展遵循由低级的自然资源掠夺性开采利用和低级的人工劳务输出逐步向规模经济、科技密集型、金融密集型、人才密集型、知识经济型发展，从输出自然资源逐步转向输出工业产品、知识产权、高科技人才等。作为债权人的商业银行在支持行业发展过程中起到了重要的作用，行业的发展决定了信贷资产的安全性，因此，信贷的投放也要把握行业的脉搏，对行业的变动保持高度的关注。

日本制造业的变化就是一个很好的关于行业变动的实例。从20世纪80年代起日本制造业增长乏力，占比逐年缩小，在日本GDP中的比重逐年下降。1981年，制造业占全产业生产总值的28.38%，1985年上升到30.02%，此后开始出现下降。1990年，其比重下降到29.51%。20世纪90年代，制造业在日本全产业中的比重在28%~29%。就制造业中主要行业的产值占比结构变化的趋势来看，食品、纤维、石油、钢铁等行业的比重下降，一般机械、电气机械的比重上升，运输机械的比重缓慢下降。20世纪80年代初，食品业在制造业生产总值中占比15%，20世纪80年代末下降到10%，20世纪90年代末其比重继续下降，降至9%。纤维产业在20世纪五六十年代曾经是日本经济增长的支柱产业，到了20世纪80年代，其在制造业中的比重已经降到3.6%。进入21世纪后，日本纤维产业的规模进一步缩小，在整个制造业中仅占1.3%（丁敏，2006）。

图3-1给出了1967~2008年日本第一、第二、第三产业比重的走势，从图3-1可以明显看出，日本第三产业的比重逐年上升，第二产业的比重已从40%降到25%左右。日本的例子说明，商业银行需要密切关注行业的发展趋势，适时调整信贷的投放行业。

随着国民经济的发展，中国的产业结构也可能会出现大的变动。行业分析是当前进行信贷投向分析较为重要的部分，李卫东等（2010）将价值投资理论引入商业银行的信贷决策研究中，使用压力测试技术分析某行业的信贷投资风险，结合产业结构调整政策和价值投资理论，并以某股份制商业银行为例进行实证分析，结果发现，对于该银行而言，建筑业、批发和零售业是理想的信贷投向目标，住房价格指数、资本活期化（M1/M2）和CPI等指标风险灵敏度较高，是重要的行业风险监控点。

有研究人员认为，我国商业银行应该开拓多元化信贷投放，并指出1997年韩国金融危机的主要原因之一就是金融机构缺乏市场导向，银行向大企业集团注入大量资金，企业负债比例过高，受东南亚金融风暴影响，八家大财阀倒闭，致使韩国银行不良贷款比例猛增到15%以上，金融风险骤增，市场信心崩溃，引发了金融危机。我国也应该从中吸取教训，组合管理信贷资产，以防范和化解金融风险（吴平生和杜海棠，1998）。关于行业组合的必要性和意义的讨论详见第八章。

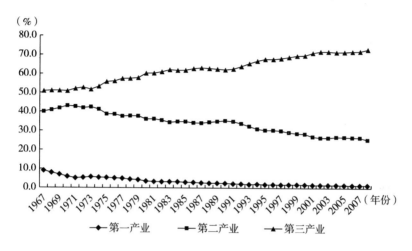

图 3-1　日本第一、第二、第三产业比重的走势

资料来源：日本统计局。

　　通过实际数据分析我国主要商业银行企业贷款的行业投向。图 3-2 和图 3-3 分别列示了 2019 年和 2020 年末中国工商银行、中国农业银行、中国银行、中国建设银行和招商银行信贷行业投向情况。可以看出，我国大型商业银行的信贷投向呈现出行业相似度高的特点。从图 3-2 和图 3-3 给出的我国国有商业银行的信贷投向占比情况来看，制造业，交通运输、仓储和邮政业，房地产业，电力、热力、燃气及水生产和供应业，水利、环境和公共设施管理业，租赁和商务服务业是这些银行投向最为集中的行业。2020 年末，中国工商银行、中国农业银行、中国银行、中国建设银行在这六个行业的投放占比分别为 82.1%、82.4%、82.2%[①]和 74.2%，说明这六个行业已经占据了我国大型商业银行企业贷款的绝大部分。这些行业可以分为三类，分别是制造业、房地产业和基建类行业，其中，交通运输、仓储和邮政业，电力、热力、燃气及水生产和供应业，水利、环境和公共设施管理业，租赁和商务服务业[②]都是基建类行业。

[①]　将中国银行披露的"商业及服务业"数据作为"租赁和商务服务业"数据，以供参考。

[②]　银行信贷投放行业中的租赁和商务服务业绝大部分是政府平台，政府平台的融资主要是投向基建。

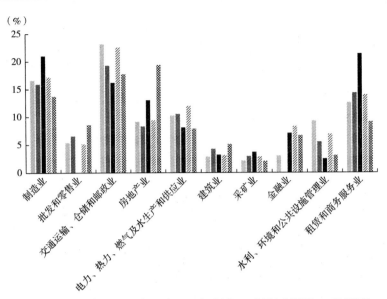

图 3-2　2019 年末部分大型商业银行信贷投放行业分布

注：同时公布集团和银行口径数据时取集团口径数据。中国银行未公布"批发和零售业"数据，公布的"商业及服务业"归为"租赁和商务服务业"数据，仅做参考。下图同。

资料来源：计算占比时，除信贷余额数据由笔者整理得到外，其他各行业信贷数据来自 Wind 数据库。

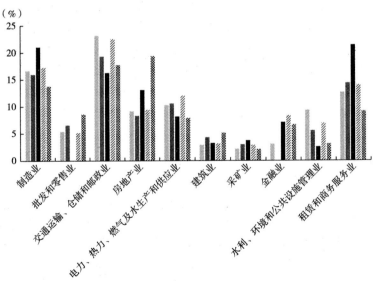

图 3-3　2020 年末部分大型商业银行信贷投放行业分布

资料来源：计算占比时，除信贷余额数据由笔者整理得到外，其他各行业信贷数据来自 Wind 数据库。

银行之间的行业投放也略有差别。例如，中国工商银行 2020 年末在交通运输、仓储和邮政业的投放比中国建设银行高 5.4 个百分点，中国银行在房地产业的投放比中国工商银行和中国建设银行高 4.51 个和 5.33 个百分点，中国农业银行在电力、热力、燃气及水生产和供应业的投放比中国银行高 2.9 个百分点。过于集中的行业投向和类似的投向结构也给这些大型商业银行提出了一些警示。各家商业银行信贷投向组合相近，不能分散行业的风险，如果出现行业的风险就会转化为银行业的系统风险。因此，各个商业银行必须考虑行业之间的联动关系，慎重选择自己的信贷投向，制定合理的信贷政策，分散信贷投向，以控制信贷的行业风险。

图 3-4 显现了五家银行 2020 年相比于 2019 年信贷投放行业的变动情况，可以看出，银行在制造业与批发和零售业的投放有所下降，而在交通运输、仓储和邮政业，租赁和商务服务业的投放有所增加，租赁和商务服务业主要是城投平台，平台企业融资的增加是这个行业占比上升的主要原因。

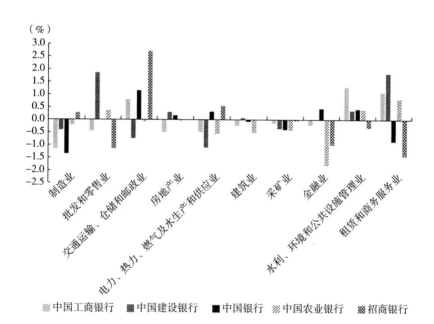

图 3-4　部分大型商业银行行业投向变动情况（2020 年末相较于 2019 年末）
注：统计口径及数据处理方式同图 3-3。

另外，也要关注各行业内部的资产质量。图 3-5 和图 3-6 分别列示 2019 年末和 2020 年末中国工商银行、中国农业银行、中国银行、中国建设银行和招商银行的分行业不良贷款率情况。虽然五家商业银行在某一个行业的不良贷款率各有不同，但是总体而言，行业不良贷款率也有一定的特点，非基建类行业不良贷款率偏高，特别是制造业与批发和零售业两个行业，各银行的不良贷款率都偏高，2020 年末，中国工商银行和中国农业银行在批发和零售业的不良贷款率分别为 13.78% 和 8.55%，四大行在制造业的不良贷款率均高于 4%，其中，中国建设银行和中国农业银行分别为 6.03% 和 5.08%。

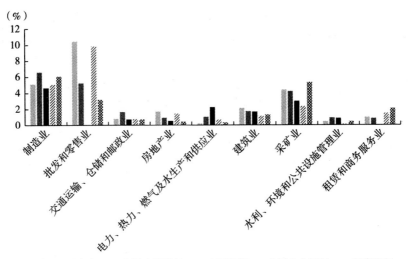

图 3-5 2019 年末部分大型商业银行信贷行业不良贷款率

注：中国银行所报告数据为减值率。中国银行未公布批发和零售业的情况，为保证不良贷款率可比较，未列入中国银行商业及服务业数据。下图同。

资料来源：Wind 数据库。

同一个行业在不同银行的资质略有差异，中国建设银行在制造业和基建类行业的不良贷款率高于其他银行，而在批发零售行业优于其他银行。中国银行在房地产行业的不良贷款率要显著高于其他参与分析的银行。

总之，同一银行自身的信贷管理能力一样，行业是决定不良贷款率的重要影响因素，合理的信贷投放组合能够提升商业银行的资产质量。因此，加强行业政策的研究，统筹全行的信贷投放对于管理信贷资产非常必要。

图 3-7 是部分银行分行业不良贷款率的变化情况。同 2019 年相比，2020 年制造业、批发和零售业的不良贷款率有所下降，房地产业，水利、环境和公共设施管理业，租赁和商务服务业有所上升。分银行来看，中国银行的房地产业不良贷款率上升较快，中国农业银行的采矿业不良贷款率有所上升，招商银行的制造业不良贷款率下降了 2.54 个百分点。当然，银行的行业不良贷款率变化情况与银行自身的核销政策也有一定的关系。

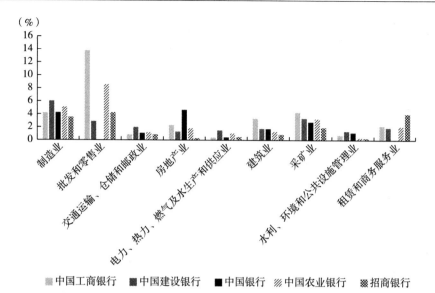

图 3-6　2020 年末部分大型商业银行信贷行业不良贷款率

资料来源：Wind 数据库。

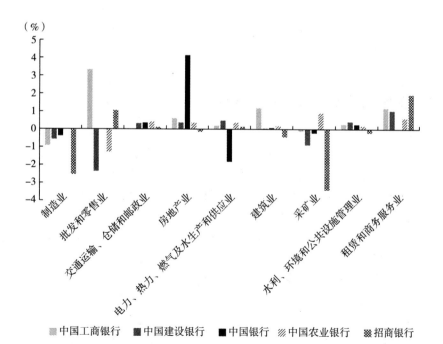

图 3-7　部分大型商业银行 2020 年末相较于 2019 年末分行业不良贷款率变化情况

注：统计口径及数据处理方式同上图。

图 3-8 是 2019 年末的全国商业银行分行业的不良贷款率情况。从全国银行业资产质量看，制造业、批发和零售业也是给国内商业银行带来不良较为严重的两个行业。

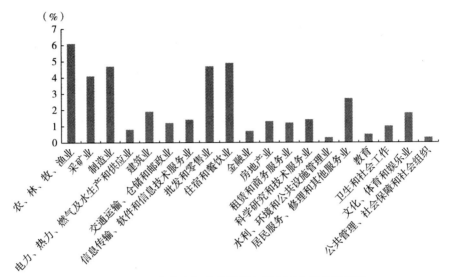

图 3-8　2019 年末全国商业银行各行业不良贷款率情况

资料来源：Wind 数据库。

二、区域维度的信贷组合及资产质量

区域维度的信贷组合指的是贷款在各经济地理区域的空间格局情况。我国幅员辽阔，地理环境十分复杂，不同地域之间的差异非常显著。受资源禀赋、政策、人口等众多因素的影响，各地经济金融发展水平不均衡，因此，需要对贷款的地区分布做深入的分析了解，在一定时期内实施区域风险限额管理还是很有必要的。区域差异在第九章会做深入分析。

区域的划分首先可以从境内和境外的角度进行划分。在全球经济日新月异的今天，在全球布设网点，发展国际业务是我国部分商业银行的发展策略。

从境内经济区域来看，我国经济区域分为东部地区、中部地区、西部地区和东北地区四部分，细分为东北地区、华北地区、华东地区、华中地区、华南地区、西南地区、西北地区。当前，我国商业银行一般按照经济聚集区划分，主要分为长江三角洲、环渤海地区、珠江三角洲、西部地区、中部地区、东北地区、境外（见表 3-3）。另外，目前我国商业银行主要按照省级行政区域划分分行，因此，从省分行角度进行的组合管理非常重要且有较强操作价值。

表3-3　我国部分商业银行的关注区域

银行	区域划分
中国工商银行	长江三角洲、环渤海地区、西部地区、珠江三角洲、中部地区、东北地区、境外
中国农业银行	长江三角洲、环渤海地区、西部地区、珠江三角洲、中部地区、东北地区、境外
中国银行	中国、其他国家和地区。中国又分为华北地区、东北地区、华东地区、中南地区、西部地区、香港、澳门和台湾
中国建设银行	长江三角洲、珠江三角洲、环渤海地区、西部地区、中部地区、东北地区、境外
中信银行	长江三角洲、环渤海地区、珠江三角洲及海峡西岸、中部地区、西部地区、东北地区、境外
招商银行	长江三角洲、环渤海地区、珠江三角洲及海西地区、东北地区、中部地区、西部地区、境外

资料来源：各银行年报中关于收入的区域组成或关于贷款的区域分布报告。

另外，我国当前还有开发区等区域性经济政策，形成了一些经济开发区。2018年，多部门联合发布了《中国开发区审核公告目录》（2018年版），在该目录中，国务院批准设立的国家级开发区共552个，其中，经济技术开发区219个、高新技术产业开发区156个、海关特殊监管区域135个、边境/跨境经济合作区19个、其他类型开发区23个。各省（自治区、直辖市）人民政府批准设立的开发区共1991个，另有层级较高的国家级新区19个。表3-4对各经济开发区类型进行了归类列示。

表3-4　截至2022年6月我国开发性经济区域的状况

类型	数量	功能设置
国家级新区	19	国务院批准设立，承担国家重大发展和改革开放战略任务的综合功能区。国家级新区是中国于20世纪90年代初期设立的一种新开发开放与改革的大城市区。1992年10月，上海浦东新区成立，此后未再有新区设立。2006年，天津滨海新区升格为国家级新区。随后，陆续批准设立了较多新区，截至目前，我国共有19个国家级新区
国家级经济技术开发区[①]	230	经济技术开发区是中国对外开放地区的组成部分。在开放城市划定的一块较小的区域，集中力量建设完善的基础设施，创建符合国际水准的投资环境。通过吸收利用外资，形成以高新技术产业为主的现代工业结构，成为所在城市及周围地区发展对外经济贸易的重点区域。根据商务部数据，2020年全国217个国家级经开区的地区生产总值为11.6万亿元，同比增长6.4%。217个国家级经开区的财政收入为2.1万亿元，同比增长2.8%，占全国财政收入的比重为11.7%。税收收入1.9万亿元，同比增长2.3%，占全国税收收入的比重为12.4%。另有13个国家级经开区为2021年批准。由商务部主管

---

① 详情可参阅商务部相关网站 http://www.mofcom.gov.cn/xglj/kaifaqu.shtml。

类型	数量	功能设置
国家级边境/跨境经济合作区①	17	边境经济合作区是中国沿边开放城市发展边境贸易和加工出口的区域。沿边开放是我国中西部地区对外开放的重要一翼，截至 2022 年 6 月，经国务院批准的边境/跨境经济合作区 17 个，对发展我国与周边国家（地区）的经济贸易和睦邻友好关系、繁荣少数民族地区经济具有积极作用。由商务部主管
国家级高新技术产业开发区②	169	国家设立高新技术产业开发区是为了营造高新技术产业化的良好环境，通过实施与高科技有关的各项优惠政策和完善服务体系，创建产业聚集优势，吸引和聚集人才、技术、资本等，加速高新技术成果的产业化。自 1988 年国家批准实施火炬计划以来，我国高新技术产业开发区得到高速发展，为我国高新技术产业化发展做出了杰出的贡献。2019 年，高新区营业收入 38.6 万亿元。由科技部主管
保税区、综合保税区等全国海关特殊监管区域③	168	从 1990 年开始，我国先后推出了六种形态的海关特殊监管区域，分别是保税区、出口加工区、保税物流园区、保税港区、综合保税区和跨境工业区。截至 2022 年 6 月末，全国海关特殊监管区域共有 168 个。保税区是经国务院批准的开展国际贸易和保税业务的区域，类似于国际上的自由贸易区，区内允许外商投资经营国际贸易，发展保税仓储、加工出口等业务。自我国 1990 年 5 月建立上海外高桥保税区以来，保税区实行"境内关外"方式的运作，在海关验收合格后方可封关运营，其监管政策环境相对宽松，主要具有保税仓储、出口加工和转口贸易三大功能。随着经济全球化程度的不断加深和我国经济的持续快速发展，国内保税区也得到了高速发展，尤其是国家级保税区，已成为区域经济的重要增长点。较早设立的保税区包括深圳沙头角保税区、深圳福田保税区、深圳盐田港保税区、天津港保税区、珠海保税区、广州保税区、福州保税区、宁波保税区、上海外高桥保税区、张家港保税区、青岛保税区、大连保税区、海口保税区、厦门象屿保税区、汕头保税区、重庆两路寸滩保税区。此后，我国设立了综合保税区。由海关总署主管

下面分析商业银行信贷资产的分布情况。由于大部分商业银行都没有报告分区域的情况，或者报告区域口径不一致，图 3-9 和图 3-10 给出了中国工商银行、中国建设银行、中国农业银行和招商银行的信贷投放的分布情况。从图 3-9 和图 3-10 可以看出，四家大型商业银行在不同经济区域上的分布大致相同，这与我国的经济发展情况是一致的，2019 年末长江三角洲、珠江三角洲和西部地区是这四家银行的主要投放区域，占比接近 50%。中国农业银行在西部地区的信贷投放超过 20%，说明中国农业银行在西部较有优势，而在中部地区、东北地区的占比相对少。与 2019 年相比，2020 年的区域分布没有显著的变化。

---

① 详情可参阅商务部相关网站 http：//www.mofcom.gov.cn/xglj/kaifaqu.shtml。
② 详情可参阅科技部相关网站 http：//www.chinatorch.gov.cn/gxq/index.shtml。
③ 详情可参阅海关总署相关网站 http：//zms.customs.gov.cn/zms/index/index.html。

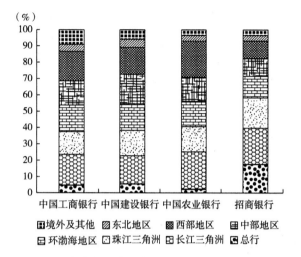

图3-9　2019年末部分大型商业银行信贷投放地区分布情况

注：①中国银行的统计口径与其他银行不同，未纳入分析；招商银行将珠江三角洲及海西地区数据作为珠江三角洲地区数据。②根据中国工商银行的统计口径，总行包括总行本部（总行直属机构及其分支机构）；长江三角洲包括上海、江苏、浙江、安徽；珠江三角洲包括广州、深圳、佛山、东莞、中山、珠海、江门、肇庆、惠州；环渤海地区包括北京、天津、河北、山东、青岛；中部地区包括山西、河南、湖北、湖南、安徽、江西、海南；西部地区包括重庆、四川、贵州、云南、广西、陕西、甘肃、青海、宁夏、新疆、内蒙古、西藏；东北地区包括辽宁、黑龙江、吉林。境外包括境外分行及境内外子公司和对联营及合营企业的投资。各家银行统计口径类似。

资料来源：各银行2019年年报。

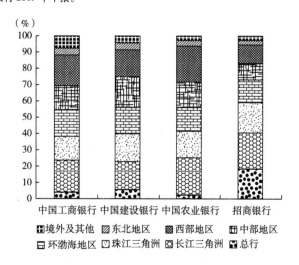

图3-10　2020年末部分大型商业银行信贷投放地区分布情况

注：数据处理方式同上图。

资料来源：各银行2020年年报。

图 3-11 和图 3-12 显示的是 2019 年末和 2020 年末这四家银行不同区域的不良贷款情况。从图 3-11 和图 3-12 可以看出，东北地区和环渤海地区总体不良贷款率是偏高的。相比于其他银行，中国工商银行和招商银行在东北地区的不良贷款率偏高，中国农业银行在环渤海地区的不良贷款率偏高。

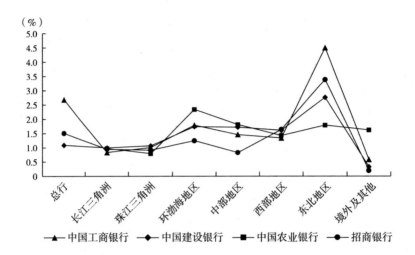

图 3-11　2019 年末部分大型商业银行分地区的不良贷款率情况

资料来源：各银行 2019 年年报。

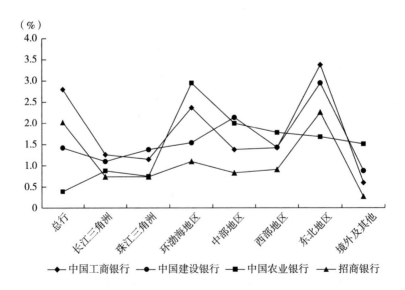

图 3-12　2020 年末部分大型商业银行分地区的不良贷款率情况

资料来源：各银行 2020 年年报。

图 3-13 是四家银行 2020 年末相比于 2019 年末分地区的不良贷款率变化情况，从图中可以看出四家银行总行层面的不良贷款率都在上升，环渤海地区的不良率恶化相对严重，东北地区有所改善。

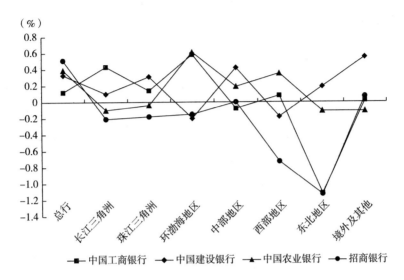

图 3-13　部分大型银行分地区的不良贷款率变化情况（2020 年末相较于 2019 年末）

资料来源：各银行 2020 年、2019 年年报。

三、客户维度的信贷组合及资产质量

银行的客户可以分为两大类：一类是企业客户，另一类是个人客户。随着我国国民经济从企业加杠杆（包括政府平台带来的政府加杠杆）到个人加杠杆，银行的客户从企业客户逐渐转移到个人客户，个人贷款的占比提升，企业贷款的占比下降。从收益率和不良贷款率两个角度进行测算，可以看出个人贷款都优于企业贷款，个人贷款不良贷款率更低，收益率更高。

企业贷款是指企业为了生产经营的需要，按照规定利率和期限向银行或其他金融机构借鉴的一种方式。企业的贷款主要用来进行固定资产购建、技术改造等大额长期投资。个人贷款也称零售贷款，是指贷款人向符合条件的自然人发放的用于个人消费、生产经营等用途的本外币贷款。个人贷款一般包括四类，即个人住房贷款、个人生产经营贷款、个人消费贷款和信用卡透支。目前，个人住房贷款和个人消费贷款是我国个人贷款的主要形式，中国工商银行 2020 年底个人贷款中个人住房贷款的占比为 80.5%，中国建设银行为 80.6%。随着我国信用卡业务的发展，信用卡占用资金也是个人贷款的重要构成部分。

由于历史和资金需求的原因，在企业贷款和个人贷款的划分上，各家银行的信贷投向大致相同，企业贷款是当前各家上市商业银行的主要信贷投向，但整体上持续呈现出企业贷款占比下降、个人贷款占比上升的趋势。表3-5和表3-6展示了2019年末和2020年末我国贷款规模前20的上市银行的企业贷款垫款与个人贷款占比情况，从表中看出，四大行的信贷资产中企业贷款的占比为55%～60%，2020年末中国工商银行为59.6%，中国农业银行为56.3%，中国银行为58.1%，中国建设银行为54.8%，其余的贷款为个人贷款中的住房抵押、信用卡形式的信贷资产。国有商业银行和股份制银行相比，国有商业银行的公司类贷款占比更高。部分银行的个人贷款所占比例较大，如个人业务比较突出的招商银行和平安银行，其个人贷款所占比例分别为53.3%、60.2%，是20家银行中个人贷款占比排名前两位的银行，这与两家银行的战略有着密切关系。四大行中中国建设银行的个人贷款占比也较高，接近44%。

表3-5　2019年末我国贷款规模前20的上市银行的企业贷款和个人贷款分布情况

单位:%

银行	企业贷款垫款	个人贷款	银行	企业贷款垫款	个人贷款
中国工商银行	59.4	38.1	兴业银行	52.2	42.1
中国建设银行	53.0	43.7	光大银行	54.9	42.7
中国农业银行	56.3	40.6	平安银行	37.5	58.4
中国银行	58.7	38.7	华夏银行	65.8	26.9
交通银行	63.1	33.1	北京银行	64.7	30.8
邮储银行	35.0	55.3	江苏银行	55.0	36.1
招商银行	42.4	52.6	浙商银行	66.2	26.8
中信银行	48.9	43.3	上海银行	60.0	33.1
浦发银行	47.4	42.2	南京银行	65.9	30.2
民生银行	54.7	40.5	宁波银行	57.6	34.0

资料来源：Wind数据库，企业贷款不包括票据贴现。

表3-6　2020年末我国贷款规模前20的上市银行的企业贷款和个人贷款分布情况

单位:%

银行	企业贷款垫款	个人贷款	银行	企业贷款垫款	个人贷款
中国工商银行	59.6	38.2	民生银行	52.3	41.8
中国建设银行	54.8	43.7	光大银行	55.1	42.6
中国农业银行	56.3	41.1	平安银行	35.6	60.2

续表

银行	企业贷款垫款	个人贷款	银行	企业贷款垫款	个人贷款
中国银行	58.1	39.4	华夏银行	66.0	28.2
交通银行	63.4	33.9	北京银行	61.9	32.4
邮储银行	34.6	56.9	江苏银行	53.0	39.1
招商银行	40.1	53.3	浙商银行	66.0	27.9
浦发银行	50.9	39.5	上海银行	60.5	31.8
中信银行	48.5	42.3	宁波银行	53.8	38.0
兴业银行	51.5	43.2	南京银行	65.0	29.5

资料来源：Wind 数据库，企业贷款不包括票据贴现。

近年来，我国商业银行持续提升个人贷款的占比。图 3-14 是中国工商银行 2007~2020 年企业贷款和个人贷款的变化情况，从图中可以看出，中国工商银行企业贷款的占比持续下降，个人贷款的占比持续提升。2007 年，企业贷款占比 72%，个人贷款为 18%；2020 年，企业贷款已下降到了 59.6%，个人贷款提高到了 38.2%。国内其他银行的情况跟这个趋势相似。

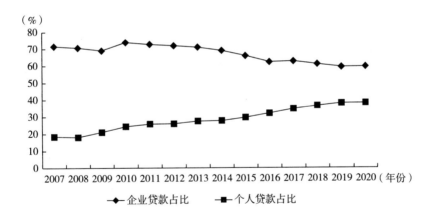

图 3-14　2007 年末至 2020 年末中国工商银行企业贷款和个人贷款分布情况

资料来源：Wind 数据库，企业贷款不包括票据贴现。

图 3-15 和图 3-16 是部分上市商业银行 2019 年末和 2020 年末企业和个人贷款的不良率情况，从图中可以看出，除民生银行和邮政储蓄银行外，我国大部分银行个人贷款的不良率低于企业贷款，将四大行的不良贷款率进行简单算术平均，企业贷款的不良率要比个人贷款高 1.75 个百分点，其中中国建设银行企业

贷款的不良率比个人贷款高 2.15 个百分点。

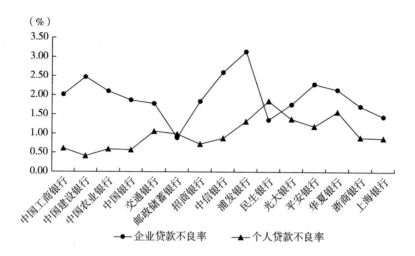

图 3-15　2019 年末部分上市商业银行企业和个人贷款的不良率情况

资料来源：Wind 数据库及年报。

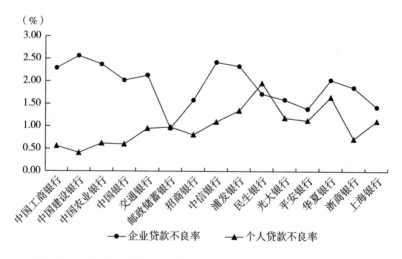

图 3-16　2020 年末部分上市商业银行企业和个人贷款的不良率情况

资料来源：Wind 数据库及年报。

图 3-17 是部分上市商业银行 2020 年末和 2019 年末企业贷款不良率的变化情况，从图中可以看出，总体变化不大，交通银行、民生银行企业贷款的不良率上升较多，平安银行下降较多。

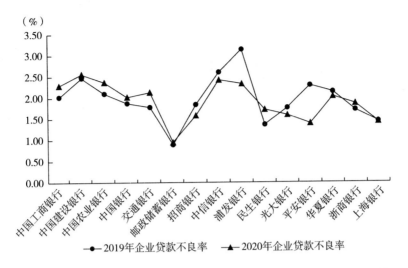

图 3-17 2019 年末和 2020 年末部分上市商业银行企业贷款不良率的变化情况

资料来源：Wind 数据库及年报。

图 3-18 是部分上市商业银行 2020 年末和 2019 年末个人贷款不良率的变化情况，从图中可以看出，四大行中除中国工商银行 2020 年个人贷款不良率略微下降外，其他三家银行不良率与 2019 年基本持平或略微上升。中信银行、民生银行等股份制银行 2020 年末的个人贷款不良率有所反弹。

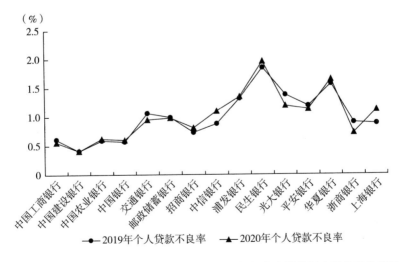

图 3-18 2019 年末和 2020 年末部分上市商业银行个人贷款不良率的变化情况

资料来源：Wind 数据库及年报。

从收益率看，个人贷款的收益率要高于企业贷款，其中，股份制银行个人贷款与企业贷款收益率的差异大于大型国有银行。2020 年，中国工商银行、中国农业银行、中国建设银行的个人贷款收益率比企业贷款高 0.54%、0.55%、0.80%，而同期的招商银行、中信银行、浦发银行分别高 1.91%、1.54%、2.35%，平安银行和宁波银行更是高出 2.95% 和 2.70%，说明股份制银行在个人贷款的定价方面有更强的能力（见图 3-19）。

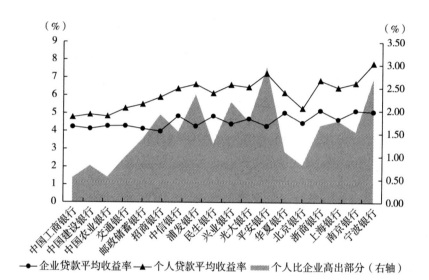

图 3-19　2020 年企业贷款和个人贷款收益率比较

注：收益率是指各个商业银行报告的平均收息率，企业贷款中不含贴现收益率。

四、产品维度的信贷组合及资产质量

商业银行有不同的贷款产品满足客户的融资需求，这些产品具有期限和用途的差异，不同的产品受原银监会发布的"三个办法一个指引"① 的要求约束不同。

下面以披露了较详细的分产品数据的中国工商银行、中国建设银行和中国农业银行为例，分具体产品进行分析。从占比来看，中长期贷款和个人住房贷款是商业银行的主力产品，具体来看，中国工商银行在中长期贷款、中国建设银行在个人住房贷款、中国农业银行在个人经营性贷款上占比高于其他银行（见图 3-20）。

_____

① 三个办法一个指引：《流动资金贷款管理暂行办法》《个人贷款管理暂行办法》《固定资产贷款管理暂行办法》和《项目融资业务指引》。

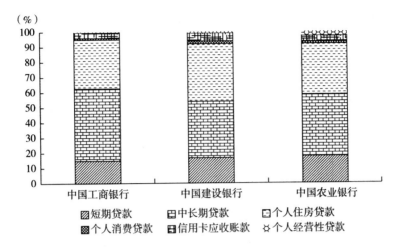

图 3-20　2020 年末中国工商银行、中国建设银行和中国农业银行的产品结构
资料来源：Wind 数据库及年报。中国银行未报告此类数据，故未列示。

从信贷资产质量看，个人住房贷款是资产质量最好的产品类型（见图 3-21）。企业贷款中中长期贷款的资产质量优于短期借款，其部分原因是能获取到中长期贷款的一般是优质企业。个人贷款中个人住房贷款是资产质量最优的产品类型，虽然不同的银行风险管理能力有差异，但是个人消费、生产经营性贷款的资产质量都是偏差的。

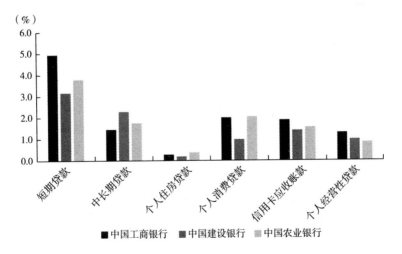

图 3-21　2020 年末中国工商银行、中国建设银行、中国农业银行分产品不良贷款率情况
资料来源：中国工商银行、中国建设银行和中国农业银行 2020 年年报。

下面看一下中国建设银行不同产品的定价情况。跟之前的分析相同，2020年中国建设银行的个人贷款收益率要高于企业贷款，个人贷款较企业贷款少1万亿元，但是个人贷款的利息收入为3366亿元，高于企业贷款的3242亿元。个人贷款中个人住房贷款的中长期贷款的平均利率为4.81%，较企业中长期贷款高0.63%（见表3-7）。

表3-7　中国建设银行净利息收入产品的分布

产品	2020 年			2019 年		
	平均余额（亿元）	利息收入（亿元）	平均收益率（%）	平均余额（亿元）	利息收入（亿元）	平均收益率（%）
公司类贷款和垫款	78597	3242	4.12	67825	2992	4.41
短期贷款	25640	1031	4.02	21003	922	4.39
中长期贷款	52957	2211	4.18	46821	2071	4.42
个人贷款和垫款	68401	3366	4.92	61508	2980	4.85
短期贷款	10667	590	5.53	8817	472	5.36
中长期贷款	57733	2776	4.81	52691	2508	4.76
票据贴现	3907	99	2.54	4384	139	3.18
海外及子公司	11006	398	3.62	10807	457	4.23
发放贷款和垫款总额	161911	7105	4.39	144524	6569	4.55

资料来源：中国建设银行2020年年报。

五、风险缓释维度的信贷组合及资产质量

　　合格的抵质押品能够减少资本占用甚至完全不占用资本，因此，需要加强对风险缓释工具的使用。图3-22是截至2020年底中国工商银行、中国建设银行和中国农业银行按担保方式划分的贷款结构，从图中可以看出，信用贷款和抵押贷款是各家银行占比较高的风险缓释类型。各家银行之间差别不大，中国农业银行在抵押和质押的使用上高于其他两家银行。风险缓释对资本占用的影响在第五章中将会详细分析。

　　部分商业银行公布了担保方式的逾期结构差异。图3-23和图3-24分别是各银行不同担保方式贷款的各逾期期限占比和各担保方式中不同银行的不同逾期期限逾期金额分布。从图3-23可以看出，大型银行信用贷款逾期情况类似，但中国建设银行信用贷款3个月至1年的逾期占比高于其他三家银行，中国农业银行的质押贷款处于1~3年以内的逾期占比以及抵押贷款处于3个月以内的逾期占比

远高于其他两家银行，在其他情况之下，三家银行的逾期结构相差不大。

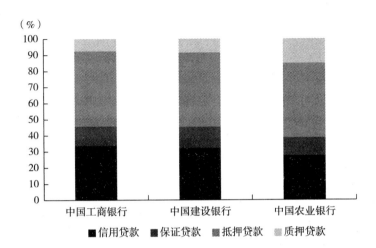

**图 3-22　2020 年末中国工商银行、中国建设银行、
中国农业银行按担保方式划分的贷款结构**

资料来源：2020 年银行年报，中国银行未公布抵押贷款和质押贷款情况。

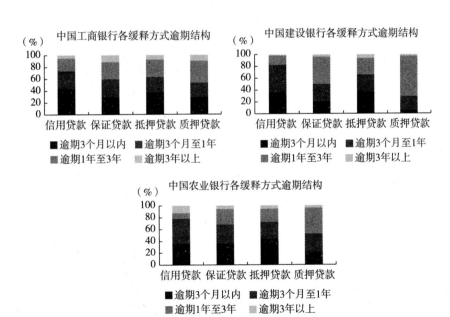

图 3-23　2020 年末各银行不同担保方式贷款的各逾期期限占比情况

资料来源：2020 年银行年报，中国银行未公布抵押贷款和质押贷款情况。

从图3-24可以看出，对于中国工商银行、中国建设银行、中国农业银行三家银行来说，中国工商银行和中国建设银行在信用贷款和保证贷款中的逾期情况偏严重，而中国农业银行在抵押贷款和质押贷款等第二还款来源保障更好的类型中的逾期情况更为严重。

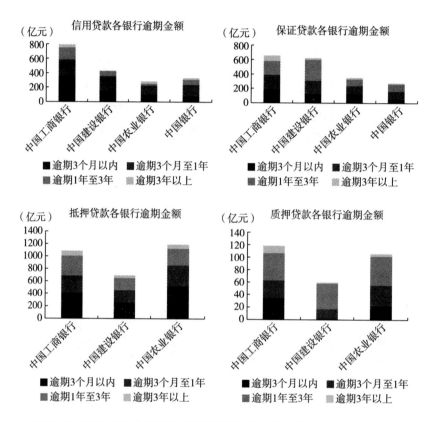

图3-24　2020年末各担保方式中不同银行的不同逾期期限金额分布情况

资料来源：2020年银行年报，中国银行未公布抵押贷款和质押贷款情况。

第二节　国内银行信贷组合管理实践

本部分我们重点关注投放阶段的组合管理，贷后阶段的实践详见第十一章。

一、监管机构的引导措施

国内监管机构的引导主要分为两个方面：一个是集中度的监管措施，另一个是产业信贷政策。

国内监管机构对信贷组合的监管主要是集中度的监管，集中度相关指标的监控是当前我国银行监管机构进行组合管理监管的主要手段。《中华人民共和国商业银行法》规定，"对同一借款人的贷款余额与商业银行资本余额的比例不得超过百分之十"。原银监会 2006 年发布的《商业银行风险监管核心指标（试行）》规定，单一集团客户授信集中度为最大一家集团客户授信总额与资本净额之比，不应高于 15%。该项指标为一级指标，包括单一客户贷款集中度一个二级指标；单一客户贷款集中度为最大一家客户贷款总额与资本净额之比，不应高于 10%。现行的《商业银行集团客户授信业务风险管理指引》有类似的规定。

2018 年 4 月，原银监会发布了《商业银行大额风险暴露管理办法》（本节以下简称《办法》），该办法将银行承担信用风险的所有授信业务均纳入大额风险暴露监管框架（详见表 3-8）。针对集中度的监管指标主要如下：对于非同业单一客户，《办法》重申了《中华人民共和国商业银行法》中贷款不超过资本 10% 的要求，同时规定包括贷款在内的所有信用风险暴露不得超过一级资本的 15%。主要考虑银行授信业务日趋多元化，不再仅限于传统信贷，而目前国内对于全口径信用风险集中度没有明确的量化监管要求。

对于非同业关联客户，《办法》规定，其风险暴露不得超过一级资本的 20%。非同业关联客户包括非同业集团客户、经济依存客户。如前文所述，《办法》颁布前要求集团客户授信余额不得超过银行资本的 15%，《办法》规定的关联客户风险暴露监管要求更为宽松，主要考虑到传统授信以贷款为主，但目前企业融资方式更加多元化，适度放宽监管要求有利于银行加强对实体经济的金融支持。

对于同业客户，《办法》按照巴塞尔委员会监管要求，规定其风险暴露不得超过一级资本的 25%。考虑到部分银行同业风险暴露超过了《办法》规定的监管标准，《办法》对同业客户风险暴露设置了三年过渡期。商业银行可在过渡期内逐步调整业务模式，分散同业资产，扩展客户群体，无须简单压降同业业务的总体规模。

2020 年 12 月 31 日，中国人民银行、银保监会发布《关于建立银行业金融机构房地产贷款集中度管理制度的通知》（银发〔2020〕322 号）。该通知要求银行业金融机构将房地产贷款余额占该机构人民币各项贷款余额的比例和个人住房贷款余额占该机构人民币各项贷款余额的比例设定上限，约束了商业银行的信贷投放。根据银行的资产规模、机构类型等因素，房地产贷款集中度管理制度共分为五大档，每档设置了房地产贷款余额占比和个人住房贷款余额占比两个上限。其中，六大国有大行和国家开发银行为第一档，房地产贷款余额占比和个人住房贷款余额占比两个上限分别为40%和32.5%，第五档最高。

表3-8　我国主要集中度风险监管指标示例

集中度类型	具体要求
单一客户/ 集团集中度	对非同业单一客户的贷款余额不得超过资本净额的10%，对非同业单一客户的风险暴露不得超过一级资本净额的15%
	对一组非同业关联客户的风险暴露不得超过一级资本净额的20%
	对同业单一客户或集团客户的风险暴露不得超过一级资本净额的25%
	全球系统重要性银行对另一家全球系统重要性银行的风险暴露不得超过一级资本净额的15%
房地产行业 集中度	房地产贷款余额占该机构人民币各项贷款余额的比例低于规定的上限
	个人住房贷款余额占该机构人民币各项贷款余额的比例低于规定的上限

资料来源：颜新秀，王睿．银行业集中度风险的计量与监管——国际经验及对我国的启示［J］．中国金融，2010（3）：23-25.

产业信贷政策主要分为三个方面，分别是国家的产业政策、金融监管机构的信贷政策和各地方性产业信贷政策（聂广礼和成峰，2012）。

一是国家的产业政策，这些政策主要是政府各部委为了调控经济发展的风险或者实现国家宏观调控意图，通过调控银行信贷的方法实现对产业的调整，如国家发展和改革委员会连同中国人民银行和原银监会于2004年发布的《关于进一步加强产业政策和信贷政策协调配合控制信贷风险有关问题的通知》，该通知指出，为了实现中央政府促进经济增长方式转变，推进产业结构优化升级，提高经济增长质量，切实解决部分行业低水平盲目扩张和信贷增长过快，产业结构失衡等突出问题，要求加强国家产业政策和信贷政策的协调配合。随通知下发的还有《当前部分行业制止低水平重复建设目录》，目录将部分产业分为禁止类和限制类。

二是金融监管机构的信贷政策。根据中国人民银行的介绍，信贷政策是宏观经济政策的重要组成部分，是中国人民银行根据国家宏观调控和产业政策要求，对金融机构信贷总量和投向实施引导、调控和监督，促使信贷投向不断优化，实现信贷资金优化配置，并促进经济结构调整的重要手段。制定和实施信贷政策是中国人民银行的重要职责。中国目前的信贷政策大致包含四个方面内容：①与货币信贷总量扩张有关，政策措施影响货币乘数和货币流动性。比如，规定汽车和住房消费信贷的首付款比例、证券质押贷款比例等。②配合国家产业政策，通过贷款贴息等多种手段，引导信贷资金向国家政策需要鼓励和扶持的地区及行业流动，以扶持这些地区和行业的发展。③限制性的信贷政策。通过"窗口指导"或引导商业银行通过调整授信额度、调整信贷风险评级和风险溢价等方式，限制信贷资金向某些产业、行业及地区过度投放，体现扶优限劣原则。④制定信贷法律法规，引导、规范和促进金融创新，防范信贷风险。如 2021 年国家发展和改革委员会、中国人民银行等出台相关文件，要求加大金融支持力度，促进风电和光伏发电等行业的健康有序发展（中华人民共和国国家改革和发展委员会等，2021）。

三是各地方性产业信贷政策。如中国人民银行上海总部从 2003 年开始发布上海市信贷投向指引，2021 年的《2021 年上海信贷政策指引》围绕加强小微民营企业金融服务、落实房地产调控措施、支持重点产业和重点区域发展、推进乡村振兴、做好薄弱环节和重点领域金融服务等重点任务，提出 16 个方面的具体工作指引，引导辖内金融机构进一步优化信贷结构，切实增强服务实体经济的能力（人民银行上海总部，2021）。中国人民银行重庆营管部发布《2014 年重庆市信贷投向指引》，将信贷投向分为倾斜、支持、审慎、限制或禁止四大类；2017年印发了《2017 年重庆市信贷投向指引》，强调加强信贷政策与产业政策、财政政策、社会政策和区域政策的协调配合，助力供给侧结构性改革和全市经济社会的平稳健康发展（阎杰，2017）。

二、国内银行投放阶段的组合管理实践

越来越多的银行认识到信贷组合管理可能给银行经营带来影响以及发展机遇，并开展了一系列相关研究和探索。中国银行早在 2004 年已聘请麦肯锡公司就如何实施信贷组合管理进行了咨询。中国银行的经验表明，实施信贷组合管理工作使风险管理与业务发展更紧密地结合起来，将风险管理的关注点从单笔、单户的管理转向组合层次的管理。目前，我国部分银行正在通过试行信贷组合管理，制定行业政策和行业限额指导信贷投放，目的是避免集中度风险。其中，主要的内容包括持续监测信贷组合的风险与收益状况，指导业务部门提高收益、降低成本、提高资本的利用效率，改善业务组合；制定量化的授信投向目标，指导业务部门有效开展授信业务，支持信贷政策的制定以及授信决策。

（一）信贷政策

信贷政策是控制贷款准入的重要工具，应该明确进入什么样的行业和客户，为客户营销和风险管控指明方向。目前，银行基本上形成了以年度信贷政策指引、行业信贷政策、区域信贷政策和名单制管理为基础的信贷政策体系。信贷政策对优化信贷投放结构，加强信贷组合管理具有越来越重要的作用。

年度信贷政策是基于当年全行经营管理要求，提出全行年度的信贷投向重点，为全行的年度信贷管理提供指导。

行业政策是以行业为单位制定的信贷投向政策。由于行业内部的企业之间具有最高的违约相关性，因此，需要以行业为标准将企业划分为不同的群组，并制定相应的组合管理策略。目前，大部分商业银行已制定了较多的行业信贷政策指引，明确信贷投放的总体方向，具有较强的指导性和针对性。这些政策的制定基本以国家的方针政策为基调，希望可以借此规避国家行业政策变化带来的行业信贷风险。银行的行业信贷政策一般包括适用范围、行业特征、政策环境、行业存量授信分析、行业投向指引等部分，其中，行业投向指引又可以分为总体要求、区域信贷政策、客户及产品信贷政策等。有的银行在行业下分区域制定政策，从行业到区域，并将宏观和微观结合进行行业信贷政策制定。

区域信贷政策体现了区域的差异特点。我国国土幅员辽阔，地区差异性大，各个行业在不同的地区发展状况也不同，为了照顾地区差异，有些银行单独制定针对某个区域的信贷政策，通过区域信贷政策进行局部微调，构建差异化区域信贷政策体系。

（二）行业限额和客户集中度管理

银行针对部分行业实行限额管理，对客户实行集中度控制。通过行业限额和客户集中度管理来控制某一行业或客户的风险暴露上限，有利于控制系统性风险和单一客户的大额信用风险。

（三）信贷规模和经济资本配置

信贷规模是传统的控制手段。银行通过经济资本的计量和配置，对信贷组合进行中观控制。经济资本的计量体现了银行的风险管理态度，通过对不同的信贷资产和业务品种设置不同的系数，调动经营行根据当地的实际情况安排信贷组合。通过深化资本管理，发挥经济资本在业务引导和调节机制中的基础作用。

（四）银团贷款

银行主要有两种银团贷款模式：一种是银行和其他金融机构组成的银团贷款。该类银团贷款是一种重要的信贷组合管理工具，在为超出单个银行风险承受能力的客户和项目提供融资服务时，如大型集团客户、大型项目融资、超过监管要求的大额融资等，可以有效地分散信用风险。另一种是银行内部各分行之间的内部银团贷款。内部银团贷款是指某一银行的两个或两个以上同级行，依据同一贷款协议，按约定时间和比例，向同一借款人提供本外币贷款和其他信用或服务的融资模式。

（五）分行组合管理

银行各分行也可以根据自己的实际情况进行组合管理。分行根据全行的信贷资产和经济资本状况、业务发展战略与风险偏好、行业政策和监管要求、所在区域行业发展状况与市场需求等因素，在合理预期年度新增信贷规模和当年到期收回、主动退出、不良清收等存量规模再配置的基础上，从行业、区域、产品、客户、期限等维度提出年度信贷组合计划方案。

目前，我国上市银行占我国银行业的大部分份额，他们的实践基本代表了我国银行业的信贷情况，本部分以部分大型上市银行 2020 年的年报为主体，总结分析了我国银行业目前的信贷政策状况。

1. 中国工商银行

中国工商银行 2020 年的年报提出强化信贷政策的战略引领。积极支持高速公路、铁路、机场、城市轨道交通、市政公用设施等基础设施在建项目及补短板重大项目的建设。着重支持新一代信息技术、高端装备等制造业新兴领域的优质客户和优质项目，持续加强传统制造业的差异化政策管理。积极支持消费升级服务业融资需求。做好行业政策与区域政策的有机衔接，完善长三角地区、粤港澳大湾区、京津冀地区、中部地区、成渝经济圈等重点区域的信贷政策。优先支持"一带一路"沿线重点投融资项目和提升核心技术、稳定全球产业链、促进国内国际双循环的相关业务需求。

2. 中国农业银行

完善信贷政策体系。制定年度信贷政策指引、"三农"和普惠金融信贷政策指引等综合政策。制定或修订城市地下综合管廊、金属矿采选行业、光伏行业、多晶硅行业等行业信贷政策。出台差异化区域信贷政策。修订流动资金贷款、固定资产贷款和项目融资业务等管理办法。制定支持"新基建"、制造业、"独角兽"和科创企业、供应链发展等服务转型升级与经济发展新动能的配套支持政策。

加强重点领域信用风险管理。加强对传统行业特别是产能过剩行业的风险管理，对钢铁、煤炭、水泥、电解铝、平板玻璃、造船等产能过剩行业以及汽车等关注度较高的行业加强客户分类管理，确保风险稳健可控。跟进国家电力行业的政策调整，及时调整火电、风电、太阳能发电行业预警区域，防范政策风险。严格落实房地产贷款集中度监管要求，加强房地产行业风险防控。

3. 中国银行

全力支持疫情防控和复工复产，深入贯彻国家发展战略，积极支持制造业高质量发展，持续夯实民营企业发展基础。加快信贷结构优化，聚焦"两新一重"、高端制造业、民生消费、数字经济、新能源等领域，把握冬奥发展机遇。

在区域方面，支持重点区域发展，完善京津冀、长三角、粤港澳大湾区和海南自由贸易港等国家战略区域的业务布局，制定支持西部大开发、黄河流域生态保护、成渝地区双城经济圈建设等重点区域配套政策及综合金融服务方案。

4. 中国建设银行

持续优化信贷结构。实施差别化信贷政策安排，全力支持疫情防控，服务企业复工复产。加大住房租赁支持力度，做好普惠贷款投放，加快培育绿色金融新优势，推动制造业高质量发展，探索构建科技企业创新能力评价体系，巩固基础设施领域优势，深化产能过剩行业结构调整，加强房地产贷款集中度管理。全面调整优化审批机制流程，提升决策质量，强化客户选择，严把授信策略执行关。

5. 交通银行

紧密对接国家政策和市场变化，动态更新授信与风险政策纲要、行业投向指引，做好"一行一策"落地工作。加强新冠肺炎疫情下的资产质量管理。推进纾困政策合规运用，加强临期管理，准确实施贷款分类。建立按月动态排查机制，提前掌握受新冠肺炎疫情影响的潜在风险客户和实质性风险客户，分类分级、逐行逐户督促落实管控责任，提前采取处置化解措施。综合运用总量管控、名单制等手段，加强对信用卡、产能过剩、房地产、跨境业务、政府隐性债务等重点领域和敏感行业的管控力度，强化区域风险管控。

6. 邮政储蓄银行

实施差异化信贷政策，一是对疫情防控重点保障企业和制造业、小微企业、民营企业等重点领域在授信政策、区域融资政策上予以倾斜，全力支持疫情防控和经济社会恢复发展。二是积极贯彻国家战略部署和产业政策，落实监管部门专项治理要求，引导优化信贷资源配置，加大对"一带一路"建设、京津冀协同发展、长江经济带发展、粤港澳大湾区建设、海南自由贸易港高质量发展、长江三角洲区域一体化、黄河流域生态保护和高质量发展、成渝地区双城经济圈建设等重点区域的支持力度；坚持服务实体经济，加强对"两新一重"、先进制造业、战略性新兴产业、乡村振兴、科技创新、普惠小微、民营经济、绿色金融和现代服务业等重点领域的精准支持。三是加强重点领域的风险管控，提高准入标准和管理要求，审慎进入房地产、煤炭、煤电等敏感领域。

7. 招商银行

加强宏观经济金融形势研判，整体规划，重点突破，多措并举，标本兼治，使资产质量得到有效管控。一是以客户为中心，深化优质客户的综合化经营。动态调整总分行两级战略客户和白名单客户，做实名单制经营，夯实客群基础。加强房地产等重点领域的风险管理，鼓励战略性新兴产业及先进制造业的信贷投放。二是开放融合，靠前站位，提高风险管理精细化水平。扩大新动能行业的政策覆盖面，已累计制定出台48个新动能行业的信贷政策；加大区域政策研究力度，对粤港澳大湾区、长三角区域细分行业制定针对性信贷政策；升级行业研究"自组织"，锻造专家队伍，深化研究成果的应用。三是扫盲补短，固本强基，健全全面风险管理体系。建立和完善同业及合作机构风险管控机制，抓实抓细风险乱象治理，组织"低信用风险"专项治理，持续开展P2P平台清理，对重点风险领域进行全面排查与定期监测，完善风险并表管理。四是多措并举，灵活施策，提高不良资产处置效益。加强不良资产现金清收，持续推动不良资产核销、资产证券化，积极探索债转股，多种途径化解风险资产，实现高效率、高效益的合规不良处置。五是拥抱科技，强化赋能，深化风险管理数字化转型。上线信贷云平台，完善风险管理工具包，加强数据质量管理，打通系统关联，拓展在线风控平台应用场景，风险管理持续提质增效。

将煤炭、煤化工、煤贸、钢铁、钢贸、基础化工、常用有色金属矿采选、有色金属冶炼及压延加工、船舶制造、平板玻璃、海洋货运、纺织化纤、光伏制造、化肥制造、机床、合成材料制造等领域划分为压缩退出类行业，持续执行客户分类管理策略，严格客户准入标准，持续推进资产和客户结构调整。

三、国内银行贷后阶段的组合管理实践

在贷后信贷资产组合管理阶段，我国银行的组合管理手段主要是贷款转让、信贷资产证券化和信用风险缓释工具，目前，信贷资产证券化发展较快。我国信贷资产证券化始于 2005 年 4 月中国人民银行和原银监会发布的《信贷资产证券化试点管理办法》，信贷资产证券化试点启动，中国建设银行和国家开发银行分别进行住房抵押贷款证券化和信贷资产证券化的试点工作。随后，在中国人民银行和原银监会的主导下，一系列试点法规陆续出台，确立了以信贷资产为融资基础，由信托公司组建信托型 SPV（Special Purpose Vehicle），在银行间债券市场发行资产支持证券，并进行流通的证券化框架。

自 2007 年国务院批复关于信贷资产证券化扩大试点的文件之后，国内各家商业银行纷纷试水资产证券化，中国工商银行、兴业银行、浦发银行等银行各自成功推出了资产证券化产品。2008 年 1 月，中国建设银行以其未偿本金的公司类不良贷款为基础资产池发起设立特定目的信托，发行了建元 2008-1 重整资产证券化产品。此次中国建设银行不良资产支持证券的发行，丰富了资产证券化产品的种类，开辟了商业银行批量化、市场化、标准化处置不良资产的新渠道，为加快发展我国资产证券化市场做出了贡献。2008 年 10 月 31 日，浙商银行宣布发行额度为 6.96 亿元的中小企业信贷资产支持证券，成为我国首家开展中小企业信贷资产证券化试点的金融机构。2008 年爆发的金融危机给我国试点中的信贷资产证券化蒙上了阴影，原银监会暂时叫停了不良资产证券化的试点。2012 年 5 月，中国人民银行、原银监会、财政部联合下发《关于进一步扩大信贷资产证券化试点有关事项的通知》，开始第三阶段试点。2015 年出台了较多常态化发行的政策。信贷资产证券化的发展历程详见第十一章。

2010 年 10 月 29 日，中国银行间市场交易商协会发布了《银行间市场信用风险缓释工具试点业务指引》及相关配套文件，开始了中国版信用衍生产品的发展。我国逐步形成以信用风险缓释合约、信用风险缓释凭证为基础的信用风险缓

释工具。

2010 年 9 月 25 日，《贷款转让交易主协议》在上海签署，《贷款转让交易主协议》的签署和全国银行间市场贷款转让交易的启动，对于规范发展我国贷款转让市场，完善货币政策传导机制，加强金融宏观调控，优化银行信贷结构，防范和化解潜在金融风险等，具有重要的现实意义，丰富和发展了银行业金融机构满足资本约束要求、主动管理资产的产品与手段。2012 年，财政部和原银监会印发《金融企业不良资产批量转让管理办法》（财金〔2012〕6 号），对金融企业不良资产批量转让进行了明确，禁止零售类不良资产批量转让。2021 年 1 月 12 日，银保监会办公厅印发了《关于开展不良贷款转让试点工作的通知》（银保监办便函〔2021〕26 号），正式批准单户对公不良贷款转让和个人不良贷款批量转让。包括 6 家国有控股大型银行和 12 家全国性股份制银行在内的 18 家大中型商业银行被准予通过批量转让模式处置零售类不良资产。随后，银行业信贷资产登记流转中心（以下简称"银登中心"）下发了《银行业信贷资产登记流转中心不良贷款转让业务规则（试行）》《银行业信贷资产登记流转中心不良贷款转让业务信息披露细则（试行）》和《银行业信贷资产登记流转中心不良贷款转让业务公开竞价细则（试行）》三份通知。银登中心为不良贷款转让业务提供账户开立、资产登记、项目挂牌、公开竞价、信息披露、协议签署和资金支付等服务与系统支持。银登中心不对相关资产价值、风险做任何评价、判断或保证。

第三节　国际商业银行信贷组合管理实践

国际信贷组合经理协会在 2011 年对全球多家银行信贷组合管理部门的工作目标进行了调查，结果发现，改善组合结构并降低信贷的集中度是目前全球各商业银行的信贷组合管理机构的主要工作目标（见表 3-9）。2021 年的调查结果显示，不同规模银行的第一目标有所差异，资产规模大于 5000 亿美元的银行的组合管理第一目标是减少优化风险加权资产（RWA），而规模小于 5000 亿美元的银行的组合管理第一目标是降低集中度（见表 3-10）。

表 3-9　2011 年信贷组合管理部门的主要目标

目标描述	比例（%）	排序
改善组合结构、减少集中度	77	1
提供信贷组合相关信息	74	2

续表

目标描述	比例（%）	排序
引导信贷发放方向	70	3
管理股权报酬、风险调整资本回报率（RAROC）或实现类似的目标	60	4
优化银行风险和收益（定量或定性）	58	5
管理最大化风险偏好目标	57	6
管理银行盈亏的波动、盈亏额和类似的目标	53	7
管理风险加权资产（RWA）的使用	51	8
关注监管政策变化	43	9

资料来源：国际信贷组合经理协会 2011 年的调查，IACPM（2011）。

表 3-10　2021 年信贷组合管理部门的主要目标

	目标描述	比例（%）	排序
资产规模大于 5000 亿美元的银行	减少优化风险加权资产（RWA）	79	1
	提高 ROE	59	2
	提高净收入	52	3
	降低集中度（企业、行业等）	48	4
	增加股东价值	31	5
资产规模小于 5000 亿美元的银行	降低集中度（企业、行业等）	52	1
	减少优化风险加权资产（RWA）	48	2
	提高 RAROC	44	3
	提高风险加权资产回报（RORWA）	22	4
	提高 ROE	22	5

资料来源：国际信贷组合经理协会 2021 年的调查，IACPM（2021）。

国际信贷组合经理协会的调查发现，贷款发放政策仍然是各家商业银行资产组合管理的主要工具，也就是在发起阶段控制贷款的投向（见表 3-11）。

表 3-11　2011 年信贷组合管理工具的重要性调查　　单位:%

信贷组合管理工具的相对重要性	最重要	少许重要	极少使用	不使用
贷款发放政策（如集中性的限制）	65	23	4	8
单一公司挂钩 CDS	35	35	12	19
贷款转让/购买	15	38	35	12
转让定价	12	25	8	56

续表

信贷组合管理工具的相对重要性	最重要	少许重要	极少使用	不使用
担保	12	17	44	27
证券化	10	25	42	23
信用指数分层、一篮子、期权 CDS	6	16	25	50
信用保险	0	19	40	40

资料来源：国际信贷组合经理协会 2011 年的调查，IACPM（2011）。

根据 IACPM 2021 年的调研结果（见表 3-12），在前端工具中排名前三的是集中度限额、监管资本度量工具和组合视角交易决策。在后端工具（市场工具）中贷款转让/购买排名最高，其次是信用风险保险和担保。

表 3-12　2021 年信贷组合管理工具的重要性调查

信贷发放阶段			市场工具		
组合管理工具	2021 年	2019 年	组合管理工具	2021 年	2019 年
集中度限额	2.73	2.22	贷款转让/购买	1.79	1.69
监管资本度量工具	2.27	2.10	信用风险保险	1.29	1.24
组合视角交易决策	2.25	1.86	担保	1.27	1.06
经济资本度量工具	1.70	1.33	单一公司挂钩 CDS	1.18	1.14
定价分析	1.52	1.06	合成型资产证券化（发行信用联结票据）	0.96	1.02
转让定价	1.21	0.80	CDS 指数	0.66	0.47

资料来源：国际信贷组合经理协会 2021 年的调查，IACPM（2021）。表中数字为对相对重要性打分平均值，打分区间为 0 到 3，3 为最重要。

2021 年 6 月 28 日，英国《银行家》杂志发布 2021 年全球银行 1000 强排名（基于一级资本）。美国银行排名第六，花旗集团排名第七，汇丰银行排名第八。本部分就美国银行、花旗银行、汇丰银行的信贷组合情况进行了分析，其信息来源为这些银行的年报。总结发现，当前国际大型商业银行都关注并实际实施了行业和地区的组合管理。

美国银行通过管理集中度来对组合进行管理。商业信用风险评估和管理目标为风险暴露的集中度不会导致过高的风险水平。美国银行从行业、产品、区域、客户关系和贷款规模的角度分别评估和管理了风险暴露的集中度。美国银行通过区域和房地产类型划分对地产类贷款进行集中度管理。由于美国银行的国际性较强，该银行还从国际经济区域和国家层次进行集中度管理。另外，美国银行还通过贷款销售、对冲以及其他风险转移技术管理信用风险组合。美国银行的行业限额根据行业分配的资本使用情况确定，通过制定风险管理框架以设定行业风险限额，并进行持续的监控。风险管理委员会（Credit Risk Committee，CRC）负责监督行业限额的实施。表3-13是美国银行2020年末的分行业风险敞口分布情况，可以看到美国银行各个行业的分布较为分散，服务类行业在美国银行中的行业贷款占比较大。

表3-13 2020年末美国银行分行业风险敞口 单位：百万美元

行业	行业（英语）	实际使用风险敞口		商业承诺风险敞口	
		2020 年	2019 年	2020 年	2019 年
资产管理机构和基金	Asset managers and funds	68093	71386	101540	110069
房地产	Real estate	69267	70361	92414	96370
资本货物	Capital goods	39911	41082	80959	80892
金融公司	Finance companies	46948	40173	70004	63942
医疗设备和服务	Healthcare equipment and services	33759	34353	57880	55918
政府及公共教育	Government and public education	41669	41889	56212	53566
材料	Materials	24548	26663	50792	52129
零售	Retailing	24749	25868	49710	48317
消费者服务	Consumer services	32000	28434	48026	49071
食品、饮料及烟草	Food，beverage and tobacco	22871	24163	44628	45956
商业服务及供应	Commercial services and supplies	21154	23103	38149	38944
交通运输	Transportation	23426	23449	33444	33028
能源	Energy	13936	16406	32983	36326
公用事业	Utilities	12387	12383	29234	36060
个人和信托	Individuals and trusts	18784	18927	25881	27817
技术、硬件及设备	Technology hardware and equipment	10515	10646	24796	24072
媒体	Media	13144	12445	24677	23645
软件和服务	Software and services	11709	10432	23647	20556
全球商业银行	Global commercial banks	20751	30171	22922	32345
汽车及其配件	Automobiles and components	10956	7345	20765	14910
耐用消费品和服装	Consumer durables and apparel	9232	10193	20223	21245
汽车经销商	Vehicle dealers	15028	18013	18696	21435
医药和生物技术	Pharmaceuticals and biotechnology	5217	5964	16349	20206
电信服务	Telecommunication services	9411	9154	15605	16113
保险	Insurance	5921	6673	13491	15218
食品和主食零售	Food and staples retailing	5209	6290	11810	10392

续表

行业	行业（英语）	实际使用风险敞口		商业承诺风险敞口	
		2020 年	2019 年	2020 年	2019 年
金融市场基础设施（清算所）	Financial markets infrastructure（Clearing houses）	4939	5496	8648	7997
宗教与社会组织	Religious and social organizations	4769	3844	6759	5756

资料来源：美国银行 2020 年年报。

花旗集团是全球领先的银行，遍布全球 160 多个国家和地区，拥有两亿客户账户。花旗集团为个人、公司、政府和机构客户提供广泛的金融产品和服务，包括个人银行及信贷、公司银行与投资银行、证券经纪、交易服务和财富管理。2008 年全球金融危机期间，花旗集团遭受重创，2008 年亏损 227 亿美元，2009 年亏损 16 亿元，2010 年花旗集团扭亏为盈，实现盈利 106 亿美元，全球配置是花旗集团在金融危机后迅速恢复活力的重要因素[①]。花旗集团将全球划分为四个业务区域，北美、EMEA（欧洲、中东和非洲）、拉丁美洲和亚洲。花旗集团的年报分析结果显示，金融危机较为严重的 2009 年的业绩充分说明了花旗集团保持强大的全球地位的重要性，因为花旗集团大约 50% 的营业收入来自北美以外的市场。公司在这些市场的业务普遍有非常出色的表现。从组合的角度看，花旗集团借助全球化网络实现的全球化区域组合管理为其成功走出危机实现盈利起到了很大的作用。2020 年受新冠肺炎疫情的冲击，净利润为 110 亿美元，2021 年净利润为 220 亿美元[②]。表 3-14 是花旗集团 2019 年和 2020 年末分行业风险敞口的分布情况，可以看到花旗集团的业务在各个行业的分布也较为分散。

表 3-14　花旗集团 2019 年和 2020 年末分行业风险敞口　单位：百万美元

行业	行业（英语）	2020 年	2019 年
运输和工业	Transportation and industrials	147218	146643
私人银行	Private bank	109397	102463
消费品零售	Consumer retail	82129	81338
技术、媒体和电信	Technology, media and telecom	82657	83199
房地产	Real estate	65392	55518
电力、化工、金属和采矿	Power, chemicals, metals and mining	63926	73961
银行和金融公司	Banks and finance companies	52925	52036

①②　数据来源：花旗集团年报。

续表

行业	行业（英语）	2020 年	2019 年
能源和大宗商品	Energy and commodities	49524	53317
健康	Health	35504	35008
公共部门	Public sector	26887	27194
保险	Insurance	26576	24305
资产管理机构和基金	Asset managers and funds	19745	24763
金融市场基础设施	Financial markets infrastructure	12610	16838
证券公司	Securities firms	976	1151
其他行业	Other industries	9307	16842
合计	Total	784773	794576

资料来源：花旗集团 2020 年年报。

　　汇丰银行是全球最大的银行及金融服务机构之一，通过财富管理及个人银行、工商金融、环球银行及资本市场三大环球业务为超过 4000 万名客户提供服务。在汇丰银行的风险管理体系中，行业信贷风险的实质就是行业信贷集中风险，相应地，行业信贷风险管理的核心就是保持分散化，避免行业过度集中。这一理念贯穿于行业信贷风险管理流程之中。从行业的角度看，汇丰银行进行贷款组合上限管理，如果涉及的产业占总贷款组合的比例很大，则触发内部设定的组合限制。汇丰银行经常再评估设定的限额，并关注当地金融监管机构设定的限制。为防止行业信贷风险过于集中，汇丰银行对海运、航空、汽车、保险、房地产等重点行业设定了行业限额，必要时还会对相关行业的新增信贷业务加以限制。设定不鼓励的行业，并对特殊行业的信贷提供特殊的指导。在行业信贷识别方面，汇丰银行把行业分析视为评估贷款组合中潜在集中风险的重要步骤，对高风险或未来波动性大的行业予以特别的关注。集团信贷和风险管理部负责向汇丰银行下属的各个子公司发布政策指引，表明了集团对特定市场的信贷风险、业务及金融产品的态度。

　　同花旗集团一样，遍布全球的网点分布实现了汇丰银行的区域组合管理。汇丰银行的业务网络遍及欧洲、亚洲、中东及非洲、北美和拉美，覆盖全球 64 个国家和地区，按照"东方不亮西方亮"的原则和"不要把所有鸡蛋放在一个篮子里"的策略，这种全球化布局既有利于业务的可持续发展，又有利于风险的多极化释放。如 20 世纪 90 年代末的亚洲金融风暴虽然波及汇丰银行的亚太业务，但欧美地区却毫发未损。而 2007 年始于美国的次贷危机的金融地震，对汇丰银行在北美以及欧洲的业务造成了一定的风险冲击，但是新兴市场国家的业务又弥补了这种潜在损失，尤其是中国、印度、巴西及中东地区，对汇丰银行躲过这次

商业银行信贷组合管理

金融浩劫功不可没（王俊寿，2009）。

专栏 3 是国际商业银行资产组合管理的最佳实践。

专栏 3　国际商业银行资产组合管理的最佳实践

1. 界定需要管理的组合

（1）商业机构应该管理其所有产生信贷风险业务的活动。

（2）组合的汇总应该建立在统一的基础上。

（3）应汇总所有债务人的信用风险。

2. 界定组合管理部门的职责

（1）公司管理层必须就跨部门的信贷组合中的信贷风险管理界定明确的任务。

（2）建立执行信贷资产组合管理职能的部门时，应明确记录该部门的角色和责任，包括信贷发放、信贷审批和组合管理之间的关系。

（3）信贷资产组合管理部门应配备具有以下个人核心竞争力的人员，即信贷管理经历、定量分析能力，以及市场和信用交易经验。

3. 标准化的风险指标和模型

（1）组合管理部门应定义以风险为基础的经济估值框架，允许其评估和报告信贷业务。

（2）组合管理部门应计算其信贷资产组合的价值分布，并发现其与预期的经济价值的偏离情况。

（3）组合管理部门的风险度量应该有足够的粒度水平，以找出主要的集中风险。

（4）组合管理部门应该有一个正式的模型验证流程。

4. 有关数据事宜

（1）综合头寸数据的收集和存储频率应该与管理头寸的能力相一致。

（2）内部信用损失数据应该予以收集和存储。

（3）组合管理部门应致力于数据的完整性，并建立数据元素完整性的明确责任。

（4）组合管理部门应建立明确的定义和映射关系。

（5）组合管理部门应使信贷资产组合管理数据与该部门的会计记录一致。

5. 理解经济价值和会计价值

（1）信贷资产应该以市场价值评估经济价值。

（2）信贷资产的原始价值和经济价值之间的差异必须实时测试，并在评价客户价值时予以考虑。

---

6. 设定界限管理集中度

（1）组合管理部门应该设定上限，以解决集中度和组合相关关系问题。

（2）传统基于名义的限制系统应辅之以基于风险测度的限制系统。

（3）需要对限额系统进行适当的监管，限额设定后，限额的突破需要由非管理限额的小组批准。

7. 组合压力测试

（1）组合管理部门应该采用自上而下的压力测试，以分析极端经济事件对组合整体的信用风险的影响。

（2）组合管理部门应该以自下而上的压力测试对"自上而下"的方法过程进行补充，来衡量不利事件对组合中某个风险暴露债务人的影响。

8. 组合实践中对会计准则选择的考虑

选择的会计准则应该揭示真正的经济价值，适合公司制定的风险管理策略和战略环境。

9. 重新平衡投资组合，以实现战略目标

（1）积极的投资组合管理的盯市策略应该受制于合适的市场风险限额，其损益要实时予以监控。

（2）投资组合的再平衡的执行应集中在一个专门小组。

（3）信贷资产组合管理的执行功能应独立于该机构本身的交易领域，具有单独的执行能力。

10. 建立目标和绩效衡量

（1）投资组合管理功能应该有明确的绩效衡量指标。

（2）高级管理人员应就绩效衡量指标达成一致，以确保机构整体目标的一致性。

（3）绩效目标应该与投资组合管理的使命相一致。

11. 保持透明度

保持以下方面信息的透明度：信贷资产组合管理功能的任务；信贷组合的数据摘要；投资组合使用的产品和结构；投资组合管理活动取得的成果。

资料来源：IACPM, 2005. Sound Practices in Credit Portfolio Management ［EB/OL］. ［2005-11-30］. http://acpm.org/wp-content/uploads/2017/08/zAcpmsound Practicesin cpm-chinese. pdf.

第二部分

信贷投放组合管理

第四章　信贷资产应该集中管理
还是分散投放

第二章通过个案展示了信贷过度集中的危害，因此，信贷组合管理最朴素的想法就是分散，不能让信贷在行业、区域、客户等维度上过度集中。但是银行的核心竞争力是风险管理，过度分散就会面临问题，一是银行要进入新的领域，如某一银行习惯做城投平台，较少涉及其他贷款，如果分散那就要涉及新的领域，很可能是原来不熟悉的领域，增加了风险管理的难度，可能会带来风险成本。二是过度分散会增加运营成本，也可能会损失利润。

商业银行经营过程中的信贷应该集中管理还是分散投放是一个需要回答的战略问题。本章基于 2007~2011 年中国 16 个上市商业银行的信贷投放数据，通过建立面板模型，从风险和收益两个角度研究商业银行信贷投放的行业分散程度对银行的影响。我们发现，在样本数据覆盖我国商业银行信贷投放的情形下，随着集中度的增加，银行的信贷资产风险将加大，同时银行的收益也会增加，即如果银行选择更高收益的策略就意味着要承担更高的风险，这与高风险、高收益的认识相一致。信贷资产的不同风险状况跟信贷风险的边际收益贡献没有明显的关系，这与国外的实证结论不一致，银行的经营能力决定了银行应该选择的分散程度，更强经营管理效率的银行可以选择更加分散的信贷投放。本章建议我国商业银行可以在控制风险的情形下适度增加集中度（陈懿冰和聂广礼，2014）。

第一节　引言

当前，众多研究人员表示我国商业银行同质化严重（王菁，2009），资本市场的组合管理思想也要求投资不能过于集中（Markowitz，1959）。商业银行应该专注于一个领域，精耕细作；还是按照资本市场中组合管理的思想，将信贷资产进行分散投放，这是商业银行进行信贷资产管理时需要从战略角度考虑的问题。本章研究的目的就是探索商业银行信贷资产的分散和集中选择及其对银行信贷资产风险和收益的影响。

在资本市场的组合管理研究中，分散的多元化投资的理念得到了广泛的认可。与资本市场投资组合的出发点不同的是，银行信贷资产管理追求固定收益水平下最低的风险承担状况。从风险的角度来看，银行信贷的分散投放能够避免集中度风险，从而降低信贷风险。从收益的角度来看，由于信贷的管理成本同资本市场的成本有很大的差异，过于分散的信贷投放会导致管理成本上升，从而抵消收益的增长，因此，信贷的分散受成本约束，并不一定是越分散越好。适度分散的信贷资产组合的构建目标是通过大规模、多客户群体构成的贷款集合获得稳定收益，信贷资产组合主要承受系统性风险因素对借款人履约能力的冲击（尹灼，2005）。但是，什么样的分散程度适宜，其受什么因素影响是一个需要深入探讨的问题。信贷资产组合管理可以分为两个研究方面：一个是分散和集中应该如何选择；另一个是如果可以适度分散，那么应该如何实现分散。分散和集中的选择问题主要通过实证分析进行验证，而分散的实现则主要通过现代数量方法完成。本章从实证的角度分析银行信贷分散或集中的选择。

本章的目的是，就信贷的分散投放对银行信贷资产风险和收益的影响进行更精确和更具普遍性的估计。为了保证数据的完整性和可靠性，本章通过对我国16家上市商业银行的面板数据进行实证分析，研究我国商业银行应该采取的集中、分散措施。本章研究中的16家上市银行无论在资产还是贷款额度上都占了国内银行的很大比例，这16家商业银行的分析结果在我国商业银行中具有较强的代表性。由于时间效应并不是我们探讨的重点，因此，我们主要对个体效应以及变量之间的关系进行研究。本章先探讨银行信贷的行业集中情况与银行风险和收益之间的关系，然后研究银行在不同的风险状况和不同的经营能力下，集中是否对收益有不同的边际影响，即探讨不同的商业银行是否应该有不同的分散策略，处于不同状态下的商业银行应该做什么样的信贷管理战略选择。

第二节　国内外信贷分散对收益的影响

关于信贷的分散投放和集中管理选择及其对商业银行经营效益的影响，国外有较多的实证分析。有研究将分散的成本和收益联系在一起，分析银行的最优规模（Cerasi and Daltung，2000）。Kamp 等（2005）以德国行业经济结构为标杆，分析了 1993~2002 年德国 2218 家银行的行业分散情况，发现行业分散能够提高银行收益。但组合过度分散的必要性也受到了一些质疑。Acharya 等（2006）以 1993~1999 年意大利 105 家银行的数据为对象，分析了商业银行信贷分散投放与收益之间的关系，发现集中度对收益的边际贡献与风险之间呈 U 型关系，即对中等风险银行而言分散能够带来收益最多的增长；对高风险银行而言行业分散会减少收益增加资产风险；对低风险银行而言由于分散导致成本增加，行业分散会产生无效的收益增长。

Hayden 等（2007）以德国 983 家银行 1996~2002 年的数据为对象，分析了行业和区域组合分散的效果，结果发现，在风险水平处于比较缓和的情形下，行业的分散能够显著提高效益；而在其他情形下，分散并不能改进银行绩效，因为行业和区域的分散会提高成本。Meyer 和 Yeager（2001）以第八联邦储备区（Eighth Federal Reserve District）的数据为例，研究了美国小乡村银行的业绩与当地县域经济情况的关系，发现两者并无直接关系。这些分析的不足在于以当地大量小规模的银行为研究对象，且大部分将非利息收入作为研究对象，进行分散研究。Logan 和 Dahl（2002）认为，银行的国际化安排能够增加银行的收益。Morgan 和 Samolyk（2003）通过美国银行区域分散的实证分析发现，区域上的多样性并没有必然带来收益的增加。表 4-1 总结了当前集中与分散对商业银行收益影响的实证结果。

表 4-1　商业银行信贷集中与分散对银行收益影响的实证研究

作者	研究国家	研究阶段	组合分散类型	实证结果
Mercieca 等（2007）	欧洲	1997~2003 年	收入来源	收入来源的分散化并没有让小银行直接受益，大银行的效果明显
Hayden 等（2007）	德国	1996~2002 年	行业、区域	组合分散与银行收益并无直接关系，高风险银行受组合分散的影响程度小，风险水平较低时，行业分散能够显著增加银行收益
Kamp 等（2005）	德国	1993~2002 年	行业、区域	组合集中能增加银行收益，减少不良贷款；信贷分散银行的不良贷款方差较小
Acharya 等（2006）	意大利	1993~1999 年	行业	与银行的风险水平有关，银行风险处于中等水平时，分散能够带来收益的最大增长
Berger 等（2010）	中国	1996~2006 年	区域和贷款、存款、资产类型	分散降低了利润，增加了经营成本

续表

作者	研究国家	研究阶段	组合分散类型	实证结果
Tabak 等（2011）	巴西	2003~2009 年	行业、贷款类型	贷款组合集中度能够增加收入，降低违约风险，金融危机后集中度上升
Bebczuk 和 Galindo（2008）	阿根廷	1999~2004 年	行业	2001~2002 年阿根廷银行没有改变组合策略，分散组合对银行有利，且对大银行比对小银行更有利；经济不景气时，分散组合的好处更为显著
Meyer 和 Yeager（2001）	美国	1990~1997 年	小乡村银行区域组合分散	小银行的业绩与当地县域的经济情况并无直接关系
Stiroh 和 Rumble（2006）	美国	1997~2002 年	收入来源	美国金融控股公司享受分散带来的好处，但是增加的收益会被非利息活动的成本部分抵消

由表 4-1 可以看出，分散对某些银行在某些条件下是有利的，但是过度分散会影响银行的利润，因此，需要在成本的约束下建立适度分散的信贷组合，既不过度集中，又不过于分散（Tabak，Fazio and Cajueiro，2011）。而建立适度分散组合的首要前提是对分散的界限进行研究。

国内关于银行集中、分散选择的实证分析多是从宏观的角度进行研究的，而非单个银行的信贷集中、分散选择。林毅夫和姜烨（2006）利用中国省级面板数据，就发展战略、银行业结构以及银行业结构与经济结构的匹配对经济发展的影响进行了计量分析，发现大型企业比重越高的地区，银行业集中度的提高越能够促进经济增长；非国有企业比重越高的地区，银行集中度的降低越能够促进经济的增长。

国内学者对信贷分散、集中管理的实现也有一些研究，大连理工大学的迟国泰等就贷款组合做了一些工作，他们研究了根据 CreditMetrics 信用风险迁移矩阵的时间效应和随机过程中的 Brown 运动来反映银行贷款风险的非系统因素的新增单笔贷款决策模型（迟国泰等，2008），分析了基于信用风险迁移条件风险价值最小化的贷款优化模型（洪忠诚等，2009）和贷款总体风险优化决策模型（迟国泰等，2007）。

由于信贷成本收益管理同资本市场的差异，过于分散会导致成本上升，因此，需要信贷投放适度集中。从国内外文献来看，关于中国银行业信贷分散和集中投放对银行绩效影响的研究目前尚缺少深入的实证分析，对其分散边界未有理论研究。本章以我国上市商业银行为研究对象，分析我国商业银行应该选择的分散策略。

第三节 模型设定及分析

本章将就信贷资产集中和分散这两种不同的组合管理策略对我国商业银行信贷资产风险以及绩效的影响进行实证研究。利用面板数据的特点，我们估计包含银行个体效应和时间效应的面板模型。先分析信贷资产的分散与银行信贷资产风险之间的关系，探讨信贷组合是否同资本市场认为的那样，可以通过分散信贷投放降低风险。然后分析分散与银行收益之间的关系，由于银行发放贷款的审批环节多，审批链条长，管理成本高，信贷越分散，单位资金的交易成本就会越高。如果银行进行信贷的集中管理，那么就会节约成本增加收益，因此，需要探讨分散与收益的关系。另外，需要探讨分散的边际收益贡献的影响因素，本章中我们选择了信贷资产风险状态和银行的经营管理能力这两个因素。分散可以是行业也可以是区域等维度，本章选择行业进行相关分析。

（一）信贷资产分散与银行资产风险之间的关系

信贷资产的行业分散与银行的信贷资产风险之间是什么样的关系需要深入探讨，行业的分散可以避免单个行业的变动带来的信用风险，因此，我们在控制其他因素的情况下，首先探讨银行的信贷资产风险水平同行业分散之间的关系，分别按照线性和非线性两个角度进行研究，具体模型如下所示。

$$Risk_{it}=\beta_0+\beta_1 \cdot Concentration_{it}+\gamma \cdot Control_{it}+\tau_{it}+\varepsilon_{it} \qquad (4-1)$$

$$Risk_{it}=\beta_0+\beta_1 \cdot Concentration_{it}+\beta_2 \cdot Concentration_{it}^2+\gamma \cdot Control_{it}+\tau_{it}+\varepsilon_{it} \qquad (4-2)$$

其中，$Risk_{it}$ 表示银行 i 在时间 t 的风险状况；$Concentration_{it}$ 表示银行 i 在时间 t 的信贷投放集中度；$Control_{it}$ 表示控制变量的情况，本章研究中包括总资产规模、权益乘数、核心资本充足率、存贷比等；τ 为时间变量。这些指标的详细定义将在第四节详细解释。

（二）信贷资产分散与银行效益之间的关系

由于集中能够节约成本，降低单位信贷资产的管理成本，因此分散与银行收益之间的关系需要进行深入的研究。本书分为线性和非线性两个角度设置函数分析两者之间的关系，如式（4-3）、式（4-4）所示。

$$Return_{it}=\beta_0+\beta \cdot Concentration_{it}+\gamma \cdot Control_{it}+\tau_{it}+\varepsilon_{it} \qquad (4-3)$$

$$Return_{it}=\beta_0+\beta_1 \cdot Concentration_{it}+\beta_2 \cdot Concentration_{it}^2+\gamma \cdot Control_{it}+\tau_{it}+\varepsilon_{it} \qquad (4-4)$$

其中，$Return_{it}$ 表示银行 i 在时间 t 的收益状况；$Concentration_{it}$ 表示银行 i 在时间 t 的信贷投放集中度；$Control_{it}$ 表示控制变量的情况，同样包括总资产规模、权益乘数、核心资本充足率、存贷比等。

（三）信贷资产分散与银行风险调整效益之间的关系

集中能够节约成本，但是会带来更高的风险，因而，集中的边际收益贡献可能受风险状况的影响。在欧美国家集中的边际收益贡献与银行风险状况之间是非线性关系。Hayden 等（2007）的实证研究表明，集中度对收益的边际贡献与风险之间呈 U 型结构，即在风险处于中等水平时，分散会带来最多的利润增长。中国作为有着独特银行结构和经济结构的国家，上述实证结果是否适合中国的情况，需要针对我国的情况做实证研究。参考 Tabak 等（2011）及其他国外已有的成果，本章通过实证分析研究中国银行业集中度对边际收益贡献与风险状况之间的关系，预设了模型结构。

若风险与收益之间存在一定的非线性关系，可以对式（4-5）进行拟合分析。

$$Return_{it} = \beta_0 + \beta_1 \cdot Concentration_{it} + \beta_2 \cdot Risk_{it} + \beta_3 \cdot Concentration_{it} \cdot Risk_{it} + \beta_4 \cdot$$
$$Concentration_{it} \cdot Risk_{it}^2 + \gamma \cdot Control_{it} + \tau_t + \varepsilon_t \qquad (4-5)$$

对集中度求导，可以得到集中度对收益的边际贡献与风险之间的关系。

$$Mar = \frac{d(Return_{it})}{d(Concentration_{it})} = \beta_1 + \beta_3 \cdot Risk_{it} + \beta_4 \cdot Risk_{it}^2 \qquad (4-6)$$

通过对得到的系数进行详细的讨论，来分析我国银行风险与集中度对收益的影响：①如果 $\beta_4 > 0$、$\beta_3 > 0$，那么该方程的图像是开口向上的二次曲线，且对称轴位于 y 轴的左侧。风险与集中度对收益的边际贡献呈正相关关系，风险越高，集中投放收益越高，分散投放收益越差。②如果 $\beta_4 > 0$、$\beta_3 < 0$，那么该方程的图像是开口向上的二次曲线，且对称轴位于 y 轴右侧，风险与边际贡献呈 U 型。风险适中时，信贷资产越分散，投放效果越好；风险较高或较低时，信贷集中投放更能增加银行收益。③如果 $\beta_4 < 0$、$\beta_3 > 0$，那么该方程的图像是开口向下的二次曲线，且对称轴位于 y 轴右侧。风险与边际贡献呈倒 U 型，风险适中时，集中度的边际收益贡献最高；风险较高或较低时，信贷集中投放的边际收益贡献变差。④如果 $\beta_4 < 0$、$\beta_3 < 0$，那么该方程的图像是开口向下的二次曲线，且对称轴位于 y 轴左侧。风险与边际贡献呈负相关关系，风险越高，集中度边际效益贡献越差，信贷越分散，投放收益越好。

（四）信贷资产分散的边际收益与银行经营管理能力之间的关系

在组合管理的集中与分散选择中，银行本身的经营管理能力需要进一步深入探讨，是不是经营管理能力越强，越可以选择分散信贷投放，或者正好相反。这部分首先要分析信贷管理能力的测度指标，然后再进行实证研究。本部分预设模型与上一部分的预设模型类似，如下所示。

若风险与收益之间存在一定的非线性关系，可以对下式进行拟合分析。

$$Return_{it} = \beta_0 + \beta_1 \cdot Concentration_{it} + \beta_2 \cdot Ability_{it} + \beta_3 \cdot Concentration_{it} \cdot Ability_{it} + \beta_4 \cdot Concentration_{it} \cdot Ability_{it}^2 + \gamma \cdot Control_{it} + \tau_{it} + \varepsilon_{it} \quad (4-7)$$

其中，$Ability_{it}$ 表示银行本身的经营管理能力。对集中度求导，可以得到集中度对边际贡献与银行经营能力之间的关系。

$$Mar = \frac{d(Return)}{d(Concentration)} = \beta_1 + \beta_3 \cdot Ability_{it} + \beta_4 \cdot Ability_{it}^2 \quad (4-8)$$

可以通过对得到的系数进行类似于上一部分的详细讨论，分析我国银行经营能力与集中度对收益影响的关系，帮助我国商业银行进行决策。

第四节　实证分析

一、变量定义及数据说明

集中度。集中度是本章研究最重要的指标，参考国外已有的研究，我们选择 HHI 指数（Hirschmann-Herfindahl Index，HHI）作为集中度的测度指标。本章测度的是行业集中度，银行 i 的集中度可以通过计算该银行在各行业的信贷投放占比的平方和来测度。

$$HHI_i = \sum_{j=1}^{n} \left(\frac{x_j}{X} \right)^2 \quad (4-9)$$

其中，n 是行业个数，x_j 是第 j 个行业的占比。HHI 指数的取值范围为 $1/n <$ $HHI < 1$，行业分布越集中，其取值就越接近 1。如果取值为 $1/n$，则说明信贷投放完全分散。需要说明的是，本部分中的集中度仅测度对公贷款，不包括个人贷款。

由于研究期间部分银行前几个年度公布的是银行而非集团的数据，为保持数据完整性，根据各行公布的数据情况，当银行年报同时报告银行和集团数据时，以银行数据为分析对象。囿于各银行年报的差异，民生银行、交通银行为集团数据；中国银行为该行的贷款数据；中信银行 2008 年和 2007 年为集团数据，其他年度为银行数据，该差异不会对 HHI 指出的计算产生显著差异。由于分析集中度的对象是各银行的行业分布情况，因此，信贷数据不包括贴现。

收益。Hayden 等（2007）的研究采用的收益测度方法是资产净利率（ROA），同时采用权益净利率（ROE）作为稳健性建议指标。本章研究中我们采用多个指标作为收益的测定指标，以分析分散和集中对商业银行的哪些经营方面有什么样的影响，实证分析中以 ROE 为收益的测度指标，以 ROA 为稳健性测试的指标。

风险。银行的信贷资产风险测度可以有很多指标，为了准确测度银行的风险情况，本章没有采用过多的衍生，而是直接使用银行期末的不良贷款率作为风险的测度指标[1]。近年来，我国的银行经营状况持续改善，大部分银行在分析期内出现不良贷款率和不良贷款余额均下降的情况。本章研究中的不良贷款率是指全行的不良贷款率，由于个人贷款的不良率较低，这样会低估对公贷款的不良率，但是在所分析阶段我国商业银行个人贷款所占比例较小，对整体的影响不大。

经营管理能力。在本章中，用两个指标来测度银行的经营管理能力，分别是管理费用收入比（管理费用/营业总收入）和利润收入比（净利润/营业总收入）。这两个指标作为企业经营管理能力的测度指标，主要衡量企业在同等营业收入情况下对管理费用和其他成本费用的控制能力。

本章引入了以下几个控制变量：

银行资产（ASSET）：参考 Hayden 等（2007）的处理方法，将银行资产作为银行规模的测度变量。

权益乘数（Equity Multiplier，EM）：由于我们以权益净利率为收益的测度指标，该指标受杠杆率的影响，因此，将银行的权益乘数作为一个反映资本结构的控制变量。实证分析中也呈现不控制 EM 的回归结果。

核心资本充足率（Core Capital Adequacy，CCA）：核心资本与加权风险资产总额的比率，反映了银行的资本状况。

存贷比：存贷比（Loan-to-Deposit，LD）的计算方法为银行贷款总额/存款总额，主要测度银行抵御流动性风险的能力。

本章所用变量及其分析见表4-2。

表4-2 所用变量及其分析

分类	变量	分析
集中度	赫芬达尔—赫希曼指数（HHI）	反映银行信贷投放的行业集中度情况
收益	权益净利率（ROE）	权益净利率和资产净利率分别反映资本的盈利能力和资产的盈利能力，其中，资本盈利能力反映了股东的盈利能力
	资产净利率（ROA）	

---

① 部分银行（如华夏银行）也公布了平均不良贷款率，但是由于其他指标均采用期末值，本章研究中测度风险的不良贷款率也采用期末值。

续表

分类	变量	分析
风险	不良贷款率（NPL）	不良贷款率反映了银行资产的风险状况
经营管理能力	管理费用/营业总收入（Cost-to-Income，CTI）	银行的经营管理能力可以以管理费用收入来测度银行在同等收入情况下管理费用的耗用情况，净利润与营业总收入之比可以作为替代的测度指标
	净利润/营业总收入（Profit-to-Revenue，PTR）	
控制变量	资产（ASSET）	主要从银行规模、资本结构、核心资本充足率和流动性等角度对银行的状况予以控制
	权益乘数（Equity Multiplier，EM）	
	核心资本充足率（Core Capital Adequacy，CCA）	
	存贷比（Loan-to-Deposit，LD）	

　　本章选取我国16家上市银行作为分析对象，包括国有商业银行、股份制商业银行和城市商业银行，具体包括中国工商银行、中国农业银行、中国银行、中国建设银行、交通银行、招商银行、浦发银行、民生银行、中信银行、光大银行、兴业银行、华夏银行、深圳发展银行（平安银行）、北京银行、南京银行和宁波银行。由于我国从2007年起实行新的会计准则，且我国商业银行特别是国有商业银行在股改上市期间进行了资产的剥离和大幅度的调整，不能完全反映银行分散和风险之间的关系，因此，本章将时间序列设定为2007~2011年。在这段时间我国商业银行处于平稳发展阶段，基本没有大的变革，因此能较好反映研究变量之间的关系。各个银行的信贷投放行业以各银行年报为准，主要分为交通运输、仓储和邮政业，制造业，电力、燃气及水的生产和供应业，水利、环境和公共设施管理业，房地产业，批发和零售业，住宿和餐饮业，租赁和商务服务业，采矿业，建筑业，等等。各银行年报中的行业略有区别，但差异不大，对集中度影响较小。本章中各银行的财务数据来自Wind数据库和各银行年报。

　　为了保证数据能够客观准确反映各银行的实际情况，我们对几个银行的不良贷款率进行了特殊处理。深圳发展银行年报披露根据监管机构对中小银行的要求，在2008年底进行特别的大额拨备及核销。核销呆账贷款94亿元，包括截至2008年12月31日的全部损失类和可疑类的不良贷款，以及很大一部分的次级类贷款。核销贷款的绝大部分为该行2005年以前发放的历史不良贷款，导致不良率由5.64%下降到0.68%。为此本章对深圳发展银行2007年的不良贷款率进行了处理，将2007年不良贷款率由5.64%调整为1%。中国农业银行在2007年进行了不良资产剥离，按照之后几个年度的不良贷款率的下降情况，将2007年不良贷款率由报告中的23.05%调整为5%。这些调整是在参考银行此后年度不良贷款率的基础上倒算取整估计出来的。各变量的描述性统计如表4-3所示。

表4-3　面板数据描述性统计

变量	ROE	ROA	HHI	NPL	CTI	ASSET	EM	CCA	LD
均值	19.899	1.084	0.160	1.325	35.403	3317025	18.721	9.710	68.098
中位数	19.345	1.115	0.154	1.140	35.750	1455171	17.276	9.235	70.082
最大值	41.125	1.715	0.364	5.640	46.260	15476868	45.370	27.380	83.784
最小值	4.176	0.149	0.103	0.006	23.400	75510.770	7.650	4.300	55.190
标准离差	5.177	0.262	0.040	0.899	5.038	3986906	6.079	3.597	6.590
偏度	1.033	-0.885	2.347	2.179	-0.094	1.424	1.451	2.184	-0.084
峰度	6.877	4.762	11.626	9.821	2.484	3.704	6.641	10.228	2.414
截面个数	16	16	16	16	16	16	16	16	16

二、单位根检验

为避免因变量的不平稳而引起回归方程的参数估计出现偏差，本章分别采用两种类型的面板数据单位根检验来检验各变量的平稳性。为了方便，只采用两种面板数据单位根检验方法，即相同根单位根检验（LLC（Levin-Lin-Chu）检验）和不同根单位根检验（PP检验），如果在两种检验中均拒绝存在单位根的原假设，则说明此序列是平稳的，反之则不平稳。具体结果如表4-4所示。

表4-4　面板数据稳健性检验结果

变量	LLC 检验	PP	结论
ROE	-33.3551（0.0000）	87.0225（0.0000）	平稳/平稳
ROA	-21.7863（0.00000）	58.2449（0.0031）	平稳/平稳
HHI*	-10.0978（0.0000）	17.2383（0.09845）	平稳/平稳
NPL	-21.4713（0.0000）	64.5729（0.00060）	平稳/平稳
CTI	-15.3810（0.0000）	51.3125（0.0166）	平稳/平稳
ASSET	-63.7713（0.0000）	86.5981（0.0000）	平稳/平稳
EM	-9.58626（0.0000）	33.0339（0.32110）	平稳/不平稳

续表

变量	LLC 检验	PP	结论
CCA	−7.84550 (0.00000)	27.9192 (0.5747)	平稳/不平稳
LD	−15.4548 (0.0000)	78.8364 (0.0000)	平稳/平稳
PTR	−146.215 (0.0000)	57.4115 (0.0038)	平稳/平稳

注：括号内的数据为 p 值，＊表示单位根检验方程中包括个体截距（Individual Intercept），其他表示方程中包括个体截距和趋势（Individual Intercept and Trend）。

表4-4 的检验结果显示，主要的变量是平稳的，虽然有几个变量在某些检验上显示不平稳，但主要是控制变量，因此，本部分未对其做进一步的处理。

三、实证结果

本章的目的是探讨商业银行信贷行业的集中和分散与商业银行信贷风险和经营绩效之间的关系，不探讨不同银行之间的集中和分散对绩效影响的差异，因此采用变截距的面板数据模型。关于固定效应和随机效应的选择，从经济意义看，由于本部分只探讨上市商业银行的集中和分散影响，因此应该选择固定效应模型，我们也采用了 Hausman 检验来分析应该使用的效应模型。Hausman 检验的原假设为使用随机效应模型，备择假设为使用固定效应模型。

（一）集中度对风险影响的实证结果

本部分是对式（4-1）和式（4-2）的拟合，主要分析商业银行行业集中度与银行信贷资产风险之间的关系，样本商业银行行业集中度与不良贷款率分布关系如图 4-1 所示，其实证结果如表 4-5 所示。Hausman 检验值分别对应 p 值均在 5% 的显著性水平下拒绝应该采用随机效应模型的原假设。因此，四个回归方程均采用截面固定效应。

首先对式（4-1）进行拟合回归，分析信贷资产的风险与信贷行业分散的线性关系，得到模型（1a）。从回归模型可以看出，在控制资产等因素的情况下，集中度对信贷资产不良贷款率线性模型并不显著。在加入平方项后，对式（4-2）进行回归，得到模型（1b）。结果显示模型（1b）的二次项系数显著，且系数为负，该函数的对称轴为 0.258，表明集中度 HHI 指数与不良贷款率之间呈倒 U 型关系。当 $HHI_{it} < 0.258$ 时，信贷资产行业越集中，不良率越高，研究期间我国大部分银行的行业集中度位于此区间。模型（1c）和模型（1d）分别是在不控制权益乘数和所有控制变量情形下对式（4-2）的拟合结果，可以看出，控制变量的变化没有对拟合结果产生显著的影响，特别是函数结构和二次函数的对称轴没有明显的变化，这也说明了此非线性关系的稳健性。

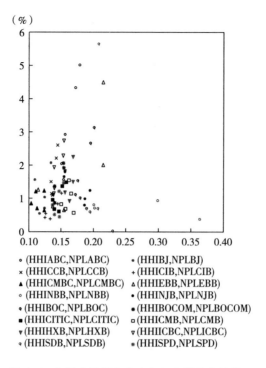

图 4-1　各样本银行集中度与不良贷款率的关系

表 4-5　信贷行业集中度对不良贷款率的影响

因变量：不良贷款率（NPL）

	1a	1b	1c	1d
C	−3. 353 (−1. 303)	−9. 465 *** (−2. 922)	−7. 213705 ** (−2. 071)	−5. 789 *** (−2. 907)
HHI_{it}	4. 474 (1. 226)	49. 185 *** (3. 064)	49. 29997 *** (2. 802)	65. 318 *** (3. 475)
HHI_{it}^2		−95. 37687 *** (−2. 852)	−94. 78332 ** (−2. 585)	−120. 2053 *** (−3. 064)
$ASSET_{it}$	−3. 77E−07 *** (−4. 890)	−3. 41E−07 *** (−4. 610)	−3. 94E−07 *** (−4. 972)	
EM_{it}	0. 094 *** (3. 350)	0. 094289 *** (3. 564)		
CCA_{it}	0. 1131 ** (2. 379)	0. 156321 *** (3. 301)	0. 062403 (1. 447)	

续表

	1a	1b	1c	1d
LD_{it}	0.035 (1.043)	0.050184 (1.543)	0.058670 (1.650)	
R^2	0.6190	0.666532	0.592219	0.467667
F-statistic	4.711***	5.425***	4.211***	3.204***
Hausman	39.241718***	47.178412***	42.273***	7.682229**
模型效应	固定效应	固定效应	固定效应	固定效应
BJ—C	-0.835135	-0.227212	-0.294147	0.788293
ICBC—C	4.233662	4.115017	4.479295	0.741267
EBB—C	-0.731512	-0.712440	-0.706173	0.260047
HXB—C	-1.476151	-1.444998	-0.815484	-0.115205
CCB—C	3.137075	3.191272	3.352101	0.761010
BOCOM—C	0.191361	0.263822	0.125475	0.316211
CMBC—C	-0.988766	-0.290653	-0.766905	0.809212
NJB—C	-1.220602	-1.661408	-1.847420	-0.677548
NBB—C	-2.184822	-2.403269	-2.711590	-1.777863
ABC—C	3.930230	3.809375	4.440653	1.511551
SPD—C	-1.422388	-1.219512	-1.024440	-0.262692
SDB—C	-1.431553	-1.853147	-1.812318	-1.029941
CIB—C	-1.494945	-1.157602	-1.157481	-0.186015
CMB—C	-0.899619	-0.989068	-1.244833	-0.658945
BOC—C	2.795617	2.157352	2.122816	-0.296257
CITIC—C	-0.816405	-0.815655	-1.251419	-0.183126

注：①本章的研究目的是探讨分散与风险之间的关系，因此采用变截距面板数据模型，表格末端为各银行的截距项。②括号中的数值为 t 值，空白表示该系数被设置为 0，＊、＊＊、＊＊＊分别代表在 10%、5%、1%的水平下显著。③Hausman 检验值对应 p 值均在 5%的显著性水平下拒绝原假设，因此采用固定效应模型。

（二）集中度对收益影响的实证结果

本部分是对式（4-3）和式（4-4）的回归拟合，主要分析商业银行行业集中度与银行给股东创造的价值之间的关系，样本商业银行行业集中度与权益净利率关系见图 4-2，共用四个方程进行拟合，其实证结果如表 4-6 所示。第一个回归即对式（4-3）进行拟合，即在控制变量的约束下，直接分析权益净利率与集中度之间的线性关系，得到模型（2a）。回归结果显示，两者的关系并不显著，这说明集中度与银行权益净利率并不是直接的线性关系。因此，又对式（4-4）进行拟合，即设定集中度与银行权益净利率之间是非线性的 U 型关系，得到模型（2b）。实证结果显示，两个变量均显著，且 HHI_{it} 的系数为正，HHI_{it}^2 的系数为负，两者为倒 U 型关系，对称轴为 0.272，即当 $HHI_{it}<0.272$ 时，随着集中度的增加，银行的收益也在增加。结合前文的实证分析，可以看出，当银行信贷行业集中度处于 0.258~0.272 时，随着集中度的增加，贷款风险会下降，收益会增加。当行业集中度低于 0.258 时，随着集中度的增加，贷款风险会增加，收益也会增加。这说明，如果研究期间我国银行信贷行业的集中度增加，会增加信贷的风险，但是由于集中度增加，信贷管理成本的降低反而会增加银行收益。

同时，实证分析也检验了式（4-4）分别在不控制权益乘数和所有控制变量情况下的结果，得到模型（2c）和（2d）。结果显示，在不控制权益乘数的情况下，回归结果的形状会略有变化，但没有实质的变化。

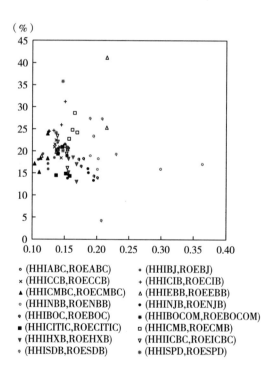

图 4-2　各样本银行集中度与权益净利率的关系

表4-6　信贷行业集中度对收益的影响

因变量：权益净利率（ROE）

	2a	2b	2c	2d
C	36.30374** (2.401)	11.892 (0.606)	20.509 (1.027)	−2.138 (−0.214)
HHI_{it}	28.95728 (1.367)	207.722** (2.150)	208.108** (2.076)	201.258** (2.142)
HHI_{it}^2		−381.331** (−1.894)	−378.941* (−1.815)	−373.8740** (−1.915)
$ASSET_{it}$	1.22E−06*** (2.663)	1.36E−06*** (3.004)	1.16E−06** (2.511)	
EM_{it}	0.366564** (2.251)	0.368** (2.311)		
CCA_{it}	−0.030401 (−0.110)	0.142 (0.499)	−0.223 (−0.905)	
LD_{it}	−0.464625** (−2.332)	−0.406** (−2.058)	−0.371** (−1.819)	
R^2	0.565022	0.591220	0.552234	0.491626
F-statistic	3.702***	3.857***	3.515***	3.413142***
Hausman	13.000**	16.230***	13.407***	4.646*
模型效应	固定效应	固定效应	固定效应	固定效应
BJ—C	−0.446448	1.973656	1.771916	0.835611
ICBC—C	−12.67927	−13.15443	−11.73748	1.094347
EBB—C	8.568986	8.637601	8.703133	4.641293
HXB—C	−4.846991	−4.732299	−2.220941	−4.285614
CCB—C	−7.731796	−7.517556	−6.883465	2.281280
BOCOM—C	1.881215	2.164975	1.655224	0.810602
CMBC—C	7.358536	10.14405	8.313748	2.545594
NJB—C	−1.923546	−3.695682	−4.365970	−7.166589
NBB—C	−0.585950	−1.468867	−2.617694	−5.971299
ABC—C	−13.66505	−14.14074	−11.73728	0.800684
SPD—C	6.109843	6.913280	7.715495	4.998917
SDB—C	2.289286	0.595014	0.802607	−3.158574
CIB—C	9.464009	10.80499	10.84719	7.861404
CMB—C	7.683027	7.318401	6.357695	3.719153

续表

	2a	2b	2c	2d
BOC—C	−10. 22959	−12. 78321	−12. 91532	−6. 141513
CITIC—C	3. 287711	3. 284529	1. 616224	−2. 545023

注：①本章的研究目的是探讨分散与收益之间的关系，因此采用变截距面板数据模型，表格末端为各银行的截距项。②括号中的数值为 t 值，空白表示该系数被设置为 0，*、**、*** 分别代表在 10%、5%、1% 的水平下显著。③Hausman 检验值对应 p 值均显著拒绝原假设，因此我们采用固定效应模型。

（三）集中度影响收益与风险状态之间的关系

除了分析风险本身对收益的影响外，本部分还将继续分析信贷资产的风险状态对集中度的边际效益贡献的影响，也就是要探讨银行处在不同的风险状态时分散是否对银行的收益有不同的影响，不同的风险状态是否应该有不同的分散策略。本部分是对式（4-5）的拟合，拟合结果如表 4-7 所示。模型（3a）是在控制所有控制变量情形下的拟合结果，实证结果显示，所研究对象的系数并不显著，也就是说，从增加银行收益的角度看，银行资产风险状态不是进行分散或者集中选择的影响因素，风险状态并不影响集中度的边际收益贡献，这与国外的实证分析结果（Acharya，Hasan and Saunders，2006）有一定的差异。模型（3b）和（3c）分别是对式（4-5）在不再控制权益乘数和对所有变量均不做控制情形下的拟合结果，没有发现处于不同风险状态下的银行有不同的集中度边际效益贡献。具体实证结果如表 4-7 所示。

表 4-7　信贷行业集中度对风险调整收益的影响

因变量：权益净利率（ROE）

	3a	3b	3c
C	47. 53199 *** (3. 483)	49. 62458 (3. 773)	25. 50064 *** (6. 099)
HHI_{it}	16. 04038 (0. 570)	18. 27876 (0. 658)	−26. 41953 (−1. 068)
NPL_{it}	2. 491756 (0. 458)	3. 833966 (0. 772)	−6. 305187 (−1. 560)
$HHI_{it} \times NPL_{it}$	−1. 480249 (−0. 050)	−3. 354335 (−0. 114)	27. 52895 (0. 999)
$HHI_{it} \times NPL_{it}^2$	0. 627924 (0. 242)	−0. 025216 (−0. 011)	2. 448551 (1. 106)
$ASSET_{it}$	2. 16E−06 *** (3. 121)	2. 35E−06 (3. 758)	

续表

	3a	3b	3c
EM_{it}	0.117169 (0.624)		
CCA_{it}	−0.334185 (−1.002)	−0.484773 (−2.120)	
LD_{it}	−0.581331*** (−3.175)	−0.588524 (−3.238)	
R^2	0.6774	0.674	0.567
F−statistic	4.915910***	5.179166***	4.002973***
Hausman	19.136711***	23.667702***	3.265742
模型效应	固定效应	固定效应	随机效应
BJ—C	1.262325	1.832530	−1.314651
ICBC—C	−23.73109	−26.04457	1.072363
EBB—C	10.23921	10.79759	2.439309
HXB—C	−1.126897	−0.063573	−2.315050
CCB—C	−15.97288	−17.78824	1.557987
BOCOM—C	1.333586	0.979665	0.564199
CMBC—C	9.890919	10.09123	−0.997781
NJB—C	0.976298	1.629765	−3.882005
NBB—C	4.979731	5.883550	−1.763764
ABC—C	−23.48688	−25.36435	1.256459
SPD—C	9.697519	10.58380	3.150292
SDB—C	5.531470	6.678421	−1.669596
CIB—C	13.15226	14.09128	4.285176
CMB—C	9.957364	10.18675	3.337648
BOC—C	−17.45153	−19.12901	−3.405230
CITIC—C	5.353846	5.489421	−2.315357

注：①本章的研究目的是探讨分散与风险调整收益之间的关系，因此采用变截距面板数据模型，表格末端为各银行的截距项。②括号中的数值为 t 值，空白表示该系数被设置为 0，*、**、*** 分别代表在 10%、5%、1% 的水平下显著。③除（3c）外，Hausman 检验值对应 p 值均在 1% 的显著性水平下拒绝原假设，因此（3a）和（3b）采用固定效应，（3c）采用随机效应。

（四）集中度影响收益与经营能力之间的关系

通过上面的分析可以看出，我国商业银行没有像国外商业银行所呈现的那样，在不同的风险状态下集中度对收益的边际贡献呈现出显著的差异，银行的资产风险状态不是影响商业银行分散和集中程度的因素。那么银行的经营能力是不是银行进行集中和分散选择的影响因素呢，下面继续进行相关分析。本部分仍然以权益净利率为因变量，在控制有关变量和不控制有关变量的情况下进行相关分析，实证结果如表4-8所示。

模型（4a）和模型（4c）是利用全部五年的数据对式（4-7）拟合的结果，可以看出，经营管理能力对集中度的边际效益贡献并没有影响，我们又利用样本区间最后三年的数据对经营能力进行分析，分别得到模型（4b）和（4d），发现在控制资产变量和不控制资产等变量的情形下，经营能力均对集中度的边际效益贡献产生影响。从模型（4b）的系数看，经营能力指标（CTI）的二次项系数为负，图像开口向下，对称轴为45.145。从统计分析结果可以看出，我国商业银行的管理费用占比大部分位于对称轴左侧，随着管理费用占比的下降，经营能力提升，集中度的边际效益贡献下降，也就是说，分散的边际效益贡献上升。这个实证结果说明，经营能力越强、经营效率越高的银行越应该采取分散策略。

表4-8　信贷行业集中度对经营能力的影响

因变量：权益净利率（ROE）

	4a （2007~2011年）	4b （2009~2011年）	4c （2007~2011年）	4d （2009~2011年）
C	18.28314 (0.573)	92.65075*** (2.815)	31.26293 (0.958)	85.88912*** (3.074)
HHI_{it}	92.81760 (0.273)	−616.5416** (−2.083)	244.8275 (0.725)	−466.3018* (−1.812)
CTI_{it}	−0.071484 (−0.081)	−1.505700** (−1.836)	0.204945 (0.221)	−0.934088 (−1.327)
$HHI_{it} \times CTI_{it}$	−3.097429 (−0.211)	20.18135** (1.854)	−10.35996 (−0.717)	18.12031** (1.916)
$HHI_{it} \times CTI_{it}^2$	0.033626 (0.201)	−0.178110* (−1.656)	0.121582 (0.748)	−0.200689** (−2.214)
$ASSET_{it}$			1.19E−06** (2.180)	7.96E−07** (1.949)
EM_{it}			0.360118** (2.142)	0.278079 (1.578)
CCA_{it}			−0.074808 (−0.257)	−0.490364 (−1.00)

续表

	4a （2007~2011 年）	4b （2009~2011 年）	4c （2007~2011 年）	4d （2009~2011 年）
LD_{it}			−0.497018 （−2.220）	−0.359474 ** （−2.869）
R^2	0.469221	0.821326	0.569788	0.916246
F−statistic	2.698599 ***	6.774206 ***	0.569788 ***	11.41535 ***
Huasman	9.172 *	14.525 ***	35.357 ***	21.417 ***
模型效应	固定效应	固定效应	固定效应	固定效应
ABC	1.725627	2.696536	−13.67643	−7.580654
BJ—C	−2.987119	−9.876039	−1.582515	−6.364213
ICBC—C	0.027922	−1.530854	−12.86400	−9.825858
EBB—C	4.785331	−2.095116	8.594617	1.077169
HXB—C	−2.430513	1.720727	−5.047293	0.933365
CCB—C	0.955334	−2.288265	−7.730257	−7.607973
BOCOM—C	0.569567	−2.328074	2.070431	−0.371644
CMBC—C	0.587281	−2.482203	7.327233	2.927312
NJB—C	−7.086238	−0.491899	−2.879139	1.199435
NBB—C	−4.375491	3.505792	−0.047453	6.191150
ABC—C	1.725627	2.696536	−13.67643	−7.580654
SPD—C	4.545461	−0.917756	6.275020	1.363945
SDB—C	0.016859	10.56036	2.714312	9.967112
CIB—C	6.777369	0.509457	9.813245	3.384854
CMB—C	4.910424	5.952261	7.882494	7.652075
BOC—C	−4.370784	0.328648	−9.889031	−4.585121
CITIC—C	−2.960779	−3.263570	3.568196	1.639045

注：①本章的研究目的是探讨分散与风险之间的关系，因此采用变截距面板数据模型，表格末端为各银行的截距项。②括号中的数值为 t 值，空白表示该系数被设置为 0，*、**、*** 分别代表在 10%、5%、1%的水平下显著。③Hausman 检验值对应 p 值分别在 10%和 1%的显著性水平下拒绝原假设，因此我们采用固定效应模型。

（五）稳健性分析

为了保证模型的稳健性，我们做了如下稳健性测试。我们将资产净利率（ROA）代替权益净利率（ROE）作为收益的测度指标，发现在不做控制变量的情况下，模型（2a）~模型（2d）的拟合回归平方项系数显著为负，二次函数图像的开口仍然向下，只是对称轴变为0.203，即集中度在0.203以下时，随着集中度的增加，银行资产净利率也会增加；当集中度超过0.203时，随着集中度的增加，银行资产净利率会下降。在进行变量控制时平方项系数将不显著，但是函数结构没有变化。除此之外，模型（1a）～模型（1d）和模型（3a）～模型（3c）等其他回归函数的结果与现有结论一致。对于模型（4a）～模型（4d）经营能力模型，我们用"净利润/营业总收入（%）"替代"管理费用/营业总收入（%）"来进行稳健性测试，发现结论基本一致。

在建模过程中，本章也进行了异方差和序列自相关检验，发现不存在这些问题，保证了模型的可信度。从经济意义和Hausman检验的结果来看，大部分模型选择了固定效应模型，本部分的实证分析也对模型进行了随机效应估计，发现结论一致。

第五节　结论及建议

本章基于2007～2011年中国16个上市商业银行的信贷投放面板数据，通过建立面板模型，从收益和风险两个角度研究商业银行信贷投放的行业分散程度对银行的影响。我们得到了如下的结论：

（1）研究期间大部分银行信贷投放越集中，资产风险越大。这个结论与我们一般的认识相一致。集中度与风险关系的实证分析可以看出，目前我国的商业银行信贷集中度与风险不是线性关系，而是倒U型非线性关系，集中度转折点为0.258。当集中度低于0.258时，随着集中度的增加，银行信贷的风险也在增加。在研究期间，我国大部分银行的集中程度位于对称轴左侧，即集中度越高，资产的风险水平越高；集中度越低，信贷资产越分散，银行的信贷资产风险越低。

（2）适度集中可以增加收益。权益净利率与集中度之间不是线性关系，而是非线性的倒U型关系。实证分析发现，收益由增长转为降低的集中度转折点为0.272，当银行信贷行业集中度低于0.272时，随着集中度的增大，贷款收益增加；当行业集中度高于0.272时，随着集中度的增加，贷款收益在减少。结合上面的结论可以看出，0.258到0.272是我国商业银行集中度的良好选择范围，我国商业银行集中度（HHI）的均值为0.16，集中度尚有提高空间。如果我国银行信贷行业的集中度增加，会增加信贷的风险，但是由于集中度增加，信贷管理成本的降低会增加银行收益。

（3）信贷资产的风险状况并不会对集中度的边际效益贡献产生影响。从增加银行收益的角度看，银行资产风险状态不是进行分散或者集中选择的影响因素。其可能原因是，随着信贷资产的行业投向集中，银行的信贷资产风险增大，但是由于信贷的集中投放可以节约成本，增大收益，因此，在我国商业银行集中度现状下，风险状态并不会影响集中度对收益的影响，这与国外的实证分析结果有一定的差异。

（4）样本后三年的数据分析表明，经营能力会对集中度的边际效益贡献产生影响。当管理费用占比小于45.145%时，银行管理费用在收入中的占比越低，说明银行有更强的经营管理能力和经营效率，信贷资产行业分散的边际效益贡献越大。这个实证结果说明，经营能力越强、经营效率越高的银行更应该采取分散策略。

根据上述这些结论，我们提出以下建议：

首先，商业银行如果将控制风险作为首要的目标变量，那么就应该适度分散信贷投放，通过分散信贷的行业投放，降低信贷的集中度风险。另外，对于目前不良贷款率较高的商业银行，在降低不良贷款占比的过程中可以考虑适当地分散信贷投放，而不是将信贷过于集中在某个行业或区域。

其次，如果商业银行要追求更高的收益，那么可以考虑更加集中的信贷投放，但是要对风险有一定的容忍。通过信贷在某个或者某几个行业的集中投放，可以节约管理成本，获得信息的相对优势，从而提高收益。在研究样本覆盖区间我国商业银行仍有增加集中度的空间，可以通过专业化运营提高收益。例如，有些银行成立事业部，进行专业化运营，管理风险和经营风险的能力得到提升，贷款定价能力得以提高，但仍会面临集中度提升的问题。在进行信贷集中时，行业的集中度要小于0.272，否则继续的集中会导致效益下降。我国银行集中度的可选区间是0.258~0.272。

再次，信贷的风险状态并不是影响收益的边际贡献的因素，也就是说，商业银行在制定经营策略时，不需要考虑过去的信贷资产风险状态。该结论与国外已有的研究有较大的差异，究其原因，可能与分析阶段我国商业银行不良贷款率一直处于低位有关。

最后，经营能力是影响行业分散程度选择的一个指标，如果银行的经营管理能力强，那么就可以采取更加分散的策略，否则需要采取更加集中的信贷投放策略。集中之所以能够在一定程度上增加收益，是因为银行的单位资金管理成本与资本市场不同，信贷投放越分散，单位资金的管理成本越高，从而会影响银行的收益。如果银行有着很强的经营管理能力，也就是说，如果在进行信贷分散投放的情况下，银行仍然能够很好地控制成本，那么进行分散投放就能够增加收益。强经营能力的银行可以选择一个擅长的领域，精耕细作。

在此类实证分析研究中，本章以及国内外研究人员所用的集中度的测度指标均为 HHI 指数，然而该指数有一定的缺陷，如我国是制造业大国，样本覆盖区间内制造业信贷占比较高，经济结构的集中会导致信贷天然集中，仅靠 HHI 指数测度集中度存在一定的缺陷。可以以银行现有配置与配置基准之间的差距为集中度的测度指标，配置基准是指国民经济中的经济结构现状。本章所用数据较早，我国陆续有了更多的上市银行，后续研究可以继续更新数据进行分析。

第五章　资本影响因素维度的组合管理

资本是商业银行信用组合风险管理中的一个重要约束条件，是从资本的角度探讨组合管理的一个重要方面。2012年6月，原银监会发布了《商业银行资本管理办法（试行）》，信用风险是商业银行面临的主要风险类型，也是新资本协议中风险加权资产计算的主要组成部分。本章以《商业银行资本管理办法（试行）》的规定为主要依据①，以信用风险为主线，分析了内评法下信用风险加权资产计算的内涵思想和各个因素对风险加权资产计算的影响情况，并以减少风险加权资产为目标给出了实施内评法的银行信贷组合管理的建议：大力发展高信用等级的贷款客户，适度配置优质中小企业信贷，大力发展零售业务，合理利用风险缓释工具，合理安排贷款期限及还款方式②。

第一节　商业银行资本管理办法中的信用风险计量

2012年6月，原银监会发布了《商业银行资本管理办法（试行）》（以下简称《资本办法》），该办法相当于中国版的巴塞尔新资本协议，它将《巴塞尔协议Ⅱ》与《巴塞尔协议Ⅲ》统筹推进，于2013年1月1日起开始实施，要求商业银行于2018年底前全面达标。在《资本办法》约束下，银行面临较大的资本充足率压力，除了进行相关融资，通过增加分子缓解资本压力外，还可以充分利用信用风险加权资产的计算公式，通过信贷资产合理的组合管理缓解资本压力。

---

① 巴塞尔银行监管委员会于2017年12月发布了《巴塞尔协议Ⅲ：后危机改革最终方案》，2019年1月又发布了《市场风险最低资本要求》，对当前的风险加权资产计量和资本要求等做了修订。该修订主要对具体参数进行了调整，框架未做大的变化。本章仍依据截至2022年12月末我国实施的方案进行分析，后续最终方案在我国实施后，可能会给本章具体测算数据带来差异，结论不会发生根本性的变化。

② 聂广礼. 资本约束下的信贷资产组合管理［J］. 管理现代化，2013（2）：16-18.

《资本办法》对商业银行的风险加权资产计算进行了明确规定。当前，信用风险的风险加权资产计算一共分为三种方法，分别是权重法、初级内部评级法和高级内部评级法。《资本办法》规定，商业银行可以采用权重法或者内部评级法计量信用风险加权资产。内部评级法未覆盖的风险暴露应采用权重法计量信用风险加权资产。

商业银行面临的风险损失可以划分为预期损失、非预期损失和极端损失。《资本办法》中要求的资本主要用于覆盖非预期损失。在《资本办法》中，风险加权资产的计算主要受以下几个因素影响：违约概率（PD）、违约损失率（LGD）、期限（M）、风险暴露（EAD）和风险暴露类型。

一、信用风险计量

在信用风险的计量中，计算风险加权资产首先要计算相关关系（R），相关关系在巴塞尔协议中被界定为企业资产收益同宏观经济周期之间的相关关系。巴塞尔委员会认为，规模较大的企业同宏观经济变动的相关关系更加密切，而中小企业由于其经营灵活，同宏观经济变动的相关关系没有大型企业那么密切，因此，在新资本协议中将中小企业的相关系数进行了一定的扣减。巴塞尔委员会认为零售风险暴露所需计提的资本要远小于非零售贷款，因此将零售风险暴露的相关关系设定为固定值。非零售风险暴露的内部不同暴露类型设定了不同的相关关系参数。巴塞尔新资本协议和《资本办法》中采用的都是渐近单风险因子模型（Asymptotic Single Risk Factor，ASRF），该方法已有较多的相关研究和分析（Lopez，2004；Gordy，2003），本书将在第六章进行介绍。ASRF 模型将在一定程度上影响所有债务人的系统性风险，如行业和区域等风险被设定为仅有的单个系统性风险因子。

具体而言，信用风险的相关关系计算根据主权，一般公司风险暴露，金融机构风险暴露，中小企业风险暴露，零售风险暴露四种不同的风险暴露类型一共有四个公式。除了零售风险中的个人住房抵押贷款和合格循环零售贷款采用固定的相关系数外，其他的风险暴露相关关系取决于违约概率（PD）。相关关系是违约概率的减函数，即借款人的违约概率越高，则认为该借款人与宏观经济的相关系数越小。《资本办法》规定的四种风险暴露的相关公式具体如下：

1. 主权、一般公司风险暴露

$$R = 0.12 \times \frac{1 - \frac{1}{e^{(50 \times PD)}}}{1 - \frac{1}{e^{50}}} + 0.24 \times \left[1 - \frac{1 - \frac{1}{e^{(50 \times PD)}}}{1 - \frac{1}{e^{50}}} \right] \tag{5-1}$$

2. 金融机构风险暴露

$$R_{\mathrm{FI}} = 1.25 \times \left\{ 0.12 \times \frac{1 - \dfrac{1}{e^{(50 \times PD)}}}{1 - \dfrac{1}{e^{50}}} + 0.24 \times \left[1 - \frac{1 - \dfrac{1}{e^{(50 \times PD)}}}{1 - \dfrac{1}{e^{50}}} \right] \right\} \tag{5-2}$$

3. 中小企业风险暴露

$$R_{\mathrm{SME}} = 0.12 \times \left[\frac{1 - \dfrac{1}{e^{(50 \times PD)}}}{1 - \dfrac{1}{e^{50}}} \right] + 0.24 \times \left[1 - \frac{1 - \dfrac{1}{e^{(50 \times PD)}}}{1 - \dfrac{1}{e^{50}}} \right] - 0.04 \times \left(1 - \frac{S - 3}{27} \right)$$
$$\tag{5-3}$$

其中，S 为中小企业在报告期的年营业收入（千万元人民币），低于 3 千万元人民币的按照 3 千万元人民币来处理。

4. 零售风险暴露

个人住房抵押贷款：$R_{r1} = 0.15$

合格循环零售贷款：$R_{r2} = 0.04$

其他零售贷款：

$$R_{r3} = 0.03 \times \frac{1 - \dfrac{1}{e^{(35 \times PD)}}}{1 - \dfrac{1}{e^{35}}} + 0.16 \times \left[1 - \frac{1 - \dfrac{1}{e^{(35 \times PD)}}}{1 - \dfrac{1}{e^{35}}} \right] \tag{5-4}$$

不同的贷款具有不同的有效期限，不同期限的贷款被认为具有不同的风险程度。因此，在《资本办法》中通过期限（M）和期限调整因子（b）来反映期限对风险加权资产的影响。期限调整因子取决于违约概率（PD），违约概率越大，期限调整因子越小，期限调整因子的计算公式如下：

$$b = \left[0.11852 - 0.05478 \times \ln(PD) \right]^2 \tag{5-5}$$

信用风险的资本要求按照非零售风险暴露和零售风险暴露这两个公式计算，这两个公式的区别在于非零售风险暴露需要考虑期限的影响，而零售风险暴露不需要考虑期限的影响。资本要求计算具体如式（5-6）所示。

非零售风险暴露：

$$K = \left[LGD \times N\left(\sqrt{\frac{1}{1 - R}} \times G(PD) + \sqrt{\frac{R}{1 - R}} \times G(0.999) \right) - PD \times LGD \right] \times$$
$$\left\{ \frac{1}{1 - 1.5 \times b} \times \left[1 + (M - 2.5) \times b \right] \right\} \tag{5-6}$$

零售风险暴露：

$$K = LGD \times N\left[\sqrt{\frac{1}{1-R}} \times G(PD) + \sqrt{\frac{R}{1-R}} \times G(0.999)\right] - PD \times LGD$$

$$(5-7)$$

每项贷款的信用风险暴露的风险加权资产（RWA）可以通过将资本乘以 12.5 再乘以风险暴露（EAD）得到。

$$RWA = K \times 12.5 \times EAD \tag{5-8}$$

已违约风险暴露的风险加权资产可以通过式（5-9）、式（5-10）得到。

$$K = Max\left[0, (LGD - BEEL)\right] \tag{5-9}$$

$$RWA = K \times 12.5 \times EAD \tag{5-10}$$

其中，BEEL 代表在考虑经济环境、法律地位等条件下对已违约风险暴露的预期损失率的最大估计值。

在得到所有风险暴露的风险加权资产后，将所有风险暴露的风险加权资产相加，即得到全行风险加权资产。本部分各个公式中的变量对风险加权资产计算的影响将在第二节中以图表的形式直观呈现。

在众多的相关关系分析中，只有 ASRF 模型能满足"资产组合不相关"假设要求（姚奕和杜音颖，2007）。本书第六章对渐近单风险因子模型的来源、假设及其推导过程进行了详细的证明和讨论，可以参见相关内容，本部分不再赘述。

二、信用风险的其他形式

除直接计量的信用风险外，《资本办法》还对信用风险相关的其他风险类型进行了规定，如集中度风险、风险之间的相互传染等。《资本办法》第一百二十四条规定，商业银行进行风险加总，应当充分考虑集中度风险及风险之间的相互传染。若考虑风险分散化效应，应基于长期实证数据，且数据观察期至少覆盖一个完整的经济周期。否则，商业银行应对风险加总方法和假设进行审慎调整。

《资本办法》第一百五十一条规定，银监会有权通过调整风险权重、相关性系数、有效期限等方法，提高特定资产组合的资本要求，包括但不限于以下内容：①根据现金流覆盖比例、区域风险差异，确定地方政府融资平台贷款的集中度风险资本要求。②通过期限调整因子，确定中长期贷款的资本要求。③针对贷款行业集中度风险状况，确定部分行业的贷款集中度风险资本要求。④根据个人住房抵押贷款用于购买非自住用房的风险状况，提高个人住房抵押贷款资本要求。

可见，在进行信用风险管理时，一方面要充分合理利用规则组合管理信贷资产，节约资本占用；另一方面要注意集中度风险、风险之间的相互传染等风险类型。

我国《资本办法》借鉴的巴塞尔新资本协议中的信用风险计量模型是一个建立在严格假设基础上的方法，在该方法中各个参数的设定是以欧美国家特别是十国集团国家的银行数据为样本进行测算得出的，我国商业银行借用这些方法进行风险管理时要注意假设的满足情况以及在我国的适用性。

第二节　各因素对风险加权资产的影响

本节将根据《资本办法》分析内评法下各个不同因素对风险加权资产的影响，主要包括违约概率（PD）、违约损失率（LGD）、风险暴露类型、期限（M）等因素，以期为信贷组合管理提供借鉴。

一、违约概率

违约概率对风险加权资产计算的影响是决定性的，如图 5-1 所示。当违约概率从 0.03%增加到 1.4%时，期限为 2.5 年，LGD 为 45%的 1000 元贷款风险加权资产从 144.44 猛增到 1033.59，可见违约概率对风险加权资产计算具有决定性作用。在本节后面部分分析风险暴露类型、期限等因素对风险加权资产的影响的时候可以看到这种决定性的作用仍然十分明显。

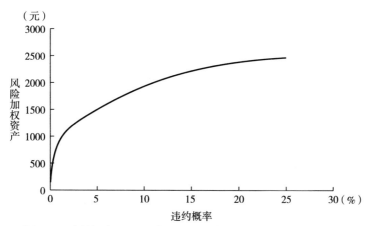

图 5-1　违约概率（PD）与风险加权资产（RWA）之间的关系

注：图中为 1000 元贷款风险加权资产，其中，违约损失率（LGD）为 45%，期限（M）为 2.5 年。

二、违约损失率

违约损失率对于风险加权资产计算的影响是线性的，这一点从公式中就可以很明显地看出。图 5-2 直观地展示了期限为 2.5 年，违约概率为 5% 的 1000 元一般公司贷款风险暴露的违约损失率与风险加权资产之间的关系。

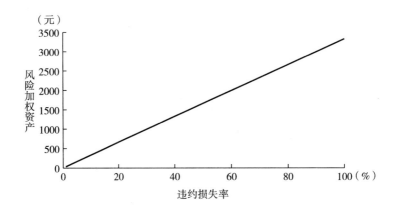

图 5-2 违约损失率（LGD）与一般公司风险暴露风险加权资产（RWA）之间的关系

注：图中为 1000 元风险暴露风险加权资产，其中，违约概率（PD）为 5%，期限（M）为 2.5 年。

三、风险暴露的类型

以客户为依据，《资本办法》将风险暴露划分为非零售风险暴露和零售风险暴露。其中，非零售风险暴露包括主权风险暴露、金融机构风险暴露、公司风险暴露，公司风险暴露又分为中小企业风险暴露、专业风险暴露和一般公司风险暴露。零售风险暴露包括个人住房抵押贷款、合格循环零售风险暴露和其他零售风险暴露。本节基于风险暴露的类型，比较一般公司风险暴露同其他几种风险暴露类型的风险加权资产的计算情况。

1. 中小企业风险暴露

中小企业风险暴露是商业银行对年营业收入（近 3 年营业收入的算术平均值）不超过 3 亿元的企业的债权。首先比较一般公司风险暴露与中小企业风险暴露之间的关系，假设中小企业规模为 5000 万元，一般公司风险暴露和中小企业风险暴露的 LGD 均为 45%，期限为 2.5 年①，设定风险暴露均为 1000 元，那么一般公司风险暴露与中小企业风险暴露的风险加权资产随违约概率变化的情况如图 5-3 所示。由图 5-3 可以看出，相同违约概率下中小企业风险暴露风险加权资产小于一般公司风险暴露，当违约概率在 15% 附近时，相同违约概率下中小企业

---

① 根据《资本办法》规定，初级内部评级法下，回购类交易外的非零售风险暴露的有效期限为 2.5 年；高级内评法下，中小企业风险暴露的有效期限可以采用 2.5 年。因此，本节分析期限采用 2.5 年。

风险暴露所节约的风险加权资产最大。

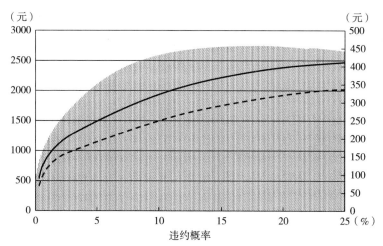

图5-3　一般公司风险暴露与中小企业风险暴露风险加权资产随违约概率变化情况

注：图中为1000元风险暴露的风险加权资产，其中，违约损失率（LGD）为45%，期限（M）为2.5年。差别为一般公司风险暴露风险加权资产减中小企业风险暴露风险加权资产。

下面从个人住房抵押贷款、合格循环零售风险暴露和其他零售风险暴露三个角度分析零售风险暴露风险加权资产同一般公司风险暴露风险加权资产的关系。

2. 个人住房抵押贷款

个人住房抵押贷款是指以购买个人住房为目的，并以所购房产为抵押的风险暴露。当前，个人住房抵押贷款是我国商业银行零售风险暴露最主要的组成部分，个人住房抵押贷款是零售风险中一个非常重要的暴露类型。图5-4展示了个人住房抵押贷款风险加权资产与一般公司风险暴露风险加权资产的关系，假设LGD为45%，期限M为2.5年。由于个人住房抵押贷款采用固定的相关关系，在违约概率较小时，相同违约概率下一般公司风险暴露的风险加权系数要比个人住房抵押贷款高；在违约概率大于5.4%时，相同违约概率下住房抵押贷款的风险加权资产要大于一般公司风险暴露的风险加权资产，实践中，一般不会介入违约率如此高的风险暴露。

3. 合格循环零售风险暴露

合格循环零售风险暴露指各类无担保的个人循环贷款。合格循环零售风险暴露要求单一客户最大信贷余额不超过100万元。图5-5展示了一般公司风险暴露与合格循环零售风险暴露风险加权资产的关系，假设 LGD 为 45%，期限 M 为 2.5 年。由于合格循环零售风险暴露同样采用固定的相关关系，且相关系数较小，在违约概率相同时，合格循环零售风险暴露的风险加权资产要低于一般公司风险暴露。

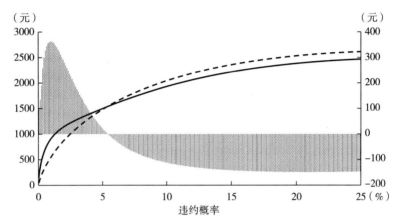

图 5-4　一般公司风险暴露与个人住房抵押贷款风险加权资产随违约概率变化情况

注：图中为 1000 元风险暴露的风险加权资产，其中，违约损失率（LGD）为 45%，期限（M）为 2.5 年。差别为一般公司风险暴露风险加权资产减个人住房抵押贷款风险加权资产。

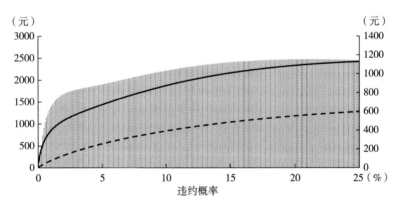

图 5-5　一般公司风险暴露与合格循环零售风险暴露的风险加权资产随违约概率变化情况

注：图中为 1000 元风险暴露的风险加权资产，其中，违约损失率（LGD）为 45%，期限（M）为 2.5 年。差别为一般公司风险暴露风险加权资产减合格循环零售风险暴露风险加权资产。

4. 其他零售风险暴露

其他零售风险暴露是指除个人住房抵押贷款和合格循环零售风险暴露之外的其他对自然人的债权。符合《资本办法》第六十四条规定的对微型和小型企业的风险暴露，可纳入其他零售风险暴露。在相同违约概率下，该类风险暴露的风险加权资产小于一般公司风险暴露的风险加权资产，具体如图 5-6 所示。

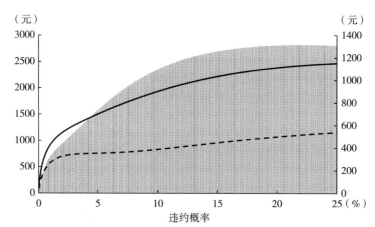

图 5-6　一般公司风险暴露与其他零售风险暴露的风险加权资产随违约概率变化情况

注：图中为 1000 元风险暴露的风险加权资产，其中，违约损失率（LGD）为 45%，期限（M）为 2.5 年。差别为一般公司风险暴露风险加权资产减其他零售风险暴露风险加权资产。

四、期限

《资本办法》规定，商业银行采用初级内部评级法，除回购类交易的有效期限是 0.5 年外，其他非零售风险暴露的有效期限为 2.5 年。商业银行采用高级内部评级法，应将有效期限视为独立的风险因素。有效期限取 1 年和下文定义的内部估计的有效期限中的较大值，但最大值不超过 5 年。中小企业风险暴露的有效期限可以采用 2.5 年。对于某些短期交易，有效期限为内部估计的有效期限与 1 天中的较大值。在其他条件相同的情况下，债项的有效期限越短，信用风险就越小。下面是定义的内部估计有效期限计算方法。

（1）对于有确定现金流安排的金融工具，有效期限为：$M = \sum_t t \times CF_t / \sum_t CF_t$，$CF_t$ 为在未来 t 时间段内需要支付的现金流最小值。

（2）当商业银行不能计算债项的有效期限时，应保守地估计期限。期限应等于债务人按照贷款协议全部履行合约义务（本金、利息和手续费）的最大剩余时间。

（3）在对净额结算主协议下的衍生产品进行期限调整时，商业银行应使用按照每笔交易的名义金额加权的平均期限。

根据有效期限公式，可以计算不同的还款情形下的贷款期限。假设贷款1000元，贷款期限为5年，年利率为5%，违约概率为1%和5%，违约损失率为45%。表5-1展示了在高级内部评级法下采用不同的还款方式带来的风险加权资产的差异。

表5-1　高级内部评级法下不同还款方式的风险加权资产

还款方式	有效期限		1000元贷款风险加权资产（PD=0.01）（元）		1000元贷款风险加权资产（PD=0.05）（元）	
	5年	10年	5年	10年	5年	10年
等额还本付息	3	6.4	716.66	901.05	3415.126	3939.756
每期支付利息，最后一期支付本金和最后一期利息	4.6	8.5	864.17	901.05	3834.83	3939.756
期末还本付息	5	10	901.05	901.05	3939.756	3939.756

注：PD为1%和5%，LGD为45%，由于10年期贷款的有效期限都大于5年，所有的期限都按照5年计算，因此风险加权资产相同。

新资本协议认为，期限是一个重要的风险因素，在其他风险因素不变的情况下，期限越短，风险越低，在计算风险加权资产时其权重也越低。图5-7给出的是期限分别为1年、2.5年和4年的风险加权资产情况。

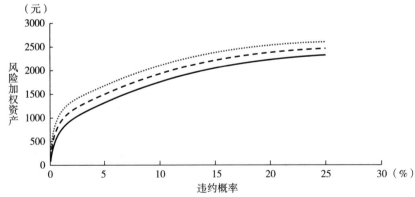

图5-7　期限对风险加权资产的影响

注：图中为1000元一般公司风险暴露的风险加权资产，其中，违约损失率为45%。

为了更清晰地了解这种差距，本章将期限2.5年和期限1年与期限4年和期限1年的差异通过图表的形式显示出来（见图5-8），可以看到，当违约概率为1.4%时，一般公司风险暴露期限因素对风险加权资产的影响最为明显。相比更高风险和更低风险的一般公司风险暴露，违约概率为0.8%～2%时，压缩期限的效果最为明显，也就是说，违约概率处于该期间的一般公司风险暴露更应该采用短期限。

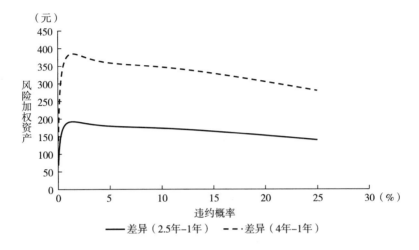

图5-8 不同期限风险加权资产的差异

注：图中为1000元一般公司风险暴露风险加权资产，其中，违约损失率为45%。

五、信用风险缓释工具

信用风险是商业银行业务经营中面临的主要风险，为有效转移或降低信用风险，商业银行通常要求借款人提供一定的抵押、质押或保证，保障银行债权得以实现。《资本办法》从资本监管的角度对信用风险缓释进行了规范，并给出了风险加权资产计算的影响因素。《资本办法》规定，信用风险缓释是指商业银行运用合格的抵质押品、净额结算、保证和信用衍生工具等方式转移或降低信用风险。商业银行采用内部评级法计量信用风险监管资本，信用风险缓释功能体现为违约概率、违约损失率或违约风险暴露的下降。

合格抵质押品：采用初级内部评级法的商业银行，金融质押品的信用风险缓释作用体现为对标准违约损失率的调整，应收账款、商用房地产和居住用房地产以及其他抵质押品的信用风险缓释作用体现为违约损失率的下降。采用高级内部评级法的商业银行，抵质押品的信用风险缓释作用体现在违约损失率的估值中。商业银行应根据自行估计的抵质押品回收率，对各抵质押品所覆盖的风险暴露分别估计违约损失率。

表内净额结算：商业银行采用内部评级法，表内净额结算的风险缓释作用体现为违约风险暴露的下降。

保证和信用衍生工具：采用初级内部评级法的商业银行，对保证或信用衍生工具覆盖的风险暴露部分采用替代法处理：

（1）采用保证提供方所适用的风险权重函数。

（2）采用保证人评级结果对应的违约概率。如商业银行认为不能采用完全替代的处理方式，也可以采用债务人评级与保证人评级之间的某一个评级的违约概率。

（3）将风险暴露视作保证人的暴露，采用标准违约损失率。如保证人为该笔保证采用了其他风险缓释工具，可继续对标准违约损失率进行调整。

（4）如果信用保护与风险暴露的币种不同，即存在币种错配，则认定已保护部分的风险暴露将通过折扣系数 H_{fx} 予以降低。

采用高级内部评级法的商业银行，可以通过调整违约概率或违约损失率的估计值来反映保证和信用衍生工具的信用风险缓释作用；对不符合自行估计违约损失率相关要求的商业银行，只能通过调整违约概率反映信用风险缓释的作用[1]（见表5-2）。采用高级内部评级法的商业银行，对保证或信用衍生工具覆盖的部分既可以采用替代法，也可以采用债务人自身的违约概率和银行内部估计的该类保证人提供保证风险暴露的违约损失率。在两种方法中，调整违约概率或违约损失率均不得反映"双重违约"的效果。采用自行估计违约损失率方法计算的资本要求不得低于对保证人直接风险暴露的资本要求。

表5-2 信用风险缓释工具的缓释效果

风险缓释工具	初级内部评级法	高级内部评级法
合格抵押品*	影响标准违约损失率（LGD）	影响自行评估的违约损失率（LGD）
净额结算	影响违约风险暴露（EAD）	影响违约风险暴露（EAD）
保证与信用衍生工具	替代法处理-调整违约概率（PD）或违约损失率（LGD）	可以使用替代法，调整违约概率（PD）或违约损失率（LGD）**

注：*《资本办法》第七十八条规定：对于提供合格抵质押品的高级债权和从属于净额结算主协议的回购交易，商业银行可以根据风险缓释效应调整违约损失率。

**采用高级内部评级法，对不符合自行估计违约损失率相关要求的商业银行，只能通过调整违约概率来反映信用风险缓释的作用。

---

[1] 无论是选择调整违约概率还是违约损失率，商业银行应确保一定时期内不同保证或信用衍生工具之间方法的一致性。

第三节　商业银行信贷组合管理应对策略

根据《资本办法》的规定，本节借助前文的分析，从减少风险加权资产的角度提出银行信贷资产组合管理的应对策略（聂广礼，2013b）。

一、大力发展高信用等级的贷款客户

信用等级对风险加权资产计算的影响非常明显，从信用等级的角度来看，低信用等级客户所占用的风险加权资产要显著高于高信用等级客户所占用的风险加权资产。另外，相比于风险暴露类型、期限等影响因素，信用等级对风险加权资产计算起着更加基础性、决定性的作用，而且这一决定性对于不同风险暴露类型和期限的贷款的作用是相同的。

在信贷投放管理中，要加强客户信用等级准入管理，着力发展高信用等级客户。由于内部评级法相比于权重法可以降低风险加权资产，因此，要扩大评级覆盖范围。在开拓新客户的同时，更加着力通过交叉销售等方式发展关系型客户，从而扩大评级的覆盖范围。

二、适度配置优质中小企业信贷

虽然中小企业信贷对于风险加权资产的节约效果不是非常显著，但是中小企业风险暴露具有相对较低的风险权重，能在一定程度上减少风险加权资产。由于在高级内部评级法下中小企业的信贷可以采用2.5年，因此，从风险加权资产计算的角度来看，中小企业信贷的期限可以适当延长。

在中小企业信贷中，要注意信贷对象的选择。第一，中小企业注意选择规模相对较大、评级较高的企业进行信贷投放，如前文所述高信用等级的企业，这样可以显著地减少风险加权资产。第二，要注意生命周期在信贷对象选择中的使用，部分中小企业的产品具有很长的生命周期，该中小企业本身的生命周期也很明显，因此，可以通过分析产品的生命周期进行信贷投放决策。另外，可以将小微企业转化为零售业务，节约资本。中小企业信贷管理将在第十章中进行详细讨论。

三、大力发展零售业务

要创新产品，大力发展合格零售循环贷款。根据《资本办法》的规定，合

格循环零售风险暴露指各类无担保的个人循环贷款，合格循环零售风险暴露中单一客户最大的信贷余额不超过 100 万元。根据规定，合格循环零售贷款属于资本需求最低的风险暴露类型，相比于其他风险暴露类型，同样额度的风险暴露，合格循环零售贷款的风险加权资产最小。

银行可以以贷记卡等为载体创新零售贷款产品，一次授信，灵活放贷和还款，在满足监管要求和控制风险的前提下，大力发展循环信用额度的个人经营性贷款、优质个人客户信用贷款等合格循环零售贷款，保证能够及时满足贷款人的资金需求，并获取相应的利润。零售风险暴露的风险加权资产不受期限的影响，因此，在考虑零售贷款的资本占用时，可以不用考虑期限因素。

四、合理利用风险缓释工具

合格的担保和抵押将提高借款人的违约成本、降低违约概率或减少风险暴露、降低违约损失率。因此，合格担保和抵押可以有效缓释信用风险，改变银行的风险轮廓，进而降低资本要求。本节根据《资本办法》的规定，从节约资本占用的角度针对风险缓释工具提出以下建议：

（1）提倡使用金融质押品。在初级内部评级法下，在可以选择的信用风险缓释工具中，金融抵质押品的最低违约损失率可以为 0，从而使该笔贷款不占用任何资本，而商用房地产和居住用房地产、其他抵押品最低违约损失率分别为35% 和 40%，因此，金融抵质押品具有最好的抵质押效果（见表 5-3）。虽然有一定难度，但在进行信贷发放时，借款人使用的风险缓释工具中要优先使用国债、政策性债券、股票等金融质押品，且能够满足最低违约损失率为 0 的条件，从而减小风险加权资产，节约资本。

表 5-3　初级内部评级法优先债项已抵质押部分的违约损失率　　单位:%

风险缓释工具	最低违约损失率	最低抵质押水平	超额抵质押水平
金融质押品	0	0	不适用
应收账款	35	0	125
商用房地产和居住用房地产	35	30	140
其他抵质押品	40	30	140

（2）抵质押水平要达到超额抵质押水平。在初级内部评级法下，当单独一项风险暴露存在多个信用风险缓释工具时，可以将风险暴露细分为每一信用风险缓释工具覆盖的部分，分别计算风险加权资产。如果借款人单个品种的抵质押品不能覆盖全部风险暴露，借款人可以通过提供多种形式的抵质押品进行风险缓

释。如果有多种类型的抵质押品可以选择，则优先使用金融抵质押品。另外，在利用多种形式的抵质押品对同一风险暴露共同担保时，要确保在确认合格的金融质押品和应收账款质押作用后，另外几种抵质押品价值的总和与扣减后风险暴露价值的比率不低于30%，以保证缓释效果。

（3）高信用等级保证人的保证。初级和高级内部评级法均允许使用替代法处理保证和信用衍生工具覆盖的风险暴露部分，低信用等级的借款人使用保证作为风险缓释方式时，要尽量以高信用等级客户为保证人，以减少风险加权资产，节约资本。

另外，还要注意抵押品的分布情况，以防止出现集中度风险。

五、合理安排贷款期限及还款方式

期限虽然是一个计算风险加权资产的重要影响因素，但是其对风险加权资产的影响不像违约概率和违约损失率那样敏感，且期限对风险加权资产的影响还受违约概率的制约。在初级内部评级法中，所有非零售风险暴露的有效期限设定为2.5年，因此，在初级内部评级法下可以不考虑期限的安排。

在高级内部评级法下，期限因素可以根据贷款的有效期限自行进行估算，从节约资本占用的角度看，贷款的有效期限越短越好。对于有效期限5年以下的贷款，要尽量缩短贷款期限，加快贷款偿还速度。由于5年以上贷款的有效期限均为5年，对于5年以上的贷款，可以不用从资本占用的角度考虑还款方式。

总之，在进行信贷组合管理时，要注意信贷资产在不同的行业、区域等的组合分配，避免集中度风险。从减少资本占用的角度看，信贷投放时要大力发展高信用等级的贷款客户，适度配置优质中小企业信贷，大力发展零售业务，合理利用风险缓释工具，合理安排贷款期限及还款方式。

第六章　信用风险相关关系研究方法的现状及其发展

相关系数低于 1 使组合管理有了对冲风险的意义，因此，相关关系的测度是组合管理的重要内容。从第五章的论述中可以看到，巴塞尔委员会制定的新《巴塞尔协议》中相关关系是商业银行资本计量的重要参数。本章对信用风险相关系数的度量进行了系统分类和总结，作为后续章节相关系数测度的基础①。

第一节　信用相关系数测度方法的框架

相关性的度量是组合管理的核心问题，也体现了组合管理的意义（Steinbach，2001）。在资本市场研究中，可以通过上市公司的收益率进行相关关系测度（Markowitz，1959）。在商业银行的资产配置中，由于大多数公司没有违约，统计观测到的违约相关性多为零，这样的统计结果没有意义，因此，违约相关性是组合理念在信贷资产管理实践中的主要障碍（Smithson，2003）。

对于信用风险相关关系（Default Correlation）的估计和研究，学术界已有多种方法。国内学者朱晓谦、李建平（2020）对相关关系测度的集成方法进行了总结，该团队也组织了多次相关性测度的学术会议。本节对国内外信用风险相关关系估计的主流方法进行相对全面、详细的总结，相关关系的测度研究可以按照测度方法和测度逻辑进行分类。按照测度方法，根据 Vozzella 和 Gabbi（2010）的分类，可以将相关关系估计的方法分为两类，即经济模型法（Economic Models）和无模型法（Model Free Approach），其中，基于违约历史数据法和基于信用利差变动法为无模型方法，基于资产价值相关系数计算违约相关系数、渐近单风险

---

① 聂广礼，陈懿冰. 商业银行信用风险相关关系研究方法现状及其发展［J］. 金融理论与实践，2013（4）：1-7.

因子和 Copula 函数方法均为模型方法（见图 6-1）。

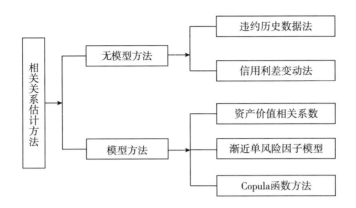

图 6-1　违约风险相关关系估计方法

　　按照测度逻辑，可以分为直接测度和间接测度两类，其中，违约历史数据法和信用利差变动法均为直接测度，主要涉及第二节和第三节介绍的方法；借助资产相关关系（Asset Correlation）和权益相关关系（Equity Correlation）的为间接测度方法，第四节和第五节等相关部分内容为间接测度的方法。从数据来源的角度看，信用风险相关关系的研究可以分为三类：实际评级和违约历史数据、信用利差和权益价格变动（Schönbucher，2000），前两种数据用于直接测度。它们有自己的优势和缺点。

第二节　违约历史数据法

　　违约历史数据法主要是借助历史数据，研究在给定的时间段内，历史信用评级从非违约迁移到违约的概率。违约风险相关关系有信用迁移矩阵的相关关系和个体的违约相关关系，由于以单个公司为对象进行统计分析观测到的违约相关性多为零，单个公司的违约相关性不能被直接估计出来，所以需要寻找替代的方法探讨违约的相关系数，因此，当前研究多基于行业的水平或者评级类的信用迁移矩阵来对违约相关性进行计算（Smithson，2003）。由于银行等金融机构的内部评级一般不予公开，国外的研究多是对穆迪、标准普尔和惠誉等评级公司公开的迁移矩阵数据进行研究分析。违约历史数据法的优势是不需要观测资产价值，只需要一段时间序列的违约记录就可以（Hamerle，Liebig and Rösch，2003），而且不需要一些假设（Vozzella and Gabbi, 2010）。Lucas（1995）发表的论文是基于实际评级和违约等历史数据研究违约相关关系的肇始文章。Nagpal 和 Bahar（2001）所用的方法也是违约历史数据法，该方法的具体算法详见相关论文。基于历史数据的分析非常直观地测度了违约相关关系，但在一般情况下，由于违约的数据较少，因此限制了该方法的应用。

因为有些级别的公司违约数量较少，Aaa、Aa、A、Baa 等级别可能没有违约样本，一般需要对研究对象进行聚集组合分组，如将 Baa 级以上的级别划分为一组（Cassart et al., 2007）。若将公司分为两组，即 m 和 n，如 m 可以是信用等级的 AA 级，n 可以是信用等级的 BB 级；或者按照信用评级进行归集，m 为投资级（Baa 级及以上）和 n 为非投资级（Baa 级以下）。j 为年度，T 为时间区间，如每间隔 1 年计算一次，则 $T=1$；每间隔 3 年计算一次，则 $T=3$。m 和 n 的违约概率分别记为 $p_m(T)$ 和 $p_n(T)$，则其计算公式如下所示：

$$p_m(T) = \frac{D_m^j(T)}{N_m^j(T)} \tag{6-1}$$

$$p_n(T) = \frac{D_n^j(T)}{N_n^j(T)} \tag{6-2}$$

其中，$N_m^j(T)$ 和 $N_n^j(T)$ 分别为 m 和 n 的评级公司总数，$D_m^j(T)$ 和 $D_n^j(T)$ 分别为 m 和 n 在间隔的 T 年里违约的公司数。

组内两两组合，则分别有 $N_m^j(T)(N_m^j(T)-1)/2$ 和 $N_n^j(T)(N_n^j(T)-1)/2$ 对，这两个不同组别的组内部以及两组之间的联合违约概率（Joint Default Probability）分别记为 $p_{mm}(T)$、$p_{nn}(T)$ 和 $JDP_{mn}(T)$，分别用下式计算：

$$p_{mm}(T) = \frac{D_m^j(T)(D_m^j(T)-1)}{N_m^j(T)(N_m^j(T)-1)} \tag{6-3}$$

$$p_{nn}(T) = \frac{D_n^j(T)(D_n^j(T)-1)}{N_n^j(T)(N_n^j(T)-1)} \tag{6-4}$$

$$JDP_{mn}(T) = \frac{D_m^j(T)D_n^j(T)}{N_m^j(T)N_n^j(T)} \tag{6-5}$$

在多期的计算中，假设各年度之间稳定不变，可以用不同的权重加权计算各个年度的平均值（Lucas, 1995），如联合违约概率［式（6-5）］可以用式（6-6）加权计算。

$$JDP_{mn} = \sum_j w^j \frac{D_m^j(T)D_n^j(T)}{N_m^j(T)N_n^j(T)} \tag{6-6}$$

式（6-3）和式（6-4）也可以采用类似的方法在不同年度间加权计算。权重可以采用如下计算方法：

平均加权权重：$w^j = \dfrac{1}{n}$ $\qquad$ (6-7)

或者：$w^j = \dfrac{N^j}{\displaystyle\sum_{j=1}^{n} N^j}$ $\qquad$ (6-8)

或者：$w^j = \dfrac{N^j(N^j-1)}{\displaystyle\sum_{j=1}^{n} N^j(N^j-1)}$ $\qquad$ (6-9)

可以看出，式（6-7）中加权就是简单平均，而在式（6-8）和式（6-9）中权重的含义是各个年度参与评级的企业数量在总体中的占比。由于违约公司的数目一般较少，Servigny 和 Renault（2002）提出用如下方法进行组内联合违约概率的估计：

$$p_{mm}(T) = \frac{\displaystyle\sum_j D_m^j(T)^2}{\displaystyle\sum_j N_m^j(T)^2} \qquad p_{nn}(T) = \frac{\displaystyle\sum_j D_n^j(T)^2}{\displaystyle\sum_j N_n^j(T)^2} \qquad (6-10)$$

由此得到了联合违约概率，可以根据相关系数计算公式得到其违约相关系数。

$$\rho_{mn}^D = \frac{JDP_{mn} - p_m p_n}{\sqrt{p_m(1-p_m)}\,\sqrt{p_n(1-p_n)}} \qquad (6-11)$$

Cassart 和 Castro 等（2007）提出，通过二元正态 Copula 进行映射，计算隐含资产相关关系（Implied Asset Correlation）ρ_{mn}^A。

$$JDP_{mn} = \int_{-\infty}^{N^{-1}(P_n^D)} \int_{-\infty}^{N^{-1}(P_m^D)} \frac{1}{2\pi\sqrt{1-(\rho_{mn}^A)^2}} \exp\left\{ \frac{1}{2(1-(\rho_{mn}^A)^2)} [x_1^2 - 2\rho_{mn}^A x_1 x_2 + \right.$$

$$\left. x_2^2] \right\} dx_1 x_2 \qquad (6-12)$$

其中，x_1 和 x_2 分别表示两个债务人的资产回报，并假定其为标准正态分布，可以求解 ρ_{mn}^A 的具体数值，且 $-1 < \rho_{mn}^A < 1$。

上面这种根据初始评级和最终状态进行相关关系分析的方法被称为标准迁移矩阵方法。Lucas 等（1995）使用的标准迁移矩阵方法是一种重结果、轻过程的相关关系分析方法，该方法忽略了债务人在间隔期间评级变动的影响。Cassart 等（2007）给出了另外一种根据评级迁移矩阵计算相关关系的方法，即方向迁移矩阵方法（Directional Transition Matrix，DRTM）。该方法将债务人的评级变动分为三类，即评级上调（U）、评级下调（D）和评级稳定（N）。通过这三类评级公司的变化度量行业之间的相关关系，并将 Kendall τ 作为衡量相关关系的指标。在 Kendall τ 的计算中需要用到一致对（C）和不一致对（D）的概念。如果有两个变量（x，y），将 x 变量的数值升序排列，那么 y 变量偏离升序的程度可以测度两个变量正相关关系的缺乏程度。在 DRTM 方法中，一致性即变动方向相同，若行业集中的第一个行业是升序排列，行业集中的第二个行业也是升序排列，则为一致，如（D，N）和（N，U）；不一致即变动方向不一致，若行业集中的第一个行业是升序排列，行业集中的第二个行业是降序排列，则为不一致，如（D，U）和（N，N）。另外，该方法还定义了"打结"的情况，x 变量的打结定义为 x 变量的变动方向一致，如（D，U）和（D，N），y 变量的打结定义与 x 变量类似，Tx 表示 x 变量打结的数量，Ty 表示 y 变量打结的数量。Kendall 的 τ 的计算公式如下：

$$\tau = \frac{C-D}{\sqrt{C+D+Tx}\sqrt{C+D+Ty}} \qquad (6\text{-}13)$$

当随机变量服从正态分布时，线性相关系数和 Kendall 的 τ 还有如下的等式关系：

$$\rho = \sin\left(\frac{\pi\tau}{2}\right) \qquad (6\text{-}14)$$

Akhavein 等（2005）通过实证分析发现，方向迁移矩阵方法的资产相关系数要显著低于标准迁移矩阵方法的资产相关系数，且低于基于权益的方法计算的相关系数[①]。

虽然这些方法在概念上非常完善，但是由于违约频次较少，实际的研究结果受到了一定影响（J. P. Morgan，1997）。特别是在信用评级较高的样本中，由于违约样本较少，该方法在较高信用等级样本中基本不能得到有意义的相关系数（Lucas，1995）。

第三节 信用利差变动法

基于历史数据的第二种方法就是利用债券的历史价格进行违约相关关系分析，可以很直观地看到债券价格的变化反映了债券信用质量的状况，因此，价格的相关关系可以作为信用质量变动相关关系的估计。该方法有两方面的要求：一是足够的债券价格历史数据；二是有将债券价格和信用事件联系起来的模型。如果债券价格的历史数据充足，那么先将信用利差从债券价格中分离出来然后再估计价差的变动相关关系就可以得到信用风险的相关关系，这种相关关系反映了价

---

① 该结论来自模型 Fitch's Vector Model 2.0。

差的变动一致性，在该方法中需要一个将信用利差和信用质量连接在一起的风险债券模型。

风险债券模型一般有三个变量，即无风险利率、信用利差和是否违约。在一些流行的方法中，无风险利率和信用利差被假设为独立，通过定价模型将违约与信用利差联系在一起，借助定价模型分析发行人的信用利差，以推测其违约概率。将该模型推广到两种或更多债券中，通过债券信用利差的变动相关关系推测违约相关关系。

Duffee（1999）[①] 将企业的违约概率转为平方根扩散过程，并将该过程同无风险利率结合起来。在 Duffee 的研究中，违约被看作一个不能预期的泊松跳跃过程，在等价鞅测度下企业 j 在时间 t 的过程密度为 $h_{j,t}$，即假设在 t 时刻前该企业未违约，在等价鞅测度下该企业在时间 $(t, t+dt)$ 内违约的概率为 $h_{j,t}dt$。假设企业 j 发行的是零息债券，如果在时刻 T 之前该企业不违约，那么就会在时刻 T 支付 1 美元；如果违约，则支付为 0。若债券价格记为 $V_j(t, T, 0, 0)$，其中，括号中第三个元素是债券的利息，第四个元素是违约情形下的回收率，那么 t 和 T 时间段之间的调整累积折现率为 $r_t+h_{j,t}$，因此，其债券价格具体如式（6-15）所示。

$$V_j(t, T, 0, 0) = E_t^Q \left\{ \exp\left[-\int_t^T (r_u+h_{j,u}) \, du \right] \right\} \tag{6-15}$$

将 $h_{j,t}$ 转化为单因素平方根过程，作为同两个无风险利率因素相结合的成分，具体如式（6-16）所示。

$$dh_{j,t} = k_j(\theta_j-h_{j,t}) \, dt + \sigma_j \sqrt{h_{j,t}} \, dZ_{j,t} \tag{6-16}$$

这样就将无风险利率同债券的风险因素结合起来。限于篇幅，各个参数的具体估计过程可以参见 Duffee（1999）的研究。借助利差的历史变动数据进行信用风险分析的方法还可以参见 Nielsen 和 Ronn（1996）的研究。基于信用利差的方法符合逻辑，但是这个方法最大的缺陷在于实践意义不大，其实际应用也较少（J. P. Morgan, 1997）。

第四节 资产价值相关系数法

Merton（1974）最早将股权的信息引入信用风险相关关系中，此后，基于

---

① 此处只简要介绍其思想，该算法的详细假设及其验证过程见 Duffee 在 1999 年的研究。

Merton 的期权理论框架，一些实业的模型将股价的变动融入信用风险的研究中。KMV 公司将 Merton 的模型商业化，J. P. Morgan（1997）的信用风险分析模型 CreditMetrics 也将股价信息作为一个代理信息。权益相关关系是不是信用风险相关关系的良好替代指标呢？当前，基于权益价格变动的相关关系分析存在一定分歧，研究发现，根据股价计算的资产相关关系要远高于基于违约历史数据计算的相关关系。Düllmann 和 Küll 等（2010）认为，这主要是因为基于违约历史数据的分析严重低估了相关关系，是有偏的，而基于股价的相关关系分析比基于历史违约率的分析更加有效。Servigny 和 Renault（2002）通过实证分析发现，权益的相关系数并不是信用风险的良好替代变量，他们之间线性回归模型的 R^2 只有 0.2981。

资产相关关系与违约相关关系是信用风险相关关系研究的热点，一般认为，资产价值低于某个阈值时公司违约，因此，可以将违约相关关系转化为对资产相关关系的分析。Frey 和 McNeil（2001）通过数值分析的方法，得出违约相关要远低于相应的资产相关。Zhang 和 Zhu 等（2008）研究了资产相关关系同违约相关关系之间的关系，发现隐含资产相关关系要大于先前的研究，并认为准确测度资产相关关系对准确计量监管资本至关重要。

违约的发生归根结底还是公司资产的价值低于负债所致，因此，可以在资产的价值和公司的违约之间建立一定的关系，该方法通过研究公司资产价值的变动来分析违约的相关关系。另外，也可以根据观察到的公司违约的情况，分析企业隐含的价值相关关系。

可以定义债务人的两种状态，即：

$$Y_{it} = \begin{cases} 1 \\ 0 \end{cases}$$

若借款人 i 在时间 t 违约，则 Y_{it} 取值为 1，否则取值为 0。如果债务人 i 在时间 t 的资产价值 A_{it} 低于违约的临界点 DP，那么就会导致债务人出现违约，即：

$$A_{it} < DP \Leftrightarrow Y_{it} = 1 (i = 1, 2, \cdots, N; t = 1, 2, \cdots, T) \tag{6-17}$$

假设公司 i 的价值 A_t 符合几何布朗运动，根据通常假设，债务人资产价值对数随着时间 t 有如下变动（Düllmann and Scheule, 2003）：

$$\log(A_{it}) = \log(A_{i0}) + \left(\mu - \frac{\sigma^2}{2}\right)t + \sigma\sqrt{t}\,r_{it}$$

$$即 \ A_{it} = A_{i0}e\left[\left(\mu - \frac{\sigma^2}{2}\right)t + \sigma\sqrt{t}\,r_{it}\right] \tag{6-18}$$

其中，μ 为漂移率，r_{it} 为随机误差项，服从标准正态分布。

当债务人资产低于临界点 DP 时，债务人违约，因此，其违约概率为：

$$EDF = P(A_{it}<DP_i) = P\left(\ln A_{i0}+\left(\mu-\frac{\sigma^2}{2}\right)t+\sigma\sqrt{t}\,r_{it}<\ln DP_i\right)$$

$$=P\left(r_{it}<\frac{\ln(DP_i/A_{i0})-\left(\mu-\frac{\sigma^2}{2}\right)t}{\sigma\sqrt{t}}\right)=N\left(\frac{\ln(DP_i/A_{i0})-\left(\mu-\frac{\sigma^2}{2}\right)t}{\sigma\sqrt{t}}\right) \quad (6-19)$$

假设联合资产价值符合二维正态分布，则联合违约的概率为 JDP_{mn}，计算公式如下：

$$JDP_{mn} = P(A_{mt}<DP_m,\ A_{nt}<DP_n)$$

$$=P\left(r_m<\frac{\ln(DP_m/A_{m0})-\left(\mu_m-\frac{\sigma_m^2}{2}\right)t}{\sigma_m\sqrt{t}},\ r_n<\frac{\ln(DP_n/A_{n0})-\left(\mu_n-\frac{\sigma_n^2}{2}\right)t}{\sigma_n\sqrt{t}}\right)$$

$$=N_2\left(\frac{\ln(DP_m/A_{m0})-\left(\mu_m-\frac{\sigma_m^2}{2}\right)t}{\sigma_m\sqrt{t}},\ \frac{\ln(DP_n/A_{n0})-\left(\mu_n-\frac{\sigma_n^2}{2}\right)t}{\sigma_n\sqrt{t}},\ \rho_{mn}^A\right)$$

$$=N_2(N^{-1}(EDF_m),\ N^{-1}(EDF_n),\ \rho_{mn}^A) \quad (6-20)$$

其中，ρ_{mn}^A 为其资产相关系数。两个债务人的违约相关系数为 $\rho_{mn}^D = \dfrac{JDP_{mn}-p_m\cdot p_n}{\sqrt{p_m(1-p_m)}\sqrt{p_n(1-p_n)}}$，其中，$\rho_{mn}^D$ 是违约相关系数。

另外，根据式（6-6）计算出联合违约率后，还可以根据式（6-20）倒推计算出 ρ_{mn}^A，此时，计算出的资产相关系数称为违约隐含资产相关系数（Lee et al.，2009）。这就是根据公司资产价值计算相关关系的基本思想。

第五节　渐近单风险因子模型

一、渐近单风险因子方法推导

渐近单风险因子模型（Asymptotic Single Risk Factor，ASRF）是巴塞尔新资本协议采用的方法，该方法已有较多的相关研究和分析。ASRF 是基于大数定律衍生的算法，该方法假设整个贷款组合是由许多小额的风险暴露组成的，当一个组合包括众多较小的风险暴露时，每个单项暴露所特有的风险之间往往可以相互抵消，只有影响到众多风险暴露的系统风险的因素才会对整个组合的损失有实质性影响，即只有那些系统性风险（如行业和地区等风险因素）才会对整个组合的损失分布产生实质性的影响①。该方法的具体算法详见 Gordy（2003）和 Lopez（2004）的研究。ASRF 是基于大数定律衍生的算法，该方法共有以下三个假设：

假设一：银行整体的各个信贷资产充分小，并且整个信贷组合包含着无数个小额暴露的信贷资产。

假设二：只有一个系统风险因子影响信贷组合所有贷款的违约概率。

假设三：系统风险因子、非系统风险因子均为正态分布。

基于假设一：整个贷款组合是由许多小额的风险暴露组成的，当一个组合包括众多较小的风险暴露时，每个单项暴露所特有的风险之间往往可以相互抵消，只有影响到众多风险暴露的系统风险的因素才会对整个组合的损失有实质性影响，即只有那些系统性风险（如行业和地区等风险因素）才会对整个组合的损失分布产生实质性的影响。

基于假设二：假定债务人 i 的风险由系统风险和债务人的特有风险两部分组成，分别是系统性风险和特有风险。在 ASRF 模型中，债务人的资产价值由系统风险因素模型驱动（Lee et al.，2009），会在一定程度上影响所有债务人的系统性风险，如行业和区域风险被设定为仅有的单个系统性风险因子，该系统风险可以用标准化市场收益指数来表示。债务人的特有风险可以用特有收益来表示。因此，债务人 i 的资产回报 r_i 可以作如下分解（Düllmann and Scheule，2003）：

$$r_i = R_i X + \sqrt{1-R_i}\,\varepsilon_i \qquad\qquad (6\text{-}21)$$

其中，r_i 是债务人 i 的资产回报，资产回报可以广义地理解为驱使债务人信用质量发生变化的变量。X 是系统因子，反映经济状态；ε_i 是债务人 i 的特有风险，反映个体风险。

基于假设三：由于系统风险因子 X 和非系统风险因子 ε_i 都服从标准正态分布，且相互独立，那么 r_i 也服从标准正态分布。其中，R_i 为债务人 i 面临的风险中系统风险所占的权重，它衡量了债务人 i 对系统风险的敏感性，又称为负载系数，反映系统风险占比。

基于上述假设，下面对信用风险的风险加权资产计量公式进行推导。PD_i 为债务人 i 的违约概率②，θ 为违约的界限，可以通过下面的公式计算得到 θ。

$$PD_i = prob(r_i < \theta) = N(\theta)$$
$$\Rightarrow \theta = N^{-1}(PD_i)$$

PDc 表示债务人 i 的条件违约概率（$X=x$），当系统风险因子 X 取值为 x 时，债务人 i 的违约概率具体推导如下：

---

① 《资本办法》第三条规定，商业银行资本应抵御其所面临的风险，包括个体风险和系统性风险。风险加权资产计算时，已经假设个体风险通过互相抵消不影响风险加权资产。

② 此处的违约概率即《资本办法》中要求估计的 1 年预期违约概率。

$$PDc = p(X) = prob(r_i < \theta \mid X = x) = prob(r_i < N^{-1}(PD_i) \mid X = x)$$

$$= prob(\sqrt{R_i}X + \sqrt{1-R_i}\,\varepsilon_i < N^{-1}(PD_i) \mid X = x)$$

$$= prob\left(\varepsilon_i < \frac{N^{-1}(PD_i) - \sqrt{R_i}x}{\sqrt{1-R_i}}\right) = N\left(\frac{N^{-1}(PD_i) - \sqrt{R_i}x}{\sqrt{1-R_i}}\right)$$

在进行进一步的分析之前，需要探讨一下在这个公式中反映宏观经济的系统因子 X 与条件违约概率 PDc 之间的关系。从公式中可以清晰看到，X 与 PDc 是递减的关系，为了更加清晰地分析两者的关系，下面以数值模拟的形式给出这两个因素之间的关系。假设违约概率 PD_i 为 0.3%，相关关系 R 为 0.2，系统因子 X 与条件违约概率 PDc 之间的相关关系如图 6-2 所示。

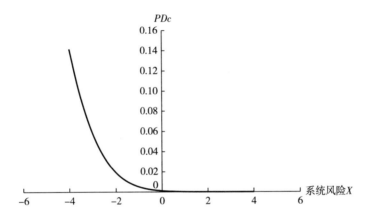

图 6-2　系统因子 X 与条件违约概率 PDc 之间的关系

从图 6-2 可以很清晰地看出，系统因子 X 与条件违约概率 PDc 之间是严格的递减关系。根据风险价值（VaR）的概念，风险价值表示有一定的把握在未来的时间段内损失不会大于 VaR 的值，损失直接由违约概率决定，违约概率由系统因子决定。由于条件违约概率是系统因子的减函数，最高的违约概率出现在系统因子最差的时候，如果想要有 T 的把握使未来一段时间内的损失控制在某个范围内，则要求银行违约概率不高于某个违约概率，由于系统因子假定为标准正态分布，这个违约概率对应的系统因子为 $x = N^{-1}(1-T) = -N^{-1}(T)$。

此时，条件违约概率为：

$$PDc = N\left(\frac{N^{-1}(PD_i) + \sqrt{R_i}N^{-1}(T)}{\sqrt{1-R_i}}\right) = N\left[\frac{1}{\sqrt{1-R_i}} \times N^{-1}(PD_i) + \sqrt{\frac{R_i}{1-R_i}} \times N^{-1}(T)\right]$$

在《资本办法》中，$T = 99.9\%$，这意味着，我们有 99.9% 的把握在未来一段时间内银行违约概率不会大于下面的违约概率，即商业银行要为最坏的经济条件下的非预期损失准备资本。

$$PDc = N\left(\frac{N^{-1}(PD_i) + \sqrt{R_i}\, N^{-1}(0.999)}{\sqrt{1-R_i}}\right)$$

$$= N\left[\frac{1}{\sqrt{1-R_i}} \times N^{-1}(PD_i) + \sqrt{\frac{R_i}{1-R_i}} \times N^{-1}(0.999)\right]$$

由于资本是用来吸收非预期损失的，因此，需要将预期损失从计算最坏违约概率时的损失中扣除，这里直接把违约概率 PD_i 从条件违约概率中扣除，即：

$$PD_d = PD_c - PD_i = N\left[\frac{1}{\sqrt{1-R_i}} \times G(PD_i) + \sqrt{\frac{R_i}{1-R_i}} \times G(0.999)\right] - PD_i$$

若 M_k 为期限因素，LGD 为违约损失率，敞口 i 所需资本为 $K_i = LGD \times PD_d \times M_k$，$M_k$ 借鉴《巴塞尔协议》的公式，从而得到下面的公式。

$$K_i = \left[LGD \times N\left[\frac{1}{\sqrt{1-R_i}} \times G(PD_i) + \sqrt{\frac{R_i}{1-R_i}} \times G(0.999)\right] - PD_i \times LGD\right] \times$$

$$\frac{1+(M-0.5) \times b(PD_i)}{1-1.5 \times b(PD_i)}$$

其中，$b(PD_i)$ 是期限调整因子，$G(PD_i)$ 表示标准正态随机变量累积分布函数的反函数，或用 $N^{-1}(PD_i)$ 表示。左侧部分是非预期损失的计算公式，右侧为期限调整对资本的影响。可以看出资本要求是相关关系的增函数，相关关系越大，对资本的要求就越高。

在众多风险管理模型中，只有 ASRF 模型满足"资产组合不相关性"假设要求（姚奕和杜音颖，2007）。基于这个假定，信贷资产组合的监管资本要求就可以认为是各个单项资产的监管资本之和，单项信贷资产的监管资本可以基于违约率和违约损失率确定，这就是《巴塞尔协议》中基于单项资产的风险情况无须考虑彼此关系就可以确定监管资本的原因。

下面用示意图的形式探讨条件违约概率 PDc 和预期违约概率 PD_i 之间的关系。系统风险因子 X 通过取不同的值表示经济所处的不同状态，X 越大，经济状况越好。可以看到，总体而言，条件违约概率都随着预期违约概率的增大而增大，经济状况处于不同状态时，条件违约概率的增长状态也不相同。经济状况处于较好状态时（见图 6-3），图像位于 45 度线的下方，此时，条件违约概率均小于预期违约概率。经济状况处于中性状态时（见图 6-4），图像位于 45 度线上，此时条件违约概率与预期违约概率相等。经济状况处于较差状态时（见图 6-5），图像位于 45 度线的上方，此时，条件违约概率均大于预期违约概率。

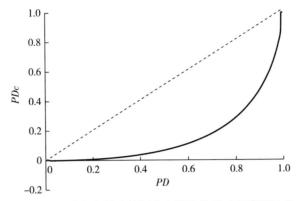

图6-3 违约概率与条件违约概率之间的关系（系统因子 $X=3$）

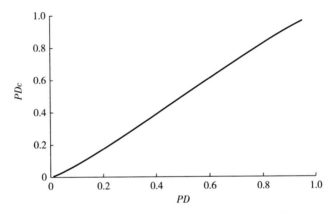

图6-4 违约概率与条件违约概率之间的关系（系统因子 $X=0$）

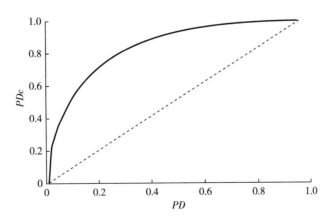

图6-5 违约概率与条件违约概率之间的关系（系统因子 $X=-3$）

债务人 i、j 的资产回报 r_i 和 r_j 之间的相关系数就是 R_iR_j，若 $R_i = R_j$ 则相关关系为 R^2（彭建刚等，2005）。

证明：

根据相关关系公式，资产回报 r_i 和 r_j 的相关关系为：

$$\text{corr}(r_i,\ r_j) = \frac{\text{Cov}(r_i,\ r_j)}{\sqrt{D(r_i)}\sqrt{D(r_j)}}$$

由于 r_i 和 r_j 方差为 1，所以：

$$\text{corr}(r_i,\ r_j) = \frac{\text{Cov}(r_i,\ r_j)}{\sqrt{D(r_i)}\sqrt{D(r_j)}} = \text{Cov}(r_i,\ r_j)$$

$$\begin{aligned}\text{Cov}(r_i,\ r_j) &= \text{Cov}(R_iX + \sqrt{1-R_i^2}\,\varepsilon_i,\ R_jX + \sqrt{1-R_j^2}\,\varepsilon_j)\\ &= \text{Cov}(R_iX,\ R_jX) + \text{Cov}(R_iX,\ \sqrt{1-R_j^2}\,\varepsilon_j) + \text{Cov}(\sqrt{1-R_i^2}\,\varepsilon_i,\ R_jX) +\\ &\quad \text{Cov}(\sqrt{1-R_i^2}\,\varepsilon_i,\ \sqrt{1-R_j^2}\,\varepsilon_j)\end{aligned}$$

由于 X、ε_j 和 ε_j 相互独立，所以：

$\text{Cov}(R_iX,\ \sqrt{1-R_j^2}\,\varepsilon_j) = 0$，$\text{Cov}(\sqrt{1-R_i^2}\,\varepsilon_i,\ R_jX) = 0$，$\text{Cov}(\sqrt{1-R_i^2}\,\varepsilon_i,\ \sqrt{1-R_j^2}\,\varepsilon_j) = 0$

所以，$\text{Cov}(r_i,\ r_j) = R_iR_j\text{Cov}(X,\ X) + 0 + 0 + 0 = R_iR_j$。

如果 $R_i = R_j = R$，那么 $\text{Cov}(r_i,\ r_j) = R^2$。

二、监管实践方法

从第四节分析中可以看出，相关系数是一个重要的参数。在巴塞尔协议中，相关系数是监管资本计算公式的一个重要组成部分，如第五章所述，监管中采用的是第四节介绍的渐近单风险因子模型。2001 年 1 月，巴塞尔委员会将不同类型的相关系数统一设定为 20%（BCBS，2001），同年又将相关系数 R 设定为违约概率 PD 的减函数，上下限因风险暴露类型有所差异。根据以上性质设定了如下公式：

$$R = a \times \frac{1 - \exp(-c \times PD)}{1 - \exp(-c)} + b \times \left(1 - \frac{1 - \exp(-c \times PD)}{1 - \exp(-c)}\right) \tag{6-22}$$

其中，a、b、c 是相关系数的上下限参数，取决于债务人类型。这就是新巴塞尔协议中关于相关关系的来源。

在具体公式中，最低违约概率的相关系数为 20%，最高违约概率的相关系数是 10%。2006 年，将主权资产、银行[①]和一般公司的相关系数设定为 12% ~ 24%，

---

① 在巴塞尔协议中银行暴露包括银行和证券公司，原银监会根据我国当前的环境将其扩充为金融机构风险暴露。

具体的取值同样与违约概率相关。对于中小企业，可以有最大幅度为4%的向下调整，即中小企业的有效变动幅度为8%~20%（BCBS，2006a）。这主要是因为对于规模越小的企业和零售信贷而言，其与宏观系统风险之间的相关关系越弱，其违约风险更多是由本身的特有风险所致。

第五章中已经列出了这些公式，此部分再重复一遍相关系数部分。《资本办法》将主权、金融机构和公司风险暴露并称为非零售风险暴露，分别按照非零售风险暴露和零售风险暴露设定相关关系，对非零售风险资产和零售风险资产的相关关系分别进行如下设定[①]：

1. 非零售风险暴露

主板风险暴露、公司风险暴露：

$$R = 0.12 \times \frac{1 - \frac{1}{e^{(50 \times PD)}}}{1 - \frac{1}{e^{50}}} + 0.24 \times \left[1 - \frac{1 - \frac{1}{e^{(50 \times PD)}}}{1 - \frac{1}{e^{50}}} \right] \qquad (6-23)$$

金融机构风险暴露：

$$R_{FI} = 1.25 \times \left\{ 0.12 \times \frac{1 - \frac{1}{e^{(50 \times PD)}}}{1 - \frac{1}{e^{50}}} + 0.24 \times \left[\frac{1 - \left(1 - \frac{1}{e^{(50 \times PD)}}\right)}{1 - \frac{1}{e^{50}}} \right] \right\} \qquad (6-24)$$

中小企业风险暴露：

$$R_{SME} = 0.12 \times \left[\frac{1 - \frac{1}{e^{(50 \times PD)}}}{1 - \frac{1}{e^{50}}} \right] + 0.24 \times \left[1 - \frac{1 - \frac{1}{e^{(50 \times PD)}}}{1 - \frac{1}{e^{50}}} \right] - 0.04 \times \left(1 - \frac{S-3}{27} \right) \qquad (6-25)$$

其中，S 为中小企业在报告期的年度销售额，单位为千万元，低于3000万元的按照3000万元来处理。

2. 零售风险暴露

个人住房抵押贷款：$R_{r1} = 0.15$

合格循环零售贷款风险暴露：$R_{r2} = 0.04$

其他零售贷款风险暴露：$R_{r3} = 0.03 \times \dfrac{1 - \frac{1}{e^{(35 \times PD)}}}{1 - \frac{1}{e^{35}}} + 0.16 \times \left[1 - \dfrac{1 - \frac{1}{e^{(35 \times PD)}}}{1 - \frac{1}{e^{35}}} \right]$

---

① 《资本办法》中不同暴露类型的资本计算方法在本书第五章有详细介绍。

可以看出，根据新巴塞尔协议的规定，相关系数 *R* 与违约概率 *PD* 是呈递减关系的，该模型的这种负相关关系暗含假设，即违约概率越低的客户，违约相关性越高；违约概率越高的客户，违约关联性越低。这主要是因为违约概率越高、信用风险越高的公司越容易受本身特有的风险因子的影响，越不容易受经济大势的影响，而违约风险越低、信用风险越低的公司受经济周期的影响越大。也可以理解为规模越大、信用等级越高的公司，其经营业绩对宏观经济越敏感，而小公司的经营活动主要在局部区域，公司的经营业绩对企业管理人员的管理能力等特质因子更敏感。

《巴塞尔协议》最终认定的相关关系的影响因素主要是信用等级和规模。理论界也有很多实证研究分析了资产相关关系的影响因素，认为主要有行业、规模和信用等级三个因素。Düllmann 和 Scheule（2003）从理论和实证两个角度分析了违约相关关系。他们借助 Monte Carlo 模拟，利用德国 53280 家企业 1991~2000年的违约历史数据进行了分析。样本依据违约概率划分为高、中、低三类，依据企业规模划分为大、中、小三类，依据行业划分为制造类、贸易类和其他类，以分析违约相关关系同违约概率和企业规模等因素之间的关系。他们没有得到资产相关关系同违约概率之间确定的相关关系。

Dietsch 和 Petey（2004）以法国和德国 1995~2001 年和 1997~2001 年的 28万家和 40 万家中小企业样本为研究对象，从规模和信用风险等角度进行了分组，研究了规模和信用等级对相关关系的影响，他们在研究中按照规模进行分组，将营业额在 15 万欧元至 100 万欧元的企业定义为小型企业，将营业额在 100 万~700 万欧元的企业定义为中型企业，700 万~4000 万欧元的企业定义为大型企业，另外按照法国 23 个行业和德国 21 个行业分别进行了分组，并按照信用等级划分为 9 组。实证结果发现，中小企业风险更高，中小企业的相关关系平均为 1%~3%。资产相关关系与规模反向变动，即随着企业规模的增大，相关关系会变弱。资产相关关系与违约概率在法国为 U 型关系，在德国为正相关关系，而不是巴塞尔协议假定的负相关关系。

Nagpal 和 Bahar（2001）借用美国标准普尔 1981~1999 年的公司违约数据进行分析，他们根据行业划分为 11 组，根据信用评级划分为投资级和非投资级，研究发现，行业和企业评级是企业间信用风险相关关系的重要决定因素。Lopez（2004）利用美国、日本和欧洲地区 13839 家公司的数据分析了信用风险的状况，研究发现，平均资产相关关系是违约概率的减函数，是资产规模的增函数，实证研究显示，在计算监管资本时，应该考虑信用风险情况和资产规模。Lee 等（2009）研究发现，规模能够解释相关性变动的 45.03%，而违约概率却仅能解释变动的0.32%，因此，他们认为企业的风险状况并不是相关关系的重要影响因素。

为了便于横向比较，我们将当前部分被广泛引用的实证结论以表格的形式进行列示，具体如表6-1所示。

表6-1 关于信用风险相关关系的研究

作者	数据	划分标准	方法	结论
Lucas（1995）	1970～1993年穆迪投资者服务数据	根据信用等级划分为16组	历史数据法	相关关系随着信用等级的提升而下降
Nagpal 和 Bahar（2001）	1981～1999年标准普尔评级的美国公司数据	将11个行业的公司划分为投资级和非投资级2组	历史数据法	行业和企业评级是企业间信用风险相关关系的重要决定因素，相关关系介于−5.35%～23.30%
Zhang、Zhu 等（2008）	1981～2006年穆迪的KMV数据	根据行业分为8组，根据信用评级和违约概率分为4组	历史数据法和渐近单风险因子模型	行业分类的违约资产相关关系在9.22%～21.17%
Servigny 和 Renault（2002）	1981～2001年标准普尔的 CreditPro 5.20 数据库中的美国6907家公司数据	按照行业划分为12个组	渐近单风险因子模型	权益的相关关系不足以解释信用风险的相关关系，考察的时间区间越长，相关关系越强
Lopez（2004）	评级机构给出的美国、日本和欧洲地区的13839家公司数据	根据违约概率和资产规模各分为5组	渐近单风险因子模型	平均资产相关关系是违约概率的减函数，是资产规模的增函数。资产相关系数在10%～20%
Vozzella 和 Gabbi（2010）	1994～2004年意大利30万中小企业数据	除违约类外，根据信用等级划分为6类，共计7组	历史数据法、cohort模型，Copula 函数	资产相关关系与违约概率正相关，与规模负相关，违约相关系数与违约概率正相关。分行业的相关系数在9.7%～16.9%
Dietsch 和 Petey（2004）	1995～2001年和1997～2001年法国和德国的28万家和40万家中小企业样本数据	根据规模分为大、中、小3组，根据信用评级划分为9组	渐近单风险因子模型	中小企业风险更高，相关关系与规模反向变动，资产相关关系与违约概率在法国为U型关系，在德国为正相关关系。中小企业相关关系平均1%～3%
Düllmann 和 Scheule（2003）	1991～2000年德国53280家企业的违约历史数据	依据违约概率划分为高、中、低3组，依据公司规模划分为大、中、小3组，行业划分为制造类、贸易类和其他类3组	单风险因子模型	在三种不同的违约概率下，资产相关关系随着规模的增大而增大，资产相关系数与违约概率之间没有明显的相关关系。资产相关系数较低，在0.2%～6%

除了单因子模型外，还开发了多因子模型，已有较多相关的研究（Schönbucher，2000）。可以通过扩大系统风险因子，并对系统风险因子和特异因子的部分进行不同的假设，得到更加复杂的多因素模型。多因子模型在国外的实践中应用较多，Lee 和 Wang 等（2009）基于 KMV 模型的 Global Correlation Model（Gcorr）估计了 R^2。穆迪的 Gcorr 就是一个由一百多个因子构成的多因素关联模型（Zhang，Zhu，et al.，2008），其结构如图 6-6 所示。

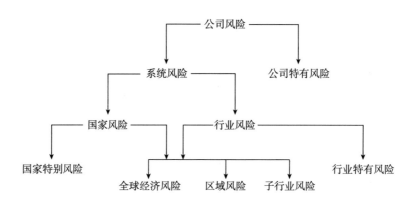

图 6-6　穆迪相关关系分析结构

惠誉在其风险管理模型中也使用了多因子模型，并考虑了行业和区域的相关性（Fitch，2004），做了如下设定：基础相关系数 ρ_0 为 10%，地区相关系数溢价 ρ_1 为 5%，行业相关系数溢价 ρ_2 为 10%（见表 6-2）。

表 6-2　惠誉风险管理模型中的多因子模型应用

情形	资产	区域	行业	相关系数	数值系数
情形 1	同样资产	同一区域	同一行业		100%
情形 2	不同资产	同一区域	同一行业	$\rho_0 + \rho_1 + \rho_2$	10%+5%+10%
情形 3	不同资产	同一区域	不同行业	$\rho_0 + \rho_1$	10%+5%
情形 4	不同资产	不同区域	同一行业	$\rho_0 + \rho_2$	10%+10%
情形 5	不同资产	不同区域	不同行业	ρ_0	10%

资料来源：Fitch，Default VECTOR 3. 1 Model User Manual［EB/OL］．［2022-09-23］．https：//manualzz. com/doc/7294270/defauct-vector-3. 1-model-user-manual.

惠誉的多因素模型如式（6-26）所示。

$$Y_k = \sqrt{\rho_0} \times F^G + \sqrt{\rho_i} \times F_i^R + \sqrt{\rho_j} \times F_j^S + \sqrt{1-\rho_i-\rho_j} \times F_k \qquad (6\text{-}26)$$

其中，ρ_i、ρ_j 是区域和行业的相关关系溢价，ρ_0 是全部的基础相关关系，F_i^R、F_j^S 是区域和行业因子，F^G 是基础经济因子，F_k 是公司特有风险因子，假设这些因子之间相互独立。那么配对相关关系 PCL 可以通过式（6-27）计算得到。

$$PCL = \frac{\sqrt{\sum_{i=1}^{N}\sum_{j=1}^{N}|\rho_{i,j}|^2}}{N(N-1)} i \neq j \tag{6-27}$$

其中，$\rho_{i,j}$ 是债务人 i 和债务人 j 的配对相关关系，N 是组合资产的个数。

第六节　Copula 函数方法

资产组合相关性在股权投资组合领域已经有较多研究，Markowitz 的现代投资组合理论采用线性相关系数来反映金融资产收益的相关性。资本资产定价模型和套利定价理论也同样使用线性相关系数来度量不同金融资产之间的相关性，并且建立了以多元正态回归假设为前提的完整理论，用于选择最优的投资组合。渐渐地，线性相关系数被用于度量一般风险的相关性，甚至是一些多元正态分布不再成立的情形，如信用风险（邸男，2005）。然而线性相关只能度量随机变量之间的线性关系，并要求金融资产风险程度适中，另外，线性相关不是根据随机变量联合分布度量相关性的方法。

众多的研究结果表明，金融资产收益往往具有明显的厚尾性，且资产之间表现出了较强的非线性特征，这些都与相关假设相去甚远（李秀敏和史道济，2007）。由于大部分金融数据并不是正态分布且非线性相关的，当前的一些处理方法常常导致错误的结论（Crook and Moreira，2011）。金融资产的收益率的非正态分布和非线性相关特征要求必须采用合理的方法来度量收益率的实际分布和相关性。

Sklar（1959）提出的相关结构函数 Copula 克服了相关系数在非椭球形分布族中存在的相关缺点，Copula 具有边缘分布和函数结构灵活多样，边缘分布可以同函数分别考虑等优点，能够适应资产本身和其相互联系的复杂性，成为度量资产组合相关性的有力工具，它与众多相关性度量的关系也体现了它的特殊优势。

Copula 函数在信用风险相关分析中最典型也是引用较广泛的应用是 Li（1999）将 Copula 函数应用到 CDO 的定价研究中，Li 认为，应该将 Copula 函数引入生存分析的联合分布中，并通过例证说明 Copula 函数在信用违约掉期等信用衍生产品估计中的应用。随着美国金融危机的发展，美国有些媒体认为是这一函数导致了始于华尔街的全球金融危机（Salmon，2009）。Crook 和 Moreira（2011）将 Copula 函数应用到一家大型英国银行的信用卡组合中，并估计了联合违约概率。

国内学者已经做了非常多的工作，韦艳华和张世英（2008）出版了书籍，介绍了 Copula 函数及其在一些金融领域中的应用。易文德（2011）也出版专著介绍了 Copula 函数在金融数据相依结构方面的应用。李秀敏、史道济（2007）研究了上海、深圳两个股票市场的相关模式，用 GPD 和 Copula 函数分别刻画了上海、深圳股票市场收益率序列的边缘分布以及变量间的相关信息。刘志东（2007）通过 Copula 函数得到资产组合收益率的联合分布函数，并在此基础上研究度量金融资产收益率的实际分布和相关性对资产组合选择绩效的影响。白保中等（2009）研究了基于 Copula 函数度量组合相关关系的原理，通过建立资产组合中每个资产的收益率门槛值，来模拟资产收益率情景，对 Copula 函数度量我国商业银行资产组合信用风险进行了实证研究。表 6-3 列举了几种常见的 Copula 函数的分布及其性质。

表 6-3　几种 Copula 函数的分布及性质

Copula	分布	参数区间	完全相关	不相关
正态	$C_N(u, v; \rho) = \Phi_\rho(\Phi^{-1}(u), \Phi^{-1}(v))$	$\rho \in (-1, 1)$	$\rho = 1$ 或者 -1	$\rho = 0$
t-Copula	$C_t(u, v; \rho, d) = t_{\rho, d}(t_d^{-1}(u), t_d^{-1}(v))$	$\rho \in (-1, 1)$	$\rho = 1$ 或者 -1	$\rho = 0$
Gumbel (1960)	$C_G(u, v; \beta) = \exp\{-[(-\ln(u))^{1/\beta} + (-\ln(u))^{1/\beta}]^\beta\}$	$\beta \in [1, \infty)$	$\beta \to \infty$	$\beta = 1$
Clayton (1978)	$C_C(u, v; \theta) = \max((u^{-\theta} + v^{-\theta} - 1)^{-1/\theta}, 0)$	$\theta \in [-1, \infty) \setminus \{0\}$	$\theta \to \infty$	$\theta \to 0$
Frank (1979)	$C_F(u, v; \lambda) = -\dfrac{1}{\lambda}\ln\left(1 + \dfrac{(e^{-\lambda u} - 1)(e^{-\lambda v} - 1)}{e^{-\lambda} - 1}\right)$	$\lambda \neq 0$	$\lambda \to \infty$	$\lambda \to 0$

资料来源：CHOLLETE L, DE LA PEñA V, LU C-C. International diversification: A Copula approach [J]. Journal of Banking and Finance, 2011, 35: 403-417.

Copula 函数检验和评价的指标有 K-S 检验、Q-Q 图检验、χ^2 检验等（韦艳华和张世英，2008）。

Copula 理论已经成为研究热点，下面简要总结国际期刊中的 Copula 函数相关成果（见表 6-4）。

表 6-4 对 Copula 函数金融应用的研究

作者	Copula 类型	应用领域	细节及结论
Glasserman 和 Suchint-abandid（2007）	多因素正态 Copula	信用风险相依结构	应用于债务抵押债券（CDO）定价研究，基于正态 Copula 分析信用风险相依结构
Li（1999）	正态 Copula	信用风险	研究违约相关关系，应用于债务抵押债券（CDO）定价研究
Hu（2010）	时变条件 Copula	股票市场	运用 AR-GARCH-t 模型分析边缘分布，应用正态 Copula 和 Joe-Clayton Copula 模型分析联合分布，发现时变并不总比固定表现好，相比美国市场，中国股票市场与其他市场之间的关系弱
Frees 和 Valdez（1998）	正态 Copula、t-Copula 及阿基米德	金融保险	研究联合人寿死亡率，为再保险合同定价
Chollete、de la Peña、Lu（2011）	正态 Copula、t-Copula、Gumbel Copula	分散投资	拉丁美洲市场存在不对称相依，有着更高相依度或者较差分散的地区并不意味着更好的收益，金融数据有厚尾特点
Junker、Szimayer、Wagner（2006）	正态 Copula、t-Copula、Gumbel Copula	美国国债期限结构	正态 Copula 由于缺少尾部相依分析，准确度受限，分析发现，依赖性增加时更容易发生大的利率冲击
Bedendo、Campolongo、Joossens（2010）	正态 Copula、Clayton Copula、Gumbel Copula	资产定价	研究相依结构对资产集定价的影响，发现更多相依结构的使用对资产集的价格并没有实质的影响
Kole、Koedijk、Verbeek（2007）	正态 Copula、t-Copula、Gumbel Copula	Copula 拟合优度	比较发现，t-Copula 表现最好，正态 Copula 低估了共同下降的极端情况的概率，Gumbel Copula 则高估了风险
Chu（2011）	最大熵 Copula	设计新的 Copula	设计了一种新的 Copula 函数：最大熵 Copula，并应用到了美国道琼斯投资分析中

资料来源：聂广礼，陈懿冰．基于 Copula 函数的行业信用风险相关关系研究［J］．统计与决策，2013（7）：149-152.

将 Copula 函数应用到信用风险的研究中的非常重要的一部分是将研究的问题转换为信用风险。Li（1999）定义了信用曲线，它是危险率函数的图形表示，代表信用资产在不同时刻的条件违约概率密度。有了信用曲线，就可以计算不同资产的违约相关性。朱世武（2005）认为，可以有三种方法获得信用曲线。第一，从评级机构的历史数据中获得。找到每一个信用等级的债券在 n 年中的总违约概率，然后利用 n 年总违约概率与每年的条件违约概率之间的函数关系，使用递归方法推导出每年的条件违约概率。第二，使用布莱克—舒尔次方法，将股票看作一个公司的看涨期权，用这个架构可以获得 n 期的违约概率，然后将其转换为危险率函数。第三，从现有的市场信息中获得公司一系列不同期限债券的到期收益率，并将它与国债的到期收益率做比较，获得收益率价差曲线，然后假设一个外生的恢复率，就可以推算出信用曲线。

根据 Li（1999）给出的定义，两个企业的违约相关关系可以通过计算生存时间的相关关系获得，假设两个债务人 A 和 B 的生存时间为 T_A 和 T_B，他们的违约相关关系为：

$$\rho_{AB} = \frac{\text{Cov}(T_A, T_B)}{\sqrt{\text{Var}(T_A)\text{Var}(T_B)}} = \frac{E(T_A T_B) - E(T_A)E(T_B)}{\sqrt{\text{Var}(T_A)\text{Var}(T_B)}} \qquad (6-28)$$

Copula 函数也被应用到生物药物开发企业的定价中（Cayetano，2006）。信用风险的相关关系具有非线性的特点，尾部的相关关系也是需要探讨的重点，因此，Copula 算法对于信用风险相关关系的研究非常有必要。

虽然有一些对信用风险相关关系的相关研究，但是仍然存在以下问题需要探讨：

第一，基于 Copula 函数的信用风险非线性相关关系尚缺少针对我国实际的深入研究。研究表明，信用风险适合于非线性的方法，由于我国企业的历史信用数据积累不足，当前缺少基于 Copula 函数的信用风险的相关关系的深入研究。

第二，目前尚缺少将 Copula 函数应用到中观层次不同维度下信用风险的相关关系的研究。当前，在已有的将 Copula 函数应用到信用风险的研究中，仍以企业等微观层次为对象，尚缺少对更高层次的相关关系的分析，如行业层次的信用风险相关关系。

第七节　模型的比较借鉴与启示

1. 无模型法比较借鉴

违约历史数据法。历史数据方法非常直观，主要借助历史信用数据研究信用风险变动的相关关系。该方法有如下缺点：①对数据的要求较高。②由于违约频次较少，影响了实际的研究结果。特别是在信用评级较高的企业分析中，由于违约样本较少，该方法在较高信用等级样本中基本不能得到有意义的资产相关系数。

信用利差变动法。相比于其他方法，借助信用利差变动估计相关关系的研究相对较少。这个方法非常完美，且与传统的风险资产模型相比，其最大的缺陷在于实践意义不大。债券利差数据非常稀缺，尤其是信贷质量低的债券，这导致估计信用利差的相关关系在实践中不可行。

可以看出，借助历史数据的模型，数据的可获得性以及丰富性是该模型方法面临的主要障碍。

2. 模型法比较借鉴

资产价值模型。该方法的核心思想是当债务人的资产价值低于债务价值时，债务人就会违约，然后将违约相关系数计算转化为资产相关系数计算。该方法的缺点是需要专门估计公司资产的价值，为了保证相关关系计算的准确性，需要保证资产价值计算的准确性，增加计算难度。

相比于无模型方法，渐近单风险因子模型有较多的优势。首先，该方法可以产生时变的违约概率，在 Lucas（1995）的历史数据方法中，违约概率在不同的时间点是固定不变的，该方法可以在整个商业周期发生变化，也可以根据经济状况发生变化，以减少违约概率和损失预测的不确定性。其次，该模型同新巴塞尔协议中的规定类似，结果可以直接与《巴塞尔协议》比较或供巴塞尔委员会参考，且其结果可以直接作为 CreditMetrics 模型或 CreditRisk+模型的输入参数。最后，由于方法是参数的，可以很容易计算置信区间，并进行显著性测试（Hamerle，Liebig and Rösch，2003）。该方法的假设保证最后计算的资本要求能够直接相加，但是基于大数定律完全分散的假设在实际中可能难以保证。

Copula 函数在信用衍生品定价中得到了广泛引用，但是美国次贷危机的发生使该方法的准确性被质疑，衍生品从业人员质疑该方法低估了各个信用产品之间的相关性，从而导致对信用风险的估计过于乐观。

3. 启示

信用风险相关关系测度是进行风险管理的基础，对准确测度各商业银行资本至关重要。本章全面总结了当前国内外信用风险相关关系的研究成果，并根据其特点对这些方法进行了划分，归纳为基于历史数据的无模型方法和模型方法。具体而言，这些方法包括违约历史数据法、基于信用利差变动的方法、基于资产价值相关系数计算违约相关系数方法、渐近单风险因子模型和 Copula 函数。违约历史数据法是最早的相关关系分析方法，但是由于历史数据的积累问题没有得到广泛应用；基于信用利差变动的方法也受限于数据而未能广泛应用；基于资产相关系数计算违约相关系数的方法由于穆迪等信用评级机构的推广应用非常广泛；渐近单风险因子模型是巴塞尔委员会在新《巴塞尔协议》中采用的方法，Copula函数方法由于其良好的性质受到了广泛的关注。这些方法可以作为研究我国资产变动相关关系的参考。

可以看出，无论是巴塞尔委员会还是国外的实证分析，都是以欧美国家的不良数据作为研究对象的，所得到的实证结果也是符合西方银行体系和经济状况的参数。这些参数是否符合我国的实际情况尚不明确，依据这些参数进行监管资本计算是否能够保证我国银行的安全或者是否对我国商业银行提出了过高要求尚缺乏证据。我国由于数据积累较少，方法创新性欠缺，没能在《巴塞尔协议》参数制定中充分发挥应有的作用。建议监管机构和商业银行加强我国信用风险历史数据的积累，我国的相关部门以及学者加强适合我国经济情况的相关关系实证分析和资本监管实证研究。

第七章 基于 RAROC 的信贷组合优化模型

由于相关关系的度量难度较大，准确率难以保证，因此本章介绍一种不依赖相关关系，且更具有可操作性的信贷组合方法。该方法无须计算相关关系，按照回报率高的给予更大的增长率空间的原则设定模型，并借助专家问卷进行调整，可以较好地实现信贷组合管理的目的。相关理论方法较为明确，但未考虑相关关系，且过于依赖历史数据。

第一节 风险调整资本回报率

银行信贷业务需要考虑性价比，即一笔贷款是不是值得去做，不仅要考虑利息和中间业务收入，还要考虑风险水平，而经济资本的占用就是一个较好的度量风险水平的指标。

风险调整资本回报率（Risk Adjusted Return on Capital，RAROC）是信孚银行于 20 世纪 70 年代提出来的，这是一个类似于夏普比率的指标，测度的是承担一单位的风险所带来的收益，最初的目的是度量银行信贷资产组合的风险。该指标的分子测度的是收益，贷款计算中可以用利息收入和中间业务收入减去资金成本、运营成本以及风险成本（预期损失）和税负成本来计算；分母测度的是风险，可以用经济资本来度量。计算公式如下：

$$RAROC = \frac{\text{利息收入}+\text{中间业务收入}-\text{资金成本}-\text{运营成本}-\text{预期损失}-\text{税负成本}}{\text{经济资本}}$$

$$(7-1)$$

该指标综合考量收益和所承担的风险，符合当前监管部门和银行的发展方向，可以以此指标最大化为组合管理的目标设定最优化模型（聂广礼等，2017）。Ong（1999）和 Schröck（2002）等曾经详细地分析了 RAROC 的定义、假设、优势和局限性。与 RAROC 相对应，陈四清（2006）提出了经风险调整的预期收益率，围绕该指标将信贷组合管理分为度量和优化两个阶段，在度量阶段，根据信贷资产组合的行业、地区、产品和客户分布状况，度量一年之内各维度组合产生的净利息收入与其占用的监管资本之比。有兴趣的读者可以参阅相关书籍。

目前，该指标已有较好的实践，如某商业银行基于此指标设定了贷款的准入条件，分别参考全行项目贷款、房地产贷款、流动资金贷款、贸易融资的历史 RAROC 平均值及波动范围，在全行 RAROC 阈值管理的下限之上确定具体贷款品种的 RAROC 基准参考值，如表 7-1 所示。

表 7-1　基于 RAROC 的某商业银行贷款准入管理应用　　　　单位:%

分类	阈值		
	项目贷款	流动资金贷款	贸易贷款
积极进入类	12	16	22
适度进入类	14	18	22
谨慎进入 I 类	16	20	22
谨慎进入 II 类	18	20	22
限制进入类	24	20	22
四大行业	22	20	22
未制定政策行业	16	20	22
房地产贷款（不含保障房）	22		
保障房贷款	16		
小企业贷款（不含贸易融资）	26		
个人贷款	16		

注：四大行业指城建、电力、公路、房地产。

资料来源：黄纪宪，顾柳柳. 贷款 RAROC 模型定价与银行定价比较研究［J］. 金融论坛，2014，19（5）：46-51，57.

RAROC 与我国银行实际管理偏离的情况在这里予以探讨。RAROC 虽然是一个大家都很认可的指标，但在当前的风险收益计量体系下，该指标会给一般意义上高风险的客户算出较一般认知偏低的回报。下面根据客户规模与评级之间的关系，在现有的监管资本计量方案下，通过实例演示分析客户规模与定价水平之间的关系。

为了更直观地模拟，我们以企业规模为研究维度。测算需要使用信用等级计算预期损失、经济资本等指标，根据银行的实际情况，大型企业内部评级占比最高的是 AA+，中型企业占比最高的是 AA-，小企业占比最高的是 A-。以这三个等级为代表，分析大、中、小企业要达到相近的 RAROC 水平所需要的定价，具体如表7-2所示。从表7-2可以看出，假定基准利率为6%，中型企业的 RAROC 如果要达到大型企业基准利率的回报水平（33.33%），利率需要上浮20%，此时的 RAROC 为34.84%。小型企业的 RAROC 如果要达到大型企业（AA+）基准利率的回报水平（33.33%），利率需要上浮50%，此时 RAROC 为34.95%。小型企业的 RAROC 如果要达到中型企业基准利率的回报水平（21%），利率需要上浮20%~30%。由于小企业的管理成本高，计算时采用的平均分配实际上对小企业是优惠的，考虑到小企业管理成本高，小企业贷款如果要达到大、中型企业的资本回报率，需要更高的上浮水平。

表7-2 不同规模客户的模拟计算 单位:%

	贷款额度	基准利率	上浮	执行利率	PD	资本系数	中间业务收入	运营成本	资金成本	RAROC
大型企业（AA+）	100	6	0	6	0.44	5.27	0.87	0.87	3.45	33.33
	100	6	10	6.6	0.44	5.27	0.96	0.87	3.45	43.10
	100	6	20	7.2	0.44	5.27	1.04	0.87	3.45	52.86
	100	6	30	7.8	0.44	5.27	1.13	0.87	3.45	62.63
中型企业（AA-）	100	6	0	6	1.02	7.44	0.87	0.87	3.45	21.00
	100	6	10	6.6	1.02	7.44	0.96	0.87	3.45	27.92
	100	6	20	7.2	1.02	7.44	1.04	0.87	3.45	34.84
	100	6	30	7.8	1.02	7.44	1.13	0.87	3.45	41.76
小企业（A-）	100	6	0	6	2.82	10.10	0.87	0.87	3.45	9.46
	100	6	10	6.6	2.82	10.10	0.96	0.87	3.45	14.56
	100	6	20	7.2	2.82	10.10	1.04	0.87	3.45	19.66
	100	6	30	7.8	2.82	10.10	1.13	0.87	3.45	24.76
	100	6	40	8.4	2.82	10.10	1.22	0.87	3.45	29.85
	100	6	50	9	2.82	10.10	1.30	0.87	3.45	34.95
	100	6	60	9.6	2.82	10.10	1.39	0.87	3.45	40.05

注：各信用等级的 LGD 取45%，PD 按照商业银行的实际情况进行假设，资本系数采用《资本办法》内评法的计量方案，M 取2.5。根据上述 PD 和 LGD 的假设，AA+、AA- 和 A- 的预期损失率分别为0.198%、0.459%和1.269%。中间业务收入取利息收入的14.47%，管理费用根据贷款余额均摊，取贷款余额的0.87%，资金成本统一设定为3.45%。

RAROC 也可以用于贷款定价，即设定 RAROC 为固定值，反推得到该值需要的贷款价格。黄纪宪和顾柳柳（2014）基于银行数据验证了若以 RAROC 为定价标准，会导致对高风险等级的客户提出过高的价格要求；反过来说，如果我们基于现在的价格计算 RAROC，会导致高风险等级客户的回报率非常低。该研究采集了某国有商业银行江苏地区的、期限为 1 年以内的 16464 个贷款样本。从贷款合同来看，总体上 RAROC 定价低于银行实际定价，但是按照基准利率浮动模式确定的银行实际价格均在 7% 以下，而 RAROC 定价模式下的单笔贷款的最高价格达到了 13.02%，说明根据公式计算相对高风险等级贷款，需要较高的利率来补偿风险损失。对样本企业两种模式的定价结果进行比较，结果显示，RAROC 定价模型下的平均利率比银行实际价格的平均利率低 0.75个百分点，但是定价区间更广，利率极差为 9.41%，比银行实际价格的区间要宽 8.45%，贷款利率的标准差明显较高，说明贷款利率更具多样性，RAROC的价格范围更宽泛、更灵活（见表 7-3）。这一实证数据也证实了前面论述的偏离问题。

表 7-3　银行实际定价和 RAROC 定价情况　　　　　　　　单位:%

定价模式	平均值	标准差	最小值	最大值
银行实际定价	5.94	0.15	5.60	6.56
RAROC 定价	5.19	0.80	3.61	13.02

资料来源：黄纪宪，顾柳柳.贷款 RAROC 模型定价与银行定价比较研究［J］.金融论坛，2014，19(5)：46-51，57.

第二节　组合模型设立

　　RAROC 最大化模型是将一定条件下风险调整后的资本回报率最大化作为组合管理目标。目标函数是使信贷资产组合的存量和增量的 RAROC 最大，按照我们惯常的思维，应该把所有的新增规模都投放到回报率高的维度，但是考虑到市场实际，不能把所有的贷款都投放到这个市场（假设房地产 RAROC 最高，不能将该行所有的新增贷款都投放到房地产行业）。根据资产组合管理风险分散的原理，通过函数设置，使 RAROC 较大的维度在增长率上给予更大的空间，RAROC较小的维度适当压低增长率。这里面实际有一个假设，就是回报率高的维度在未来仍能保持较高的回报率，因此要给予更高的增长率，但这个假设能否成立是有一定不确定性的。

　　为防止回报率最高的"赢者通吃"，通过以下函数设定，使 RAROC 较大的维度有更高的增长率，RAROC 较小的维度有较低的增长率。

目标函数：

$$\max \sum_i w_i RAROC_i \left[1 + R\left(\frac{RAROC_i - RAROC_{\min}}{RAROC_{\max} - RAROC_{\min}} \right)^{\alpha} + \beta \right] \qquad (7-2)$$

约束条件：

$$\sum_i w_i \left[R\left(\frac{RAROC_i - RAROC_{\min}}{RAROC_{\max} - RAROC_{\min}} \right)^{\alpha} + \beta \right] = G \qquad (7-3)$$

以行业为例，$RAROC_i$ 为行业 i 的风险调整资本回报率；R 为各个行业经济资本增长率的极差，即行业贷款的经济资本最大的增长率和最小的增长率之差，计算时需要根据银行实际情况设定；w_i 表示行业 i 贷款的经济资本占全部贷款经济资本的比例；G 是全行贷款的经济资本的目标增长率；α 和 β 是模型需要求解的参数。其他维度的计算（如区域、客户、产品、期限、担保等）与行业相同。

模型的基本目标是最大化存量和新增贷款的 RAROC。目标函数可以分为 $w_i RAROC_i$ 和 $w_i RAROC_i \left[R\left(\frac{RAROC_i - RAROC_{\min}}{RAROC_{\max} - RAROC_{\min}} \right)^{\alpha} + \beta \right]$ 两部分，第一部分是行业 i 存量贷款的 RAROC，第二部分是行业 i 新增贷款的 RAROC，其中 $R\left(\frac{RAROC_i - RAROC_{\min}}{RAROC_{\max} - RAROC_{\min}} \right)^{\alpha} + \beta$ 是行业 i 贷款的经济资本增长率。约束条件是各个行业贷款的经济资本增长率加权要等于全行全部贷款的经济资本增长率，即

$$\sum_i w_i \left[R\left(\frac{RAROC_i - RAROC_{\min}}{RAROC_{\max} - RAROC_{\min}} \right)^{\alpha} + \beta \right] = G$$

行业 i 贷款占用的经济资本增长率为 $R\left(\frac{RAROC_i - RAROC_{\min}}{RAROC_{\max} - RAROC_{\min}} \right)^{\alpha} + \beta$。当 $RAROC_i = RAROC_{\max}$ 时，即该行业为 RAROC 最大的行业，其经济资本增长率为 $R + \beta$；当 $RAROC_i = RAROC_{\min}$ 时，即该行业为 RAROC 最小的行业，其增长率为 β。R 是 RAROC 最大行业的增长率同 RAROC 最小行业的增长率之差。得到经济资本增长率后，可以通过贷款与经济资本之间的映射关系，将经济资本的增长率转化为贷款的增长率（聂广礼等，2017）。

参数对组合配置有什么样的影响呢？α 和 β 是需要估计的参数，从表 7-4 和图 7-1 可以看到，α 越大，分配越倾向于高回报的行业；α 越小，其在行业之间的分配越均匀；如果取 1，则按照线性分配。

表 7-4　α 对行业增长率影响的计算示例（R=15%）　　　　单位:%

序号	行业 RAROC	行业 RAROC 归一化	行业增长率		
			α=1	α=3	α=5
			β=10%	β=10%	β=10%
1	5.0	0.0	10.0	10.0	10.0
2	6.0	7.0	11.1	10.0	10.0
3	7.0	14.0	12.1	10.0	10.0
4	8.0	21.0	13.2	10.1	10.0
5	9.0	29.0	14.3	10.3	10.0
6	10.0	36.0	15.4	10.7	10.1
7	11.0	43.0	16.4	11.2	10.2
8	12.0	50.0	17.5	11.9	10.5
9	13.0	57.0	18.6	12.8	10.9
10	14.0	64.0	19.6	14.0	11.6
11	15.0	71.0	20.7	15.5	12.8
12	16.0	79.0	21.8	17.3	14.5
13	17.0	86.0	22.9	19.4	16.9
14	18.0	93.0	23.9	22.0	20.4
15	19.0	100.0	25.0	25.0	25.0

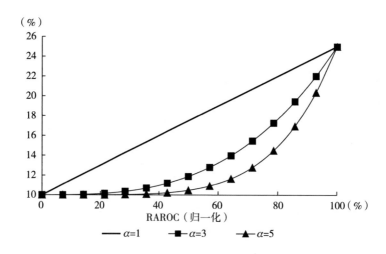

图 7-1　α 对行业增长率的影响（R=15%）

此部分再次以行业为例介绍建模的基本原理：一是鼓励 RAROC 较大的行业

发展，确定较高的经济资本增速和较多的贷款增量，RAROC 较小的行业应适当压低增速。二是依据全行经济资本（或者贷款）目标增长率，设定增长最快的行业与增长最慢的行业的增长率之差，通过模型进行最优化求解，计算出 RA-ROC 最大化条件下各行业的模型建议增长率。三是由于模型是基于历史数据计算的，在模型求解的基础上还需根据宏观经济发展趋势、行业运行态势和银行自身经营战略等进行调整。

需要注意的是，一方面，这个模型中的回报率是基于历史数据计算的，是对过去信息的反映，但对未来的信息考虑不够，在模型求解的基础上还需根据宏观经济及行业政策、行业运行态势、同业信贷资产情况、专家判断等进行调整。另一方面，模型中的很多参数是对经济资本的分析，但最终可操作的控制是要落实到贷款额度上的，除了上文提到的通过计算经济资本映射的方法外，还可以直接用贷款的参数来替代经济资本的相关参数，如用贷款的增长率替代贷款的经济资本增长率。上面的分析是基于行业进行的分析，也可以用于区域、期限、产品等维度的组合分析。

第三节　数据处理及计算

一、基础数据

本节讨论 RAROC 计算所需的基础数据。银行的基础数据是按照凭证来记录的，每笔凭证记录了贷款额度、贷款的基准利率和浮动幅度、贷款的起讫时间等。

本章计算需要准备的数据包括凭证、中间业务收入、内部资金转移价格、运营成本、预期损失和经济资本相关数据。其中，凭证数据需要包括凭证客户信息（如所属行业、区域、企业规模、内部评级等）、贷款价格（如基准利率、浮动幅度、重定价周期）、担保信息（多种担保方式的要按照一定的规则拆分或认定，如有抵押和保证混合，可以认定为抵押）。需要注意的是，如果商业银行信息系统记录的利息是含税数据，也就是包括增值税的数据，则需要做价税分离，用不包括增值税的数据进行计算。一般只计算正常类贷款，不包括不良贷款。

RAROC 的计算以自然年度为单位，如计算 2021 年度的回报率，计算所用的数据就是 2021 年整年的数据。但在实际计算过程中会遇到问题，由于凭证的生命周期过于复杂，有些凭证是之前年度发放的贷款在计算年度到期（如贷款 A），有些凭证是当年发放的当年到期（如贷款 B），也有些凭证是当年发放年末未到期（如贷款 C），还有凭证是以前年度发放当年年末未到期（如贷款 D）等（见图 7-2）。在计算过程中可以根据凭证的历史情况分段详细计算，但是由于经济资本的占用是一个时点数（年末数），如果分段计算会增加计算难度。因此，可以采用简便的算法，即以年末未到期的凭证为计算的基础，也就是只计算年末贷款余额不为 0 的凭证，对于年内到期的不再计算，对于年中发放的假设年初已经发放。这种计算方法虽然会有偏差，但由于银行贷款多为还旧借新等滚续业务，总体差异不大，故仍在可接受范围内。当然，如果能够根据贷款生命周期准确测度收息和资本占用情况，也可以用该方法。

如图 7-2 所示，贷款 A 在我们计算的截止日期已经到期，不参与计算；贷款 B 年内发放年内到期，不参与计算；贷款 C 年内发放，年末未到期，该笔贷款的计算时长为从年初到年末，假设该笔贷款年初就已经发放（也可以将该笔贷款理解为贷款 A 的接续贷款），计算从年初到年末的收益；贷款 D 年初已发放，年末未到期，可以参与计算。

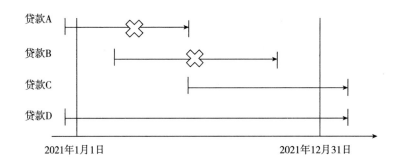

图 7-2　不同贷款纳入计算的情况

利息收入的计算。利息收入是贷款最重要的收入形式，因为是以年末所有余额不为 0 的贷款为计算基数的，所以用年末仍有余额的凭证为计算基础，根据凭证记载的基准利率（注意是贷款基准利率还是贷款基础利率）、浮动幅度（注意是浮点还是浮比）、重定价周期（按月，按季，还是按年）和贷款签订时间判断贷款在本年度的收息情况。按照前面介绍的样本筛选标准，年中发放的贷款（如贷款 C）也要按照全年计算利息（因为有一些年中到期的贷款我们没有纳入计算，如贷款 A 和贷款 B）。

中间业务收入。商业银行在进行客户选择和贷款时较为看重中间业务收入。银行如果能够详细地记录每个客户中间业务的收入情况，便可以直接用中间业务收入的数据。但实际情况是，很多中间业务收入是在柜台或者其他渠道缴纳的，很难完整地归集，但在实践中可以根据归集的数据进行分摊。例如，银行实际会计记录的中间业务收入是 100 亿元，而记录的具体客户的中间业务收入是 50 亿元，可以通过将有中间业务收入记录的客户的中间业务收入扩大两倍的方法，把实际的中间业务收入分摊下去。由于我们最终计算的是行业或者客户等中观维度的回报情况，这样的分摊对最终结果的影响不大。

资金成本。银行内部一般都建立了内部资金转移价格（FTP）制度，可以以资金转移价格为计算基础计算每笔凭证的资金成本。

运营成本。运营成本是企业在运营过程中产生的成本，运营成本的核算需要根据管理会计的情况进行计算，如果银行能够独立核算每笔凭证的运营成本，则可以直接使用；如果没有好的管理会计进行支持，不能核算，则可以按照贷款余额进行分摊，将与贷款相关的管理费用按照余额分摊到每笔贷款上。更精细的计算是，分配时考虑贷款规模，如对于小企业计算更高成本。

预期损失。银行经营信贷需要承担风险，预期损失实际上是预期之内的风险成本，这部分成本需要用定价予以弥补，也就是按照式（7-4）计算的损失情况。这个数据可以根据银行的内部评级进行计算。

$$EL = EAD \times PD \times LGD \tag{7-4}$$

经济资本。通过经济资本测度非预期损失是 RAROC 计算的分母项，也是银行面临的真正风险。如果银行没有独立的经济资本计算方案，可以采用监管资本的计算方法。

税负成本包括增值税及其附加税和所得税，分别按照各自的税率和计税基础进行计算。营改增后需要做价税分离，即利息收入等采用价税分离后的收入，成本也采用不含增值税的价格。所得税采用应纳税所得额，所得税率为 25%。

计算的维度。在进行信贷组合管理时，维度是一个很重要的标准。本书前面章节也提到可以从行业、区域、客户规模、客户信用等级、期限、产品、担保等维度对信贷组合管理进行分析。

二、专家调整

由于依靠 RAROC 计算回报率是以历史数据为基础进行计算的，因此需要通过专家打分来增强模型的前瞻性和预测性。在模型测算的各行业增长额基础上，根据专家打分对模型结果进行调整。建议增长额度的调整公式可设定如下：

$$H_i^a = H_i^m + (s_i - \bar{s}) \times M$$

$$\bar{s} = \sum_{i=1}^{n} s_i / n \tag{7-5}$$

以行业计算为例，H_i^a 是行业 i 根据专家打分调整后的建议信贷增长额度；H_i^m

是行业 i 根据组合管理模型计算得到的模型增长额；s_i 是行业 i 的专家打分；$\bar{s}$ 是所有参与计算的行业专家所打分数的均值；M 是调节系数，代表比均值高 1 分的信贷规模变化额度，如 M 可以取值 0.5。

银行可以从行业、区域、产品、客户、期限等维度设计专家打分表，请银行内部相关专家进行预判。打分专家可以来自总行和分行的客户、信贷、风险等相关部门，要求从事相关工作较长时间，能对行业、区域、产品、客户、期限等维度的信贷发展前景做出专业判断。打分最好采用实名制。

三、计算维度

本部分对不同维度下信贷组合管理模型的计算进行明确。

1. 行业维度

由于行业之间的差异以及行业内部企业之间具有较强的相似性，因此行业是进行 RAROC 管理的非常好的维度。行业可以按照国民经济行业分类或者银行内部的行业分类划分维度。计算层级可以按照一级行业维度计算，也可以从更细的维度计算，具体情况根据内部管理的要求进行安排，可以参见第八章的讨论。

2. 区域维度

区域维度可以分为三个层次，分别是一级分行、经济区域和特色区域。目前，我国商业银行都是实行总分行制度，一级分行是进行分行管理的重要抓手，经济区域和特色区域是国家政策给予特殊支持的区域，可以根据需要进行分析和研究。经济区域可以根据表 3-3 或者银行内部需求进行划分。特色区域包括国家已出台支持政策的重点区域、国家级特色经济区和产业园区，可以参见第九章的讨论。

3. 客户维度

客户维度可以从客户类型、客户规模、信用等级等角度分析不同信贷投放情景下的成本收益和资本占用情况，为银行的客户结构调整提供参考。按照客户类型，银行客户可以分为法人客户和个人客户；按照客户规模，法人客户可以分为大型企业、中型企业和小微企业。从信用等级角度，可以测算不同信用等级客户的回报，具体见第十章的讨论。

4. 产品维度

银行的信贷产品满足了不同的应用需求，有着独特的风险收益特征，一般而言，可以分为固定资产贷款、流动资金贷款、并购贷款、贸易融资、银行承兑汇票、保函、信用证等。

5. 期限维度

银行贷款都有一定的期限，可以分别计算短期贷款、中期贷款、长期贷款等不同期限的 RAROC。

6. 担保方式维度

担保方式是银行贷款的第二还款来源，担保方式既可以影响违约率，又可以影响违约损失率，商业银行一般会对信用贷款等风险缓释手段偏弱的贷款主体提出更高的要求，可以分别测算抵押、质押、保证、信用贷款的 RAROC。

上面的维度也可以进行交叉分析，如期限与产品交叉分析短期流贷和中期流贷的回报，行业与产品交叉分析不同行业的各种产品的回报情况。本书在接下来的三章主要进行前三个维度的计算分析。

第八章　行业维度的组合管理

行业是商业银行中观维度信贷配置管理的重要角度，行业之间的信用风险相关关系是组合配置的基础。本章根据当前信用风险相关关系的国内外研究成果，提出了适应我国信贷管理实际情况的行业层次信用风险相关关系的研究方法，即根据默顿理论，利用上市公司数据计算各个上市公司的违约距离，然后根据违约距离的变动情况，借用无模型方法研究行业层次的信用风险相关系数。在相关系数测度结果的基础上，再探索边际风险贡献和行业组合建议。此外，本章还基于第七章介绍的 RAROC 方法进行行业组合分析研究。

第一节　行业是信贷组合管理的重要维度

行业是这样的一个群体，这个群体的成员由于其产品（包括有形与无形）在很大程度上的可相互替代性而处于一种彼此紧密联系的状态，并因为产品可替代性的差异而与其他企业群体相区别。在国民经济中，一些行业的增长与全国经济增长保持同步，一些行业的增长率高于全国经济增长率，而有一些行业的增长率则低于全国经济的增长率。鉴于这一现象，如果选择某企业进行信贷投放，那么研究其所属的行业是必要的。

一、行业维度的违约风险

由于新技术和人类需求的变化，行业轮动从来没有停止。有些人认为，其实各个行业均有好坏企业。虽然新飞电器陷入了财务困境，但这并不意味着冰箱行业的其他企业就不行了。从银行实际经营中遭受的损失看，从好行业里选出一个好企业要远比从坏行业里选出一个好企业成本低、成功概率大。既然如此，如果从股东价值最大化的角度来看，银行何必把自己放到一个更加困难的位置去支持一个违约概率更大的行业中的企业。虽然每个行业中既有经营较好的公司，又有经营较差的公司，但是行业因素的影响仍是主要的。行业在信贷质量中起到了一定的决定性作用，由于商业银行特别是大型银行在全国众多行业和区域都有信贷投放，因此需要持续关注行业的变动，制定行业的组合政策（樊志刚和何崇阳，2010）。另外，从国内外的实践经验来看，最有价值也最具有可操作性的组合管理是从行业角度进行的组合管理。因此，本章将以行业为研究对象，结合我国的实际情况，对行业角度的组合进行深层次研究，探讨我国各行业间的相关关系，寻找行业维度信贷组合管理的方法。

行业的系统性风险是整个经济系统风险的重要组成部分。Lucas（1995）认为，由于同一行业内的公司受相同的行业环境的影响，因此，同一行业的公司存在违约相关关系，他指出 1982~1986 年美国 22 家石油和石油服务相关公司集中出现违约；1970~1977 年每年都会有一家美国铁路集团出现违约；航空业则在 1970 年和 1971 年出现了 3 起违约，1989~1991 年出现了 5 起违约贷款；1990 年宾馆娱乐业集中出现了 10 起违约；1990~1992 年零售业出现了 20 多起违约，有四家建筑/房地产业公司在 1992 年集中违约。不同行业的公司由于共同的输入或者共享某一区域的市场，彼此之间也有相关关系，如 1986 年美国石油价格暴跌对得克萨斯州的各个行业的企业都产生了负面的影响。美国的有线电视/电信行业在 2001 年和 2002 年也出现了集中违约（Zhang et al.，2008）。基于行业内部公司相似的信用风险特征和行业之间的相互影响，可以以行业为对象进行信贷组合管理。然而，当前的贷款研究仍以单笔贷款为研究对象，即使对行业进行划分，也是为了研究行业内部的相关关系，而非行业之间的相关关系。因此，需要从行业的中观维度进行组合管理研究，分析各个行业的信用风险相关关系。胡利琴等（2009）提出要在考虑风险相关性的基础上，构建我国商业银行风险整合和资本配置的一致性模型。

从我国商业银行的实践可以看出行业在信贷资产质量中的重要影响。我国银行业的信贷投放及资产质量的行业特点本书已在第三章进行了分析。2021 年下半年开始，我国商业银行资产质量经受了房地产等行业的考验，下面通过几个行业案例来阐述行业因素对企业经营的影响。

从光伏行业可以清晰地看到行业因素对企业的深刻影响。在我国光伏行业的发展初期，光伏行业的上游晶体硅材料和下游发电市场"两头在外"，上游的晶体硅材料被欧美和日本的传统七大厂商所垄断，主要原材料设备基本依赖进口，下游的光伏产品 98%靠出口，而且欧美是主要出口市场。2011~2013 年，光伏行业遭受欧美"双反"，导致中国对欧洲出口的光伏产品数量断崖式下跌。2011 年起，光伏产品价格急速下滑，多晶硅电池企业出现大面积亏损。根据中国有色金属工业协会硅业分会统计，困难时期国内 40 多家多晶硅企业除六七家上市公司外，其余均陷入全面停产状态，大部分企业处于亏损状态。企业的经营困难自然会影响银行信贷的安全，无锡尚德太阳能电力有限公司、江西赛维 LDK 太阳能高科技有限公司等知名上市企业均因"双反"而在 2013~2015 年启动破产重整程序。2016 年 9 月 30 日，新余市中级人民法院裁定批准江西赛维 LDK 太阳能高科技有限公司、赛维 LDK 太阳能高科技（新余）有限公司重整计划，后因投资人不能执行重整计划，2018 年 1 月新余市中级人民法院裁定批准两公司重整计划，并终止原重整计划的执行，二次裁定后普通债权的清偿率降至 2.3%，各金融机构遭受了巨大损失[①]（董兢和吴红毓然，2017；董兢，2018）。虽然光伏行业由于技术进步和碳达峰政策重新受到了资本市场的认可，但是其曾经给银行带来的伤害仍需要较长时间来消化。

纺织服装行业的集体衰退也反映了行业因素的巨大威力。国产运动品牌由于过高地估计了 2008 年以后的需求增长，过度扩张，之后受国外市场需求疲软、国内市场竞争激烈、人力及原材料成本上涨等因素的影响，服装行业高库存现象突出，行业整体风险上升。2013 年 3 月 26 日，李宁的业绩显示，2012 年店面数净减少 1821 家，亏损近 19.8 亿元，集团收入下降二成，降至 67 亿元。2012 年除了特步收入微涨外，安踏、361°、匹克分别下滑了 14%、11%、37%；与之相应地，净利润下滑了一成到六成；关闭的门店数合计超 3800 家[②]。此时，商业银行也加强了风险监管，如中国建设银行威海分行为防范服装行业风险，对该行业客户进行全面风险排查，研究制定服装行业风险管控措施，防范行业风险集中暴露（林海青，2013）。之后，国家出台相关政策扭转了行业颓势。2014 年，《关于加快发展体育产业促进体育消费的若干意见》首次把全民健身上升为国家战略，将体育产业定位为朝阳产业，全面开启国民运动热潮。2015 年，服装企业的经营状况有所好转，门店数重新增长。近年，随着国潮的流行，李宁等国产运动品牌重新得到市场认可。

二、行业维度的违约损失率

行业不仅会影响企业违约概率，还会影响违约损失率（LGD）。有研究分析了违约率与回收率的关系，得到回收率 Recovery Rate = 0.51 - 2.61×PD（R^2 = 0.51）（Altman et al.，2006）、Recovery Rate = 0.50284 - 6.302×PD（R^2 = 0.5956）（Varma et al.，2003）等经验公式，可以看到，回收率（即 1-LGD）与违约率是

---

① 江西赛维二次重整案结 普通债权清偿率降至 2.3% [EB/OL]. [2018-01-24]. https://finance. caixin. com/2018-01-24/101202101. html.

② 参见 http: //finance. people. com. cn/n/2013/0328/c70846-20948670. html。

相关的，行业会影响违约，自然也会影响回收率。有学者用欧洲 26 年的租赁行业数据对回收率做了相关研究，这个研究对资产作为负债抵押的有效价值提供了很有价值的信息。学者关注了汽车、仪器设备和房地产三个行业，他们计算的回收率是转售资产的回收值除以主要的违约负债值（见表 8-1）。很明显，他们所得到的平均回收率依赖于租赁分期偿还的安排，可以看到，不同行业之间的均值、标准差有较大差异（见表 8-2）。

表 8-1　资产租赁平均回收率呈现的行业差异　　　　　　　单位：%

转售的折现回收率	汽车行业（均值）	仪器设备行业（均值）	房地产（均值）
六个国家总数的平均	68	40	68

注：折现率为 10%。

资料来源：SERVIGNY A D, RENAULT O, 2004. Measuring and Managing Credit Risk ［M］. New York：MCGraw-Hill.

表 8-2　资产租赁的回收率存在较大的波动性　　　　　　　单位：%

国家	汽车行业（标准差）	仪器设备行业（标准差）	房地产（标准差）
奥地利	110.3	39	43.3
比利时	40.4	53.9	4.5
法国	39.8	29.4	NA
意大利	39.4	31	63.4
卢森堡	25.6	42.1	NA
瑞典	23.9	41.5	NA
标准差	66	33	52

注：折现率为 10%，给定的回收过程相当长。

资料来源：SERVIGNY A D, RENAULT O, 2004. Measuring and Managing Credit Risk ［M］. New York：MCGraw-Hill.

图 8-1 是标准普尔的不同行业历史回收率，列出的这些行业是有 9 年或者更长观察期的行业。通过比较不同行业的平均回收率可以看出，债务人所处的行业对回收率来说非常重要。

越来越多的实证研究表明，行业因素对债务回收率具有一定影响。Altman 和 Kishore（1996）的研究表明，行业以及债券级别直接影响了债券的违约损失率。他们将 1971~1995 年的 696 组债券违约数据按照标准产业分类（Standard Industrial Classification, SIC）进行划分，先分为 61 类，其后再归结为 18 类，然后统计各个类别每 100 美元债券的平均回收率、加权回收率以及中值等指标，具体数据如表 8-3 所示。

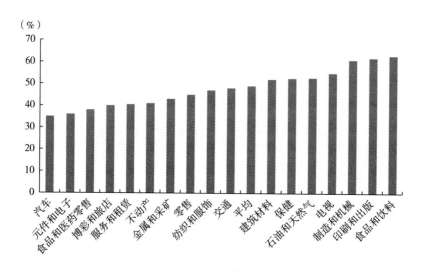

图 8-1　标准普尔不同产业的平均总回收率

资料来源：标准普尔风险解决方案，引用自查尔斯·史密森.信贷资产组合管理 [M].张继红，陈德胜，吴凌云，常良峰，译.北京：中国人民大学出版社，2006.

表 8-3　1971～1995 年按照行业分类的违约债券回收率　　　单位：美元

行业 （Industry）	行业代码 （SIC Code）	样本数 （Number of Observations）	回收率 （Recovery Rate）			标准差 （Standard Deviation）
			平均值 （Average）	加权 （Weighted）	中位数 （Median）	
公共事业 （Public utilities）	490	56	70.47	65.48	79.07	19.46
化学、石油、橡胶和塑料制品 （Chemicals, petroleum, rubber, and plastic products）	280, 290, 300	35	62.73	80.39	71.88	27.10
机械、仪器及相关产品 （Machinery, instruments, and re- lated products）	350, 360, 380	36	48.74	44.75	47.50	20.13
服务业-商业和个人 （Services - business and person- al）	470, 632, 720, 730	14	46.23	50.01	41.50	25.03

续表

行业 (Industry)	行业代码 (SIC Code)	样本数 (Number of Observations)	回收率 (Recovery Rate)			标准差 (Standard Deviation)
			平均值 (Average)	加权 (Weighted)	中位数 (Median)	
食品和同类产品 (Food and kindred products)	200	18	45.28	37.4	41.50	21.67
批发和零售业 (Wholesale and retail trade)	500, 510, 520	12	44.00	48.9	37.32	22.14
多元制造业 (Diversified manufacturing)	390, 998	20	42.29	29.49	33.88	24.98
赌场、酒店和娱乐 (Casino, hotel, and recreation)	770, 790	21	40.15	39.74	28.00	25.66
建筑材料、金属及制品 (Building materials, metals, and fabricated products)	320, 330, 340	68	38.76	29.64	37.75	22.86
运输和运输设备 (Transportation and transportation equipment)	370, 410, 420, 450	52	38.42	41.12	37.13	27.98
通信、广播、电影制作、印刷和出版 (Communication, broadcasting, movie production, printing, and publishing)	270, 480, 780	65	37.08	39.34	34.50	20.79
金融机构 (Financial institutions)	600, 610, 620, 630, 670	66	35.69	35.44	32.15	25.72
建筑和房地产业 (Construction and real estate)	150, 650	35	35.27	28.58	24.00	28.69
百货商店 (General merchandise stores)	530, 540, 560, 570, 580, 590	89	33.16	29.35	30.00	20.47
采矿和石油钻探 (Mining and petroleum drilling)	100, 130	45	33.02	31.83	32.00	18.01
纺织和服装产品 (Textile and apparel products)	220, 230	31	31.66	33.72	31.13	15.24

续表

行业 (Industry)	行业代码 (SIC Code)	样本数 (Number of Observations)	回收率 (Recovery Rate)			标准差 (Standard Deviation)
			平均值 (Average)	加权 (Weighted)	中位数 (Median)	
木材、纸张和皮革制品 (Wood, paper, and leather products)	240, 250, 260, 310	11	29.77	24.30	18.25	24.38
住宿、医院和护理设施 (Lodging, hospitals, and nursing facilities)	700 through 890	22	26.49	19.61	16.00	22.65
总计 (Total)		696	41	39.11	36.25	25.56

资料来源：ALTMAN E I, KISHORE V M, 1996. Almost Everything You Wanted to Know about Recoveries on Defaulted Bonds〔J〕. Financial Analysts Journal, 52：57-64.

由表8-3可以看出，实物资产密集型行业的回报率最高，如公用事业的平均回收率达70.47%，化工、石油、橡胶和塑料制品行业的回收率达62.73%，住宿、医院和护理设施行业的回收率最低，平均回收率为26.49%，加权回收率不足20%。学者还对这些行业进行了回归分析，发现行业之间的差异在0.05的水平下显著，这些行业之间的差异绝非偶然现象，与行业之间的资本性质以及竞争结构具有内在关联。

随着统计数据的不断完善，后来又有部分学者对不同行业债务的LGD进行了统计分析。Mora等（2012）运用穆迪1970~2008年的违约证券回收率数据，按照SIC代码进行分类，结果如表8-4所示。由表8-4可以看出，这与Altman和Kishore的研究结果大致相近，公共事业有最高的回收率，为57.5%，低于之前研究结果的70%。平均回收率最低的是金融、保险和房地产业，为24.6%，这与Altman等的研究结果相比，低了10个百分点左右。整体来看，债务回收率的分布大致相同，但是数值整体下降了10个百分点左右。可以看到同一行业的回收率也是处于波动之中的。

表8-4　1970~2008年美国违约债券行业分类统计

行业	违约总数 （起）	违约公司数 （家）	回收率 平均值（%）	回收率 中值（%）	回收率 标准差（%）
总计	4422	1307	39.3	30.5	29.1

续表

行业	违约总数（起）	违约公司数（家）	回收率平均值（%）	回收率中值（%）	回收率标准差（%）
农林牧渔	18	6	39.9	46.5	25.6
采矿	81	38	50.8	48.6	26.0
建筑	36	14	28.7	20.0	31.4
制造	726	239	43.7	41.4	29.1
交通运输	475	33	32.7	28.3	16.3
通信	331	87	39.6	30.0	31.0
公共事业	146	22	57.5	62.9	31.8
批发贸易	87	37	43.2	48.5	33.2
零售贸易	235	91	43.3	41.0	29.8
金融、保险和房地产	1020	64	24.6	10.0	27.7
服务	339	115	49.3	56.8	31.2

注：由于部分债券没有行业代码，各行业的数据之和小于表中的总计。

资料来源：MORA N, 2012. What Determines Creditor Recovery Rate? [J] . Economic Review, 97: 79–109.

同一行业的不同债权类型的回收率也有差异。Grossman 等（2001）采用 1997~2000 年具有惠誉评级的债券和贷款进行统计，发现行业之间的债券和贷款差异显著。他们将行业再次划分为资产密集型、服务导向型和零售业三大类，并分别统计了贷款和债券的平均回报率。结果发现，资产密集型行业的贷款回收率最高，达 95%，而服务导向型行业的贷款回收率为 42%；债券的整体回收率要低于贷款，其中服务导向型行业的债券回收率最低，为 3%（见表 8-5）。如此大类的划分，加上统计时间跨度较短，统计数据可能存在代表性不强的问题，但也从侧面反映了回收率的行业差异。

表 8-5 行业分布对回收率的影响 单位:%

行业, 资产类型	回收率
资产密集型, 贷款	95
资产密集型, 债券	60
服务导向型, 贷款	42
服务导向型, 债券	3
零售业（超级市场）, 贷款	89

资料来源：GROSSMAN R S, SHEA O, BONELI S, 2001. Bank Loan and Bond Recovery Study: 1997–2000 [R] . Fitch Loan Products Special Report, 1–23.

此外，相比于债券，商业银行对其发放的贷款有更严格的审批程序，对发放贷款公司的财务状况了解更加充分，此外，根据绝对优先准则，银行贷款的受偿顺序要在普通债券之前，因而一旦发生违约，银行贷款的回收率要高于债券。根据穆迪公司 2015 年的投资者研究报告，对 1987~2015 年的全球违约债务数据进行统计，结果发现，银行贷款的平均回收率为 80.4%；优先有担保债券的平均回收率为 63.3%；优先无担保债券的平均回收率为 48.8%；次级债的平均回收率最低，为 28.2%。

刘逸凡等（2020）研究了国内 2014 年至 2019 年 8 月的违约债券回收率情况，从违约企业所属行业来看，结束偿付流程最多的是综合性行业，其次是采掘行业，数量较少的是机械设备、化工、商务贸易等行业。综合性行业的回收率和折价率（债券违约 30 天后市场最低的卖出报价除以面值）最高，折价率中位数为 72.81%。机械设备、钢铁、化工等重资产或者周期性行业的回收时间较久，偿付比例低，主要是因为这些行业在违约主体的资产处置上存在所有权关系不清晰等问题，需要较长时间进行所有权梳理。

第二节　行业相关关系研究现状

违约相关性的测度在第六章进行过详细介绍。研究中观维度的行业组合管理的第一步就是要分析各个行业之间的信用风险变动的相关性。相关性的存在被一些国际商业机构通过实践所证明，文献提及较多的四大风险管理模型分别是基于期权定价理论的 KMV 模型、基于 VaR 的 CreditMetrics 模型、基于保险精算的 Credit Risk+模型，以及基于宏观经济变量的 Credit Portfolio View 模型。Morgan（1997）在 CreditMetrics 的技术报告中首先证明了相关关系的存在，其他三大风险管理模型无一不对相关关系进行深入研究。

行业相关关系也有相应的研究。借助于模型方法的思想，行业因素也被引入到模型中。Pitts（2004）根据模型方法的思想，将行业变动作为布朗运动过程引入企业资产价值变动中。Stevenson 和 Fadil（1995）以 Dun & Bradstreet's 上的 Business Failure Record 为数据来源，研究了 33 个行业指数，这些指数之间的相关关系作为行业层面的违约相关关系的估计。除信用风险本身，信用风险与操作风险的相关关系也引起了重视（陈颖和纪晓峰，2009）。

国际知名信用评级公司穆迪进行了较多的信用风险相关研究，开发了 KMV RISKCALC™，该模型将市场的系统风险和企业特有风险结合起来，分析没有公共数据的企业的信用风险。图 8-2 是穆迪分析相关关系的逻辑结构图，该图在第六章展示过，我们在此再次展示行业对公司风险的影响。

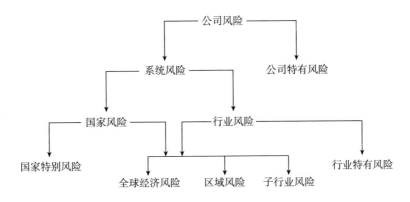

图 8-2 穆迪相关关系的分析结构

结合第六章的内容，我们做简要的总结：①行业因素对资产相关关系的影响已经引起了广泛重视，并得到了很多的结果，众多实证结果表明，行业是资产相关关系的重要影响因素。但是当前的《巴塞尔协议》和监管机构的监管实践均未将该因素纳入相关关系的公式中，不同行业的影响未引起重视，且西方已有的研究也未能得出行业因素对相关关系有何种程度的影响。行业影响监管资本，至于哪些行业需要更高的资本要求，哪些行业可以有较低的资本要求，目前尚缺少答案。②评级机构的信用数据是当前国外信用风险相关关系实证研究的主要数据来源，我国相关数据的积累相对比较缺乏，尚缺少具有公信力的信用迁移矩阵数据；我国商业银行也积累了数年的信贷数据，且有不良贷款的情况发生，但单个银行的数据对行业的覆盖不具有足够的代表性，另外我国商业银行不良贷款的发生也有独特的历史原因。因此，当前我国不具备对信用转移矩阵进行分析的数据基础。另外，权益相关关系的替代性目前尚缺少定论。③资产相关关系特别是行业之间的信用风险相关关系缺少中国实证，国内的机构一般直接采用国外已有的研究结果，缺少针对我国情况的分析。④相关关系的数值区间目前尚缺少定论，从已有的实证结果可以看出，不同的研究人员选用不同的数据得到的相关关系相差较大，因此需要利用我国数据对我国的情况进行详细分析。

第三节　基于默顿模型的行业信用风险相关关系分析

在本节中，我们将第六章介绍的无模型方法同模型方法相结合，以上市公司的数据为基础，将上市公司数据借助默顿（Merton）模型的方法转化为违约距离，然后根据无模型方法，研究中观维度视角下我国各个行业信用风险的变化联动情况。本部分既不直接使用权益信息，又不直接利用历史违约信息，也不依靠某一个银行数据，而是以上市公司为行业代表，借助模型将权益信息转化为信用风险信息，然后分析我国各个行业信用风险相关关系的情况，研究以行业为对象的中观维度的相关关系。这样能保障分析的可靠性，更好地反映信用风险状况，并得到中国实证结果，避免银行本身的信贷管理能力对结果的影响，为银行监管机构和商业银行提供决策参考。

本部分借助 Merton（1974）的方法，将上市公司的股价变动信息转化为信用风险的信息，即违约距离，然后研究违约距离的变动，以分析行业之间的违约变动相关关系。KMV 模型是以默顿模型的基本思想为基础的一套量化信用风险的概念性技术。巴塞尔银行监管委员会在 2004 年通过的《巴塞尔新资本协议》中提倡使用内部评级法管理信用风险，并推荐使用 KMV 模型进行内部评级。我国很多学者的研究表明，KMV 模型在我国上市公司信用风险中有非常好的区分效果。

模型将公司股票价值具有期权特征的思想推广到了公司信用风险评价中。该模型将公司负债看作是买入一份欧式看涨期权，即公司所有者持有一份以公司债务面值为执行价格，以公司资产市场价值为标的的欧式看涨期权。如果负债到期时公司资产市场价值高于其债务，则公司偿还债务；如果公司资产市场价值小于其债务，则公司违约。在模型中，需要先计算公司的违约距离（Distance to Default，DD），然后将违约距离映射为违约概率。

通过模型计算违约距离，需要根据以下四个公式联立求解公司资产价值 V_A 和公司资产价值波动率 σ_A。

$$V_E = V_A N(d_1) - D \times e^{-rT} N(d_2) \tag{8-1}$$

其中：

$$d_1 = \frac{\ln \dfrac{V_A}{D} + \left(r + \dfrac{\sigma_A^2}{2}\right) T}{\sigma_A \sqrt{T}} \tag{8-2}$$

$$d_2 = d_1 - \sigma_A \sqrt{T} \tag{8-3}$$

由随机微积分中的伊藤引理可知，V_A 和 σ_A 同时满足：

$$\sigma_E V_E = N(d_1)\sigma_A V_A \tag{8-4}$$

其中，V_E 是当期时刻股票价值，V_A 是公司资产价值，D 是 T 时刻公司到期负债的账面价值，σ_A 和 σ_E 分别表示公司资产价值的波动率和股票价值的波动率，T 是公司债务期限（一般设定为 1 年），r 是无风险利率，$N(\cdot)$ 是标准正态分布的累积分布函数。

在得到资产价值和公司资产价值波动率后，可以进行违约距离计算。在默顿模型的基本假设中，违约发生在公司资产价值等于公司负债的账面价值的时段，但在现实中，有些公司在其资产价值等于所有债务的账面价值时，并没有选择违约；由于资产流动性等原因，也有许多公司不到此时即发生违约。KMV 公司通过实证分析发现，违约发生最频繁的分界点在公司市场价值大约等于流动负债加 50% 的长期负债时，因此，KMV 公司选择的违约点在公司市场价值等于短期债务的价值加上长期债务账面价值的一半的时刻，这样违约距离可以通过式（8-5）计算出来。

$$DD = \frac{E(V_A) - DP}{E(V_A)\sigma_A} \tag{8-5}$$

其中，DD 表示违约距离，$E(V_A)$ 表示公司未来资产价值的期望值，DP 表示违约点，一般由短期债务和长期债务决定，σ_A 表示资产波动率。

违约距离的计算属于一种标准化的方法，它可以用于比较不同公司之间信用状况的好坏，与公司规模无关。违约距离越大，说明其到期偿还债务的可能性越大，发生违约的可能性越小，信用状况越好；反之，则说明公司信用状况越差。所以，违约距离可以作为评价公司信用状况的一个指标。鉴于违约距离的良好特性，本节将基于违约距离进行行业层面的违约距离计算。当前有两种处理方法：Merton（1974）采用标准正态分布函数的逆函数的方法，将违约距离映射为违约概率；在 KMV 的模型中，在得到违约距离后，采用历史数据映射的方法将违约距离转化成违约概率，即根据历史数据将违约距离映射为期望违约概率。由于我国当前的历史数据积累不足，本部分绕开映射这一步，直接基于违约距离进行分析，以减少信息损失，使分析结果更加可靠。

第四节　实证分析

一、数据

2007 年，我国上市公司开始执行新会计准则，为使各年度所得结果具有可比性,本节将以 Wind 数据库中选取的上海证券交易所和深圳证券交易所的 4600 多家 A 股上市公司的数据为基础,提取 2007~2020 年以及 2021 年前半年的数据。由于金融业的杠杆经营有着特殊的经营性质和资产负债结构,因此本节的研究对象为非金融上市公司,未考虑金融保险业。教育行业由于政策变化经营出现了较大变化,也不纳入考虑范畴。各年度计算所用的公司数量的分布情况如表 8-6 所示。

表 8-6　各年度计算所用的公司数量　　　　　　　　单位:家

年份	公司数量	年份	公司数量
2007	1131	2015	2238
2008	1224	2016	2445
2009	1302	2017	2791
2010	1497	2018	3097
2011	1783	2019	3270
2012	2051	2020	3506
2013	2158	2021	4143
2014	2192		

注:2021 年所用数据为上半年的数据。

在上市公司样本中,若某年度出现 100 日以上的交易空缺,则该主体空缺年度删除。根据各年度的审计报告,仅保留被出具无保留意见的审计报告的上市公司数据,将被出具非无保留意见审计报告的样本删掉,经过处理后得到可以进行分析的数据集。表 8-7 是本节所用各上市公司 2021 年上半年的行业分布情况。该行业分类是按照《上市公司行业分类指引》的标准划分的,与《国民经济行业分类》(GB/T 4754-2017)中的划分标准略有差异。为了保证公司归类的准确性,我们未对其进行重新划分。其他年度各行业上市公司的具体数量略有差异,但占比相似。

表 8-7　2021 年 6 月末上市公司样本的行业分布情况

行业	频数	百分比(%)	累计频数	累计百分比(%)
采矿业	77	1.86	77	1.86
住宿和餐饮业	8	0.19	85	2.05
电力、热力、燃气及水生产和供应业	122	2.94	207	5
房地产业	117	2.82	324	7.82

续表

行业	频数	百分比（%）	累计频数	累计百分比（%）
水利、环境和公共设施管理业	80	1.93	404	9.75
建筑业	100	2.41	504	12.17
交通运输、仓储和邮政业	105	2.53	609	14.7
制造业	2760	66.62	3369	81.32
农、林、牧、渔业	48	1.16	3417	82.48
批发和零售业	170	4.1	3587	86.58
卫生和社会工作	13	0.31	3600	86.89
文化、体育和娱乐业	59	1.42	3659	88.32
信息传输、软件和信息技术服务业	345	8.33	4004	96.64
科学研究和技术服务业	66	1.59	4070	98.24
综合	12	0.29	4082	98.53
租赁和商务服务业	61	1.47	4143	100

可以看到，住宿和餐饮业、综合、卫生和社会工作等行业的样本数目较少，其结果仅供参考。分类标准中的居民服务、修理和其他服务业仅有 1 家上市公司不纳入分析。

二、参数设置及违约距离

本节选取的时间段为一年，即 $T=1$。估计得到的违约距离 DD 是预期违约距离，衡量的是公司未来一年内的违约风险。本节研究中 D 设定为 1 年后到期的债务账面价值，以上市公司当年公开发布的会计报表中的总负债为总债务。

股权价值（V_E）= 流通股价值+非流通股价值 = 股票价格×流通股股数+每股净资产×非流通股股数。在本部分计算中，流通市值为公司在上海证券交易所或者深圳证券交易所的股票流通股市值，如果公司有 B 股或者在香港发行的股票，则将其市值相加，即对于一家多地上市公司，要区分不同类型的股份价格和股份数量，通过计算日汇率分别计算不同类别市值，然后加总。

股权波动率 σ_E 可以通过股票的年波动率估计得到。历史波动率法就是利用上市公司前一年的股票价格波动率来估计其未来一年价格波动率的，并假定公司股票价格服从对数正态分布。本部分采用 Hull（2005）提出的历史波动率法估计上市公司股权市场价值未来一年的波动，Hull 认为比较理想的方法是利用近 90 天到 180 天（即为 18 周到 36 周的工作日）的每日交易数据进行预测。本章用计算期间收盘价计算得到全年 250 个左右交易日每日的收益率 μ_t，计算收益率每日波动率，然后将日波动率乘以 $\sqrt{250}$ 估计得到年波动率。

$$\mu_t = \ln(E_t/E_{t-1}) \tag{8-6}$$

其中，E_t 表示第 t 天的股权价值。

$$\sigma_E^i = \sqrt{\frac{1}{n-1}\sum_{t=1}^{n}(\mu_t - \mu)^2} \tag{8-7}$$

根据股票交易的实际天数，一般取 250 天，算出股权价值的年波动率 σ_E。

$$\sigma_E = \sigma_E^i \sqrt{250} \tag{8-8}$$

违约触发点 DP 也是模型的一个重要输入变量。经过大量数据的分析研究，如前文所述 KMV 公司将违约点定为 DP = 短期负债+0.5×长期负债，被大量研究引用，并取得了不错的效果。国内也有一些学者提出 DP = 短期负债+0.75×长期负债的结论。本部分采用 DP = 短期负债+0.5×长期负债，短期债务和长期债务分别是各计算年度年末的流动负债和长期负债，其中，2021 年的债务为 6 月末的数据。

本部分以计算时间点之前一年期间 1 年期中债国债到期收益率均值为无风险利率，2021 年数据为前 6 个月数据的均值（见表 8-8）。

表 8-8　模型计算使用无风险利率

年份	无风险利率（%）	年份	无风险利率（%）
2007	2.77	2015	2.55
2008	3.05	2016	2.27
2009	1.26	2017	3.30
2010	1.95	2018	3.02
2011	3.16	2019	2.57
2012	2.70	2020	2.18
2013	1.5	2021	2.50
2014	3.50		

注：2021 年数据指 2021 年前 6 个月 1 年期中债国债收益率均值，其他年度数据为各年度全年均值。

根据上述描述的方法，在得到公司资产价值后，根据式（8-5）计算各公司各年度的违约距离，得到的违约距离的描述性统计如表 8-9 所示。电力、热力、燃气及水生产和供应业的平均违约距离最大，说明行业的整体违约风险较低，信息传输、软件和信息技术服务业的违约距离最小，且标准差较小，说明该行业的公司违约风险相对较高。

表 8-9　2020 年末各行业违约距离描述性统计

行业	观测的个数	均值	标准差	最小值	最大值
采矿业	72	2.41	0.64	1.38	5.25
住宿和餐饮业	7	2.12	0.49	1.73	3.08
电力、热力、燃气及水生产和供应业	112	2.86	0.85	1.64	5.66
房地产业	106	2.39	0.56	1.10	3.74
水利、环境和公共设施管理业	58	2.34	0.49	1.39	3.39
建筑业	89	2.36	0.55	1.24	3.62
交通运输、仓储和邮政业	98	2.82	0.82	1.17	5.77
制造业	2305	2.09	0.46	0.95	4.12
农、林、牧、渔业	39	2.02	0.52	1.22	3.68
批发和零售业	150	2.28	0.54	1.33	4.17
卫生和社会工作	12	1.97	0.25	1.66	2.47
文化、体育和娱乐业	54	2.30	0.57	1.36	4.21
信息传输、软件和信息技术服务业	279	1.92	0.39	1.16	3.70
科学研究和技术服务业	51	2.22	0.47	1.47	3.38
综合	12	2.32	0.34	1.82	2.89
租赁和商务服务业	55	2.10	0.64	1.20	3.71

分年度的违约距离概率密度分布如图 8-3、图 8-4 和图 8-5 所示，2012~2016 年违约距离整体呈现出增大的趋势，说明违约风险在这几年整体处于下降态

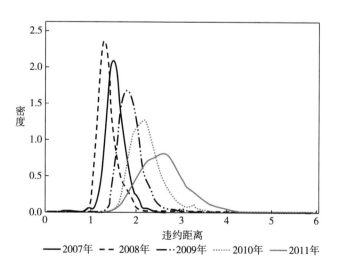

图 8-3　2007~2011 年违约距离密度分布

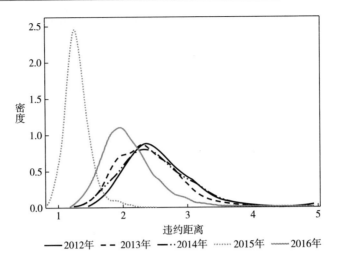

图 8-4　2012~2016 年违约距离密度分布

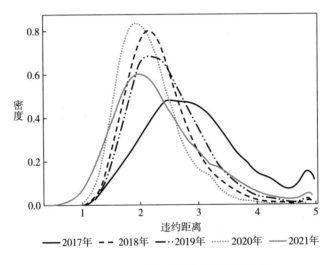

图 8-5　2017~2021 年违约距离密度分布

势。2017~2020 年违约距离整体呈现出缩小的趋势，说明违约风险在这几年有所增加。从债券市场看，我国债券市场于 2014 年打破刚兑，2018 年和 2019 年债券市场出现了大规模的违约潮，这也验证了这段时间信用风险水平的升高。

从不同行业的概率密度分布情况可以看到，不同行业之间的违约距离存在较大的差异，电力、热力、燃气及水生产和供应业的违约距离均值要大于采矿业，这与我国的实际状况吻合（见图 8-6）。

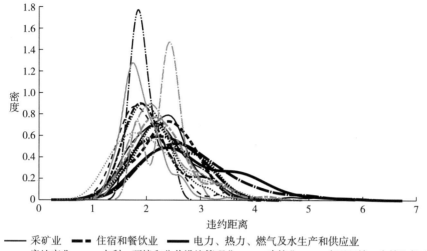

图 8-6　2020 年各行业违约距离密度分布

交通运输、仓储和邮政业，电力、热力、燃气及水生产和供应业等弱周期行业违约距离总体保持较高，而这些行业也正是风险抵抗能力较强的行业。制造业，农、林、牧、渔业，卫生和社会工作，科学研究和技术服务业，信息传输、软件和信息技术服务业等行业周期性较强，波动较大，违约距离也整体偏小（见表 8-10）。

表 8-10　2012~2021 年各行业违约距离均值

行业	2012 年	2013 年	2014 年	2015 年	2016 年	2017 年	2018 年	2019 年	2020 年	2021 年	均值
采矿业	2.71	2.64	2.62	1.44	2.15	2.91	2.48	2.96	2.41	2.13	2.45
住宿和餐饮业	3.60	2.56	2.82	1.42	2.35	3.62	2.46	3.09	2.12	2.22	2.63
电力、热力、燃气及水生产和供应业	2.87	2.71	2.86	1.37	2.58	3.80	2.94	3.06	2.86	2.59	2.76
房地产业	2.50	2.39	2.44	1.28	2.14	3.16	2.28	2.56	2.39	2.65	2.38
水利、环境和公共设施管理业	2.54	2.45	2.76	1.33	2.18	3.08	2.55	2.66	2.34	2.33	2.42
建筑业	2.41	2.40	2.50	1.26	2.07	2.71	2.38	2.52	2.36	2.58	2.32
交通运输、仓储和邮政业	3.44	2.78	2.66	1.35	2.50	3.42	2.84	3.00	2.82	3.50	2.83

续表

行业	2012 年	2013 年	2014 年	2015 年	2016 年	2017 年	2018 年	2019 年	2020 年	2021 年	均值
制造业	2.53	2.40	2.50	1.33	2.11	2.88	2.30	2.43	2.09	2.28	2.29
农、林、牧、渔业	2.44	2.27	2.57	1.34	2.13	3.09	2.28	2.14	2.02	2.28	2.26
批发和零售业	2.67	2.48	2.61	1.30	2.16	3.20	2.51	2.73	2.28	2.66	2.46
卫生和社会工作	2.52	2.29	2.35	1.31	2.14	3.45	2.14	2.29	1.97	1.78	2.22
文化、体育和娱乐业	2.54	2.11	2.20	1.30	2.10	3.54	2.32	2.48	2.30	2.80	2.37
信息传输、软件和信息技术服务业	2.41	2.05	2.07	1.16	1.87	2.63	2.06	2.06	1.92	2.23	2.05
科学研究和技术服务业	2.32	2.22	2.32	1.21	2.05	2.69	2.14	2.47	2.22	2.31	2.20
综合	2.42	2.42	2.48		2.03	3.35	2.36	2.42	2.32	2.65	2.38
租赁和商务服务业	2.55	2.35	2.39	1.30	2.18	3.35	2.18	2.43	2.10	2.52	2.34

注：上述数据均为各年度行业内企业的违约距离平均值。

三、行业相关关系

本部分采用第六章中模型法和无模型法相结合的方法进行相关关系的估计，借助默顿的理论，使用模型法估计出各个上市公司的违约距离，然后根据违约距离的变动测度各个行业的信用风险相关关系。具体是利用本书中第六章第一节介绍的历史数据法，采用 Kendall 秩相关系数测度企业之间的相关系数。前面部分计算了 2007 年到 2021 年年中的违约距离，近年来新上市公司较多，部分公司长期停牌导致空缺较多，本部分在计算相关系数时采用了 2012~2021 年的数据，要求这十年中参与计算的样本无空缺值，共有 1383 个样本参与计算。

具体来说，先计算所有参与计算的企业样本之间的违约距离 Kendall 相关关系，然后取两个行业间企业相关系数的中位数（也可以取均值，本节采用中位数），得到的结果如表 8-11 所示，走势如图 8-7 所示。

从表 8-11 和图 8-7 列示的各行业间的平均信用风险相关情况可以看出：

首先，部分行业与其他行业之间的相关关系呈现出一定的稳定态势。部分行业与宏观经济周期的相关关系密切，系统风险敏感，表现为这些行业与多个行业的相关关系较密切，如制造业，住宿和餐饮业，电力、热力、燃气及水生产和供应业，房地产业等行业，这在一定程度上说明本部分的研究结果与实际情况相吻合。

其次，不同行业之间的相关性也呈现出了一定的差异。除制造业与各个行业的相关性较为稳定外，其他行业之间的相关关系均呈现出了一定的波动，这反映出了行业之间独特的相关关系规律。通过计算相关关系的均值，发现租赁和商务

表8-11　行业间信用风险的相关系数

行业	采矿业	住宿和餐饮业	电力、热力、燃气及水生产和供应业	房地产业	水利、环境和公共设施管理业	建筑业	交通运输、仓储和邮政业	制造业	农、林、牧、渔业	批发和零售业	卫生和社会工作	文化、体育和娱乐业	信息传输、软件和信息技术服务业	科学研究和技术服务业	综合	租赁和商务服务业
采矿业	0.33	0.42	0.42	0.33	0.38	0.18	0.24	0.42	0.33	0.33	0.47	0.38	0.24	0.33	0.42	0.20
住宿和餐饮业	0.42	0.60	0.42	0.38	0.51	0.16	0.33	0.42	0.42	0.33	0.64	0.42	0.20	0.56	0.38	0.11
电力、热力、燃气及水生产和供应业	0.42	0.42	0.42	0.33	0.40	0.38	0.38	0.42	0.38	0.29	0.42	0.38	0.38	0.42	0.38	0.38
房地产业	0.33	0.38	0.33	0.38	0.40	0.38	0.38	0.38	0.38	0.42	0.38	0.42	0.40	0.38	0.38	0.42
水利、环境和公共设施管理业	0.38	0.51	0.40	0.40	0.40	0.16	0.33	0.42	0.42	0.29	0.42	0.29	0.20	0.38	0.42	0.11
建筑业	0.18	0.16	0.38	0.38	0.16	0.16	0.20	0.42	0.11	0.29	0.16	0.16	0.24	0.16	0.29	0.13
交通运输、仓储和邮政业	0.24	0.33	0.38	0.38	0.33	0.20	0.33	0.42	0.33	0.29	0.33	0.33	0.33	0.33	0.20	0.16
制造业	0.42	0.42	0.42	0.38	0.42	0.42	0.42	0.42	0.42	0.42	0.42	0.42	0.42	0.42	0.42	0.42
农、林、牧、渔业	0.33	0.42	0.38	0.38	0.42	0.11	0.33	0.42	0.33	0.29	0.40	0.33	0.20	0.33	0.36	0.16
批发和零售业	0.33	0.33	0.29	0.42	0.29	0.29	0.29	0.42	0.29	0.33	0.29	0.29	0.24	0.31	0.33	0.29
卫生和社会工作	0.47	0.64	0.42	0.38	0.42	0.16	0.33	0.42	0.40	0.29	0.60	0.33	0.20	0.51	0.36	0.13
文化、体育和娱乐业	0.38	0.42	0.38	0.42	0.29	0.16	0.33	0.42	0.33	0.29	0.33	0.33	0.20	0.29	0.20	0.16
信息传输、软件和信息技术服务业	0.24	0.20	0.38	0.40	0.20	0.24	0.33	0.42	0.20	0.24	0.20	0.20	0.20	0.20	0.24	0.20
科学研究和技术服务业	0.33	0.56	0.42	0.38	0.38	0.16	0.33	0.42	0.33	0.31	0.51	0.29	0.20	0.18	0.20	0.11
综合	0.42	0.38	0.38	0.38	0.42	0.29	0.20	0.42	0.36	0.33	0.36	0.20	0.24	0.20	0.20	0.29
租赁和商务服务业	0.20	0.11	0.38	0.42	0.11	0.13	0.16	0.42	0.16	0.29	0.13	0.16	0.20	0.11	0.29	0.11
均值	0.34	0.39	0.39	0.38	0.35	0.22	0.31	0.42	0.32	0.31	0.38	0.31	0.26	0.32	0.32	0.21

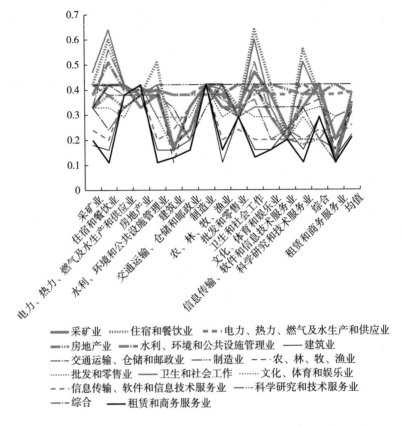

图8-7　行业间信用风险的相关关系走势

服务业的平均相关系数最小，为0.21；其次是建筑业，为0.22。部分行业内企业的相关系数并不明显高于与其他行业的相关系数，说明该行业内部企业分化较为严重，内部相关性并不强。

最后，本章的估计结果高于国际公布的估计数据。根据KMV公司利用美国数据实证研究的结果，违约相关系数在0.002～0.15（Saunders and Cornett，2007）。表8-12和表8-13分别是美国一年期和五年期的违约相关系数，通过与国际实证分析的结果比较可以发现，本节估计结果的部分数据略高于国外已有的研究结果。这可能与文献综述部分提到的基于权益的相关关系偏高有关，还与部分行业样本量过低和所用的时间窗口过短有关。Zhang等（2008）在其分析中指出过短的时间窗口或者过少的样本量会导致估计结果偏高。不同行业中企业数量差异较大对相关性结果也有一定的影响，如制造业占比过大可能会使结果受到一定影响。

表 8-12　美国一年期的违约相关系数　　　　　单位:%

行业	汽车	消费服务	能源	金融	建筑	化工	高科技	保险	休闲娱乐	交通运输	公用事业
汽车	3.8	1.3	1.2	0.4	1.1	1.6	2.8	-0.5	1.0	1.3	0.5
消费服务	1.3	2.8	-1.4	1.2	2.8	1.6	1.8	1.1	1.3	2.7	1.9
能源	1.2	-1.4	6.4	-2.5	-0.5	0.4	-0.1	-1.6	-1.0	-0.1	0.7
金融	0.4	1.2	-2.5	5.2	2.6	0.1	0.4	3.0	1.6	1.5	4.5
建筑	1.1	2.8	-0.5	2.6	6.1	1.2	2.3	1.8	2.3	4.2	1.3
化工	1.6	1.6	0.4	0.1	1.2	3.2	1.4	-1.1	1.1	1.1	1.0
高科技	2.8	1.8	-0.1	0.4	2.3	1.4	3.3	0.0	1.4	1.9	1.0
保险	-0.5	1.1	-1.6	3.0	1.8	-1.1	0.0	5.6	1.2	2.3	1.4
休闲娱乐	1.0	1.3	-1.0	1.6	2.3	1.1	1.4	1.2	2.3	2.3	0.6
交通运输	1.3	2.7	-0.1	1.5	4.2	1.1	1.9	2.3	2.3	4.3	-0.2
公用事业	0.5	1.9	0.7	4.5	1.3	1.0	1.0	1.4	0.6	-0.2	9.4

注:表中相关关系是用 1981~2001 年非投资级债券计算所得,行业使用的标普行业分类 (S&P sectors)。表头为简称,汽车包括航空航天、汽车、资本货物,消费服务包括消费者、服务部门,能源包括能源和自然资源,金融即金融机构,建筑包括森林和建筑产品、住宅建筑,化工包括医疗保健、化学品,高科技包括高科技、计算机、办公设备,保险包括保险和房地产,休闲娱乐包括休闲、媒体电信,交通运输即运输行业,公用事业即公用事业。表 8-13 同。

资料来源:Default Correlation:Empirical Evidence [EB/OL] . http://www. risklab. es/es/jornadas/2002/CorrelationPresentation. pdf.

表 8-13　美国五年期的违约相关系数　　　　　单位:%

行业	汽车	消费服务	能源	金融	建筑	化工	高科技	保险	休闲娱乐	交通运输	公用事业
汽车	10.6	2.1	8.5	-0.3	3.1	9.9	5.7	2.7	3.4	8.3	3.7
消费服务	2.1	7.1	-7.8	1.3	5.3	4.7	3.2	4.2	7.0	9.4	5.0
能源	8.5	-7.8	21.8	-9.5	-6.3	5.0	4.5	-1.2	-7.2	1.5	5.2
金融	-0.3	1.3	-9.5	19.3	15.1	1.8	4.2	9.1	10.0	14.8	12.5
建筑	3.1	5.3	-6.3	15.1	14.3	5.2	4.5	7.6	11.7	13.3	8.0
化工	9.9	4.7	5.0	1.8	5.2	14.6	3.4	1.9	7.2	6.5	0.7
高科技	5.7	3.2	4.5	4.2	4.5	3.4	5.5	3.8	3.4	6.0	5.6
保险	2.7	4.2	-1.2	9.1	7.6	1.9	3.8	5.8	6.9	7.3	5.1
休闲娱乐	3.4	7.0	-7.2	10.0	11.7	7.2	3.4	6.9	12.6	15.1	6.1
交通运输	8.3	9.4	1.5	14.8	13.3	6.5	6.0	7.3	15.1	13.8	6.9
公用事业	3.7	5.0	5.2	12.5	8.0	0.7	5.6	5.1	6.1	6.9	12.1

资料来源:Default Correlation:Empirical Evidence [EB/OL] . http://www. risklab. es/es/jornadas/2002/CorrelationPresentation. pdf.

相关关系数据表明了我国不同行业之间的违约风险变动关系，显示了我国不同行业的违约变动方向。行业间不同的相关关系可以作为我国商业银行资本管理和信贷投放计划的参考依据。另外，本部分在研究过程中还尝试了方向迁移矩阵方法（DRTM），该方法需要用变动方向，且对考察期长度有较高要求，但本节所用数据的考察期长度不够，因此其结果在不同行业之间未能体现出区别。

囿于数据积累的时间长度，本章仅以 2012～2021 的数据为基础进行计算，数据长度不足。部分行业上市公司的数量有限，影响了其对整个行业的代表能力，导致样本多的行业与其他行业的相关关系测度有一定的偏离。此外，还可以看到违约距离随着股票市场的波动也会出现波动。

第五节 行业边际风险贡献

本部分参考 Ong（1999）的 *Internal Credit Risk Models：Capital Allocation and Performance Measurement*，Saunders 和 Cornett（2007）的 *Financial Institutions Management：A Risk Management Approach* 以及 Schröck（2002）的 *Risk Management and Value Creation in Financial Institutions* 等研究中给出的组合风险计算方法，根据本章前述部分计算的信用风险相关关系的结果，研究银行当前存量信贷资产的行业边际风险贡献，为信贷行业的投放方向提供参考。本部分仅提供可以参考的方法，相关数据是符合商业实际的虚拟数据，仅做展示使用。

从第五章的分析可以看出，预期损失由定价弥补，非预期损失是银行真正的风险，会侵蚀银行的资本。一笔贷款的预期损失是违约风险暴露、预期违约率和违约损失率的乘积，贷款价值的波动风险可以通过贷款预期违约概率 EDF_i 与违约损失率 LGD_i 乘积的方差进行测度。一笔贷款一般为违约或者不违约两种状态之一，因此，违约事件服从二项分布，违约概率的标准差为 $\sqrt{EDF_i(1-EDF_i)}$。单项贷款 i 的非预期损失如式（8-9）和式（8-10）所示。

如果假设给定违约概率下的损失率（LGD）没有波动，即 LGD 的方差为 0，则其非预期损失为：

$$UL_i = EAD_i \sqrt{EDF_i(1-EDF_i)} \times LGD_i \qquad (8-9)$$

如果 LGD 的方差不为 0，则其非预期损失为：

$$UL_i = EAD_i \sqrt{EDF_i \times \sigma_{iLGD}^2 + LGD_i^2 \sigma_{iEDF}^2}$$

$$\sigma_{iEDF}^2 = EDF_i \times (1-EDF_i) \qquad (8-10)$$

其中，EAD 表示违约风险暴露，EDF 表示预期违约概率，LGD 表示违约损失率。

定义 U_i 为行业 i 的单位贷款非预期损失贡献，如式（8-11）所示：

$$U_i = UL_i / EAD_i \tag{8-11}$$

若行业 i 的贷款占比为 X_i，行业 j 的贷款占比为 X_j，Ong（1999）给出了包含 N 个资产的信贷组合 p 的非预期损失平方 U_p^2 如下：

$$U_p^2 = \sum_{i=1}^{N} \sum_{j=1}^{N} X_i X_j U_i U_j \rho_{ij} \tag{8-12}$$

式（8-12）开方后对 X_i 求导，可得行业 i 边际风险贡献 MRC_i，边际风险贡献意味着行业贷款占比变动一个单位引起的组合单位贷款非预期损失的变动情况。

$$MRC_i = \frac{dU_p}{dX_i} = \left(\sum_{j=1}^{N} X_j U_i U_j \rho_{ij} \right) \times \frac{1}{U_p} \tag{8-13}$$

由于行业的不良贷款是较容易获得的数据，这里我们探讨一种使用不良贷款率来推导预期违约概率的替代方法。某一行业的历史不良贷款率是违约客户贷款余额占该行业全部贷款余额的比例，本书使用历史违约率作为预期违约概率的代替。下述是不良贷款的分解公式：

$$NPL_i = \sum EAD_m \times PD_m \tag{8-14}$$

其中，NPL_i 是行业 i 的不良贷款额，EAD_m 是该行业中企业 m 的贷款总额，PD_m 是企业 m 的历史违约率。由于不良贷款率是相对稳定的，这里作为行业预期违约率 EDF_i 的替代，如式（8-15）所示。可以看到，这样定义计算的 EDF_i 与传统意义上的违约概率不完全一致，是一个经过行业内相关企业贷款余额加权违约概率。

$$EDF_i = NPL_i / \sum_{m=1}^{M} EAD_m = \sum_{m=1}^{M} EAD_m \times PD_m / \sum_{m=1}^{M} EAD_m \tag{8-15}$$

表 8-14 是根据银行经营实际模拟的银行一级国民经济分类行业[①]的历史不良率数据。

表 8-14　分行业历史不良贷款率　　　　　　　　　单位:%

一级国民经济行业分类	20×2 年	20×3 年	20×4 年	均值
采矿业	0.32	0.41	0.35	0.36

---

① 在第三节中，计算相关系数使用的行业划分依据是《上市公司行业分类指引》，本节及第六节使用《国民经济行业分类》中的分类标准，这是因为银行内部管理一般不会采用上市公司标准划分行业，为了更贴近实际，本节使用的是《国民经济行业分类》。略有差异，但不影响结论。

续表

一级国民经济行业分类	20×2 年	20×3 年	20×4 年	均值
电力、热力、燃气及水生产和供应业	1.22	2.04	1.21	1.49
房地产业	0.91	1.02	0.92	0.95
公共管理、社会保障和社会组织	1.32	1.27	1.37	1.32
建筑业	1.05	1.06	0.74	0.95
交通运输、仓储和邮政业	0.88	0.67	0.97	0.84
教育	3.03	3.56	3.04	3.21
金融业	0.75	0.50	0.55	0.60
居民服务、修理和其他服务业	1.25	1.67	1.70	1.54
科学研究和技术服务业	1.17	4.74	2.64	2.85
农、林、牧、渔业	2.41	2.37	2.00	2.26
批发和零售业	1.20	1.44	1.08	1.24
水利、环境和公共设施管理业	1.02	1.08	1.05	1.05
卫生和社会工作	1.38	2.70	2.07	2.05
文化、体育和娱乐业	4.25	3.89	3.92	4.02
信息传输、软件和信息技术服务业	0.75	0.71	0.79	0.75
制造业	1.21	1.31	1.14	1.22
住宿和餐饮业	2.05	1.93	1.90	1.96
租赁和商务服务业	1.01	0.98	0.80	0.93

注：不良贷款率＝不良贷款金额/全部贷款金额。

表 8-15 是根据式（8-15）用行业历史不良贷款率推算的行业预期违约概率。如果有通过内评法估计的违约概率，也可以用估计的违约概率加权。

表 8-15　各行业预期违约概率　　　　　　　　单位:%

一级国民经济行业分类	预期违约概率（EDF）
采矿业	0.36
电力、热力、燃气及水生产和供应业	1.49
房地产业	0.95
公共管理、社会保障和社会组织	1.32
建筑业	0.95
交通运输、仓储和邮政业	0.84
教育	3.21

续表

一级国民经济行业分类	预期违约概率（EDF）
金融业	0.60
居民服务修理和其他服务业	1.54
科学研究和技术服务	2.85
农、林、牧、渔业	2.26
批发和零售业	1.24
水利、环境和公共设施管理业	1.05
卫生和社会工作	2.05
文化体育和娱乐业	4.02
信息传输、软件和信息技术服务业	0.75
制造业	1.22
住宿和餐饮业	1.96
租赁和商务服务业	0.93

按照相关规定，内评法下非零售风险暴露中没有合格抵质押品的高级债权的违约损失率为45%，对于提供合格抵质押品的高级债券，商业银行可以根据风险缓释效应调整违约损失率。本部分采用的调整方法如下：金融质押品的损失率为0，应收账款质押、商业房地产和居住房地产的损失率为35%，其他抵质押贷款的损失率为40%，信用贷款的损失率为45%。按照各行业贷款中各种风险缓释方式贷款余额的占比对违约损失率进行加权，可以模拟出各行业贷款的违约损失率（见表8-16）。

表8-16 各行业加权违约损失率 单位：%

一级国民经济行业分类	加权违约损失率（LGD）
采矿业	43.88
电力、热力、燃气及水生产和供应业	43.35
房地产业	37.21
公共管理、社会保障和社会组织	39.12
建筑业	41.30
交通运输、仓储和邮政业	42.89
教育	43.65
金融业	43.73
居民服务、修理和其他服务业	39.96

一级国民经济行业分类	加权违约损失率（LGD）
科学研究和技术服务业	42.34
农、林、牧、渔业	41.06
批发和零售业	39.15
水利、环境和公共设施管理业	40.70
卫生和社会工作	43.64
文化、体育和娱乐业	39.89
信息传输、软件和信息技术服务业	43.14
制造业	42.16
住宿和餐饮业	35.87
租赁和商务服务业	40.00

选择银行传统上投放较大的十个行业进行风险贡献分析，包括制造业，电力、热力、燃气及水生产和供应业，房地产业，交通运输、仓储和邮政业，批发和零售业，水利、环境和公共设施管理业，建筑业，采矿业，租赁和商务服务业，信息传输、软件和信息技术服务业。模拟金额及其占比如表 8-17 所示。

表 8-17　参与计算行业模拟贷款分布

行业	贷款金额（亿元）	占比（%）
制造业	11525	31.5
电力、热力、燃气及水生产和供应业	4234	11.6
房地产业	5344	14.6
交通运输、仓储和邮政业	4275	11.7
批发和零售业	3532	9.7
水利、环境和公共设施管理业	1973	5.4
建筑业	1671	4.6
采矿业	1414	3.9
租赁和商务服务业	2442	6.7
信息传输、软件和信息技术服务业	142	0.4
合计	36552	100.0

计算边际风险贡献时，具体数据设定为：X_i 为行业 i 的存量贷款在银行所有存量贷款中的百分比，X_j 为行业 j 的存量贷款在银行所有存量贷款中的百分比。

EDF_i 采用行业 i 的历史不良贷款推算的预期违约率，本部分中用表 8-15 的数据。根据新巴塞尔协议内部评级初级法，违约损失率 LGD_i 用表 8-16 中的数据。本节假定 LGD_i 方差为 0，即采用了式（8-9）的计算方法。借鉴 Ong（1999）及迟国泰和于善丽（2021）等的处理，ρ_{ij} 直接借用前面部分计算的行业 i 和行业 j 的相关关系，即表 8-11 的数据[①]。

表 8-18 是各行业边际风险贡献的计算结果。根据假设的该银行贷款结构和信贷情况，电力、热力、燃气及水生产和供应业在所有行业中的边际风险贡献最大，这意味着该行业的贷款占比每增加 1%，相比其他行业会导致该银行增加更多的非预期损失。如表 8-17 所示，假设贷款总额是 36552 亿元，每增加 1%，即365.52 亿元电力、热力、燃气及水生产和供应业贷款，组合增加的非预期损失为 3.28 亿元；而该行增加采矿业，租赁和商务服务业，信息传输、软件和信息技术服务业，交通运输、仓储和邮政业等行业贷款给组合带来的非预期损失的增加则要小得多。

表 8-18 各行业边际风险贡献 单位:%

行业	单位贷款非预期损失贡献（U）	边际风险贡献（MRC）
电力、热力、燃气及水生产和供应业	1.44	0.90
制造业	1.18	0.79
批发和零售业	1.20	0.69
水利、环境和公共设施管理业	1.03	0.60
房地产业	0.92	0.57
建筑业	0.93	0.50
交通运输、仓储和邮政业	0.83	0.48
信息传输、软件和信息技术服务业	0.73	0.41
租赁和商务服务业	0.91	0.40
采矿业	0.36	0.21

从实证结果看，电力、热力、燃气及水生产和供应业，制造业等行业对该假设银行存量贷款的边际风险贡献大，而采矿业，租赁和商务服务业，信息传输、软件和信息技术服务业等行业的边际风险贡献较小，可以考虑优先信贷支持。如果进行信贷资产证券化，电力、热力、燃气及水生产和供应业，制造业，批发和零售业等行业的基础资产是应该优先选入资产池。这个结论可以为第十一章资产证券化的基础资产选择提供参考。

---

① 此处借用与公式原意有所区别，参照已有研究进行借用处理。

第六节　基于相关关系的行业信贷组合

本节主要对以上结论进行集成研究。在相关关系确定的基础上，研究一定收益水平约束条件下的非预期损失最小模型，设计信贷资产的组合模型，具体如下：

$$\min U_p^2 = \sum_{i=1}^{n} \sum_{j=1}^{n} w_i w_j U_i U_j \rho_{ij}$$

$$\text{s. t} \sum_{i=1}^{n} w_i E(r_i) = \mu$$

$$\sum_{j=1}^{n} w_i = 1$$

$$L_i \leqslant w_i \leqslant UP_i$$

$$\alpha_i \leqslant 1, \quad i = 1, \cdots, n \tag{8-16}$$

其中，$E(r_i) = Spread - Fees - EDF \times LGD$。$\rho_{ij}$（$i, j = 1, 2, 3, \cdots, n$）表示信贷资产之间的相关关系，采用与第五节相同的处理方法，直接基于本章第四节的成果得到；U_i 为行业 i 的单位贷款非预期损失，U_p 为信贷资产组合的单位贷款非预期损失，基于第五节的研究成果得到；μ 为组合的收益率，$E(r_i)$（$i = 1, 2, 3, \cdots, n$）是第 i 个行业的收益率，$Spread$ 为存贷利差，$Fees$ 为贷款综合管理成本，$EDF \times LGD$ 为预期损失，以成本的形式作为收益的抵减项，本书按照符合逻辑的假设对行业收益率直接进行了设定；UP_i 为行业的占比上限，L_i 为行业的占比下限，分别设定为当前占比的 80% 和 120%，收益率和占比上下限的设定如表 8-19 所示；w_i（$i = 1, 2, 3, \cdots, n$）表示信贷资产在不同行业投放占组合资产的比重，其和为 1，由于不能做空，权重不能为负，是需要求解的变量。

表 8-19　行业收益率和占比的上下限设定　　　　单位:%

行业	行业收益率	当前占比	下限 L（当前占比的80%）	上限 UP（当前占比的120%）
采矿业	5.0	3.9	3.1	4.7
电力、热力、燃气及水生产和供应业	4.0	11.6	9.3	13.9
房地产业	7.0	14.6	11.7	17.5
水利、环境和公共设施管理业	4.0	5.4	4.3	6.5
建筑业	6.0	4.6	3.7	5.5

续表

行业	行业收益率	当前占比	下限 L（当前占比的80%）	上限 UP（当前占比的120%）
交通运输、仓储和邮政业	4.0	11.7	9.4	14.0
制造业	6.0	31.5	25.2	37.8
批发和零售业	7.0	9.7	7.8	11.6
信息传输、软件和信息技术服务业	5.0	0.4	0.3	0.5
租赁和商务服务	5.0	6.7	5.4	8.0

注：当前占比的数据来自表8-17。

在此模型的基础上，可以结合该银行的组合实际，借助最优化方法，求解不同维度下的最优投放比例，即模型中的 w_i。一共计算了十种组合，得到的各行业的十个有效前沿最优配置如表8-20所示。

表8-20 十个组合的组合结果

行业	组合1	组合2	组合3	组合4	组合5	组合6	组合7	组合8	组合9	组合10
采矿业（%）	4.7	4.7	4.7	4.7	4.7	4.7	4.7	4.7	4.7	3.1
电力、热力、燃气及水生产和供应业（%）	9.3	9.3	9.3	9.3	9.3	9.3	9.3	9.3	9.3	9.3
房地产业（%）	17.5	17.5	17.5	17.5	17.5	17.5	17.5	17.5	17.5	17.5
水利、环境和公共设施管理业（%）	6.5	5.7	4.9	4.3	4.3	4.3	4.3	4.3	4.3	4.3
建筑业（%）	5.5	5.5	5.5	5.5	5.5	5.5	5.5	5.5	5.5	5.5
交通运输、仓储和邮政业（%）	14.0	14.0	14.0	13.9	13.0	11.8	10.7	9.5	9.4	9.4
制造业（%）	25.2	25.2	25.2	25.2	25.5	26.7	27.9	29.0	31.2	33.6
批发和零售业（%）	8.8	9.5	10.3	11.1	11.6	11.6	11.6	11.6	11.6	11.6
信息传输、软件和信息技术服务业（%）	0.5	0.5	0.5	0.5	0.5	0.5	0.5	0.5	0.5	0.3
租赁和商务服务业（%）	8.0	8.0	8.0	8.0	8.0	8.0	8.0	8.0	6.0	5.4
组合千元贷款非预期损失（元）	6.26	6.27	6.28	6.29	6.32	6.35	6.39	6.43	6.50	6.61
组合收益（%）	5.53	5.56	5.58	5.60	5.63	5.65	5.67	5.70	5.72	5.74

模拟测算100个组合，绘制的有效前沿如图8-8所示。

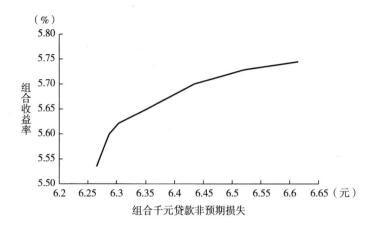

图 8-8　组合有效前沿

根据推荐的组合可以看到，银行可以根据自己的风险偏好进行选择，调整信贷结构。如果要获取更高的收益率，则需要承担更大的风险。

本书就行业进行了基于相关关系的组合管理，其他维度也同样适用。

第七节　基于 RAROC 的行业信贷组合管理

根据第七章介绍的方法，借助模拟数据，对行业的 RAROC 进行模拟计算。由于一级国民经济行业分类不够精细，本部分以二级国民经济行业为依据进行分类[1]。由于二级分类中部分行业贷款额度较低，故对贷款余额占比排名前 25 的行业进行最优化分析。表 8-21 是这 25 个行业的 RAROC 模拟测算结果。

表 8-21　贷款余额占比排名前 25 的行业 RAROC 测算　　单位:%

行业	利率	中间业务收入率	经济资本系数	预期损失系数	RAROC
A	5.72	0.53	6.73	0.59	20.44
B	7.05	1.36	7.47	2.80	20.31
C	5.32	0.06	3.79	0.33	19.55
D	5.43	0.56	5.95	0.92	18.12

[1]　鉴于商业银行房地产行业信贷经营实际，房地产行业贷款分为法人房地产开发、保障性住房和经营性物业三部分。

续表

行业	利率	中间业务收入率	经济资本系数	预期损失系数	RAROC
E	5.81	1.12	8.52	1.01	18.11
F	5.80	0.50	8.28	0.89	13.75
G	5.78	0.80	6.80	1.61	12.97
H	5.59	0.82	7.03	1.49	12.22
I	8.23	1.13	8.66	4.37	11.79
J	5.81	0.52	8.62	1.50	8.36
K	5.32	0.15	6.43	0.83	6.22
L	7.33	1.89	8.91	4.94	5.69
M	5.66	0.56	7.42	2.01	3.10
N	4.93	0.12	5.64	0.78	3.03
O	6.04	1.36	8.35	3.42	2.61
P	6.49	1.16	7.95	3.65	2.31
Q	7.75	1.75	9.28	5.61	1.66
R	7.79	1.61	9.17	5.87	−0.26
S	7.45	1.02	8.88	5.04	−2.09
T	7.50	0.97	9.20	5.13	−2.35
U	5.83	0.40	8.03	2.86	−4.49
V	8.15	1.54	9.78	7.21	−8.86
W	5.64	1.63	6.45	4.34	−10.71
X	7.58	1.58	8.06	7.12	−14.88
Y	7.13	1.36	10.61	7.46	−18.76

注：利率、中间业务收入比率、经济资本系数、预期损失系数等指标均为单位贷款的水平，如中间业务收入比率为单位贷款带来的中间业务收入。根据第七章公式，计算所需的运营成本和资金成本也为模拟数据，表中未列示。

可以根据收益和风险因素对行业进行分析，便于精细决策。下面通过模拟的数据进行演示，按照客户净收益和客户风险对行业进行四象限分类，划分为四种类型，分别是低风险高收益行业（图8-9左上象限）、低风险低收益行业（图8-9左下象限）、高风险高收益行业（图8-9右上象限）和高风险低收益行业（图8-9右下象限）。在这四种类型中，行业的回报率从前往后递减。第一种和第三种类型的行业 RAROC 相对较高，第四种类型由于客户构成较差，经济资本占用较多，或者定价能力较弱，收益未能有效覆盖风险，导致 RAROC 较低。由于行业的客户结构不同，导致行业间收益和风险水平有着显著差异，可以从规模/评级和收益水平等维度对部分 RAROC 较高的行业和 RAROC 较低的行业进行解剖，分析影响行业回报率的原因。

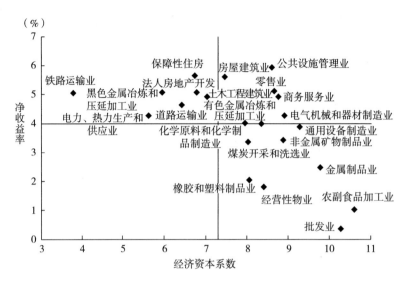

图 8-9 行业维度的净收益率与经济资本系数的分布

注：净收益率=利息收益+中间业务收入-预期损失。

　　第一种类型是低风险高收益行业（图 8-9 左上象限）。行业中的客户规模较大、信用等级较高、资产质量较高，行业的定价水平也较高。在行业模拟测算中，铁路运输业，法人房地产开发，土木工程建筑业，道路运输业，电力、热力生产和供应业等行业属于第一种类型。铁路运输业大客户多，信用等级高，较好的客户结构使该行业的经济资本系数低。该行业的定价水平较高，综合收益率高，两种因素叠加使该行业能够取得较高的回报率。该类型其他行业也是类似的情形。

　　第二种类型是低风险低收益行业（图 8-9 左下象限）。由于收益测度采用净收益指标，低风险行业因预期损失低，其净收益较高，当前的模拟数据还没有属于该类型的行业。

　　第三种类型是高风险高收益行业（图 8-9 右上象限）。该类行业的经济资本系数较高，预期损失也较高，由于定价水平优于第一种类型，所以净收益能够达到第一种类型的水平，但由于经济资本系数较高，因此回报率低于第一种类型。公共设施管理业和零售业等属于这种类型，行业经济资本系数较高，导致这些行业的回报率低于第一种类型，但高于第四种类型。

　　第四种类型是高风险低收益行业（图 8-9 右下象限）。该类行业的综合收益率略微偏高，预期损失系数较高，不良贷款率较高，回报率偏低。模拟行业中批发业、农副食品加工业、橡胶和塑料制品业等属于第四种类型，这三个行业的综合收益率高于平均水平。由于行业定价不能覆盖风险，因此扣除预期损失后净收益低，导致回报率过低。

从图8-10可以看出，模拟数据反映的当前贷款的定价仍然没有完全反映出风险状况。根据高风险高收益的原则，净收益与经济资本的关系应该为斜率为正的斜线，但若以扣除预期损失的净收益率为收益度量，经济资本系数为风险度量，行业维度的净收益与经济资本关系的斜线斜率为负，说明高风险行业并没有通过制定恰当的定价措施来提高综合收益以覆盖风险。

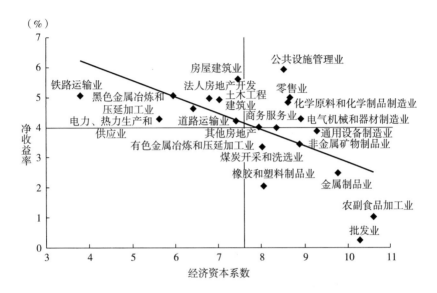

图8-10 行业维度的净收益率与经济资本系数的拟合相关关系

RAROC除了与经济资本占用有关外，预期损失也是一个很重要的因素。预期损失反映了信贷经营的信用成本，是难以避免的确定的信用风险成本，需要在定价过程中通过价格弥补。从行业的综合收益与预期损失的关系看，在预期损失较高的区域（图8-11右半边），综合收益也较高，高预期损失的区域没有低定价行业。在预期损失较低的区域（图8-11右半边），在相同的预期损失下，不同行业之间的综合收益呈现出了较大的差异。

根据第七章介绍的最优化模型，将贷款回报率为正的行业纳入最优化计算，设定行业间的经济资本增长率极差为10%，经济资本的增长率为8%，可以得到模型的建议增长率。为了简单计算，在此次模拟中我们直接分配信贷规模，假设银行存量信贷余额为3万亿元，可供增加规模为2400亿元，得到的结果如表8-22所示。为了体现前瞻性，可以加入专家对未来该行业的评判，对模型增长率进行调整，根据第七章第二节介绍的专家调整方法，取M为0.5，模拟的专家打分结果如表8-23所示。

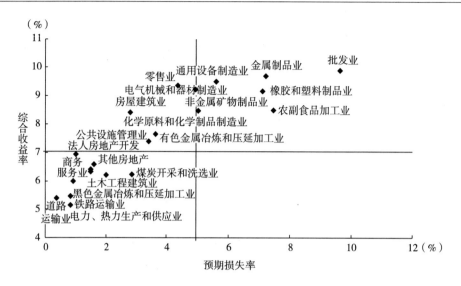

图 8-11 行业综合收益率与预期损失率的分布

注：综合收益=利息收益+中间业务收入。

表 8-22 基于 RAROC 的最优化模型的行业增长率

行业	存量贷款规模（亿元）	占比（%）	RAROC（%）	模型增速（%）	模型增长额（亿元）
A	411.2	1.3	20.44	14.4	59.02
B	680.2	2.2	20.31	14.3	96.97
C	2815.6	9.2	19.55	13.7	385.65
D	1415.3	4.6	18.12	12.7	179.42
E	2361.9	7.7	18.11	12.7	299.24
F	3571.5	11.7	12.97	9.3	331.88
G	1189.6	3.9	12.22	8.8	105.22
H	666.6	2.2	11.79	8.6	57.28
I	2951.0	9.6	8.36	6.7	198.79
J	5324.3	17.4	6.22	5.7	306.07
K	874.2	2.9	5.69	5.5	48.33
L	5530.9	18.1	3.03	4.6	255.33
M	788.7	2.6	2.61	4.5	35.58
N	1394.0	4.6	2.31	4.4	61.99
O	619.0	2.0	1.66	4.4	26.95

表8-23　基于 RAROC 的专家打分调整结果

序号	专家打分结果	建议增长率（%）	建议增长额（亿元）
A	610	32.5	133.8
B	379	8.3	56.2
C	575	15.7	442.9
D	281	6.3	89.7
E	614	15.9	376.0
F	376	8.1	289.6
G	432	7.6	91.0
H	412	5.0	33.0
I	527	7.9	232.0
J	527	6.4	339.3
K	509	8.3	72.6
L	537	5.3	293.6
M	301	−5.6	−44.2
N	370	1.2	16.7
O	458	4.1	25.7

注：按照偏离专家打分均值的程度调整，回报率为负的行业不参与模型计算。结果为负意味着要压缩规模。

第八节　结论与启示

　　本章全面总结了国内外当前信用风险相关关系的研究成果，基于我国的实际情况，将模型方法和无模型方法相结合进行中观维度的行业信用风险变动的相关关系研究。根据我国信用数据积累的实际情况，提出适应我国信贷管理实际情况的模型方法和无模型方法相结合的信用风险相关关系的研究方法，即根据默顿理论，利用上市公司数据将上市公司的信息转化为违约距离，然后根据违约距离的变动情况，借用无模型方法研究行业等层次的信用风险相关系数。

　　实证分析发现：①从违约距离看，2012～2016年违约距离呈现扩大趋势，2017～2021年违约距离则有所收窄，违约风险上升，这与近几年去杠杆、经济下行以及新冠肺炎疫情冲击导致违约高发有关。②行业是信用风险相关关系的重要影响因素。通过行业相关关系的分析，发现我国上市公司的行业相关关系呈现出一定的稳定态势，部分行业与宏观经济关系密切，显示为该行业与多个行业的相关关系比较稳定，如制造业等行业与其他多个行业之间的信用风险相关关系保持稳定。此外，不同行业之间的相关性也呈现出了一定的差异。

根据本章的结论，我们提出以下建议：

（1）银行经济资本计量和配置应该考虑行业因素。行业是相关关系分析的重要影响因素，因此应该对不同的行业实施不同的资本要求，以引导信贷流向支持的行业，如在制造业等对宏观环境敏感的行业计量过程中要求更高的资本，商业银行在经济资本管理中也应该对该类行业配置更多的经济资本。公共设施管理业等行业由于其风险更多地与特有风险相关，因此可以适当降低资本要求，加大对这些行业的支持。

（2）借助行业违约距离监控行业风险。从本章实证分析的结果看，违约距离是一个测度行业信用风险状况的良好指标。由于资本市场及时反映了投资者的预期，违约距离能够及时发现行业变动，这克服了商业银行因依靠借款人财务报表导致所掌握的借款人信息过于延迟的问题。

（3）从风险的角度来看，基于银行目前的信贷组合结构，模拟数据中制造业，电力、热力、燃气及水生产和供应业，房地产等行业对银行存量贷款的边际风险贡献大，而信息传输、软件和信息技术服务业，租赁和商务服务业，建筑业等行业对银行存量贷款的边际风险贡献较小，可以优先考虑行业边际风险贡献较小的行业，在行业政策、经济资本计量中予以优惠。

（4）从组合的角度来看，既考虑行业的风险，又考虑在行业带来收益的情形下，结合公司的风险偏好在银行信贷组合的有效前沿上设定组合。

（5）加强信用风险历史数据的积累。从本章的研究可以看出，当前国外的实证研究多以国际评级机构十年以上的信用数据积累为基础，美国标准普尔、穆迪等公司已有多年的信用数据积累。当前，我国具有代表性的信用风险基础数据积累不够充分，不能够针对我国的信用数据进行全面的实证分析。我国银行监管机构和商业银行应该加强数据积累，为深度实证分析研究提供数据基础。

（6）加强适合我国情况的资本监管实证研究。国内监管资本要求和经济资本配置应该适当考虑我国的实际情况，不应该一味接受国外的参数和公式。国外政府和商业机构通过持续的研究增强风险管理能力，并提高自己在国际资本规则设定中的话语权，尤以美联储和德意志银行最为突出。当前，我国部分商业银行特别是大型商业银行已经在全球银行排名中名列前茅，规模虽大但实力有待加强，且缺乏有力的实证研究，话语权较弱。我国商业银行应该加强适合我国情况的相关理论和实证研究，以确保我国商业银行的安全和国民经济的健康发展，提升国际话语权。

第九章 区域维度的组合管理

由于自然灾害、区域经济结构等原因，如果一个金融机构的金融资产在单个地区过于集中就会带来较大的集中度风险，因此，在区域间进行风险对冲也是金融机构必要的工作安排。我国幅员辽阔，区域差异较大，如何充分利用区域间的差异进行信贷资源的配置是一个非常有价值的课题。本章所阐述的区域组合内容更适合全国性的银行，也就是能在全国配置资产的银行。区域性的农商行和城商行成立的初衷就是支持区域经济发展，监管导向在本地经营，可以更多地从行业等角度进行组合管理，此外，还可以通过信用债券投资进行区域信贷组合管理①。网商银行、微众银行等基于互联网的银行没有经营区域的约束，可以在全国配置信贷资源。本章基于区域经济发展、人口状况、金融环境和机构经营等因素进行区域信贷空间测算，并继续基于 RAROC 进行信贷组合管理。

第一节 区域经济差异及原因

一、区域经济差异的表现

我国幅员辽阔，区域间的差异较大，由于不同地域在自然资源、区位优势、生产要素、产业结构、历史文化背景等众多方面存在不均衡性，地域差异成为我国经济发展过程中的一个客观事实（游家兴等，2018）。作为金融机构，特别是能够在全国配置资源的金融机构，必须要考虑区域的特殊性，在区域信贷资源配置中体现差异性。

当前，我国区域经济发展状况差异较大，主要体现在以下三个方面：

---

① 实际上，各地方商业银行对所在区域更为熟悉，债券投资也多选择当地发行人。

一是经济增长差异。我国区域间的经济发展水平差异显而易见。2020年，广东、江苏等东南沿海省份的经济总量超过10万亿元，进入了工业化进程的中后期；而西南和西北地区有3个省份不足5000亿元，发展水平还处于工业化的中前期（见表9-1）。我国习惯以东、中、西三个区域来划分地域，从静态上来看，我国东西方向上的差距大于南北之间的差距，但改革开放以来，中国经济重心由高纬度向低纬度转变，区域经济差距扩大的矛盾主要表现在南北方向上（周民良，2000）。2020年，我国"万亿俱乐部"城市成员已有23名，这23个城市的绝大多数位于南方，北方仅有北京、天津、青岛、郑州、济南和西安6个城市①。在2019年全国GDP排名TOP 10的城市中仅剩北京和天津两个北方城市，到2020年只剩下北京，北方城市的经济规模已经远远被南方城市甩下（见表9-2）。

表9-1　2020年31个省份的GDP数据

序号	省份	GDP（亿元）	GDP增长率（%）	序号	省份	GDP（亿元）	GDP增长率（%）
1	广东	110761	2.3	17	重庆	25003	3.9
2	江苏	102719	3.7	18	云南	24522	4.0
3	山东	73129	3.6	19	广西	22157	3.7
4	浙江	64613	3.6	20	贵州	17827	4.5
5	河南	54997	1.3	21	山西	17652	3.6
6	四川	48599	3.8	22	内蒙古	17360	0.2
7	福建	43904	3.3	23	天津	14084	1.5
8	湖北	43443	-5.0	24	新疆	13798	3.4
9	湖南	41781	3.8	25	黑龙江	13699	1.0
10	上海	38701	1.7	26	吉林	12311	2.4
11	安徽	38681	3.9	27	甘肃	9017	3.9
12	河北	36207	3.9	28	海南	5532	3.5
13	北京	36103	1.2	29	宁夏	3921	3.9
14	陕西	26182	2.2	30	青海	3006	1.5
15	江西	25692	3.8	31	西藏	1903	7.8
16	辽宁	25115	0.6				

资料来源：Wind数据库。

---

① 中国23座城市GDP超万亿元［N］．人民日报海外版，2021-01-30.

表 9-2　2020 年 GDP 排名前十的城市经济增长情况

城市	2020 年 GDP（亿元）	2019 年 GDP（亿元）	名义增量（亿元）	实际增速（%）
上海	38701	38155	545	1.7
北京	36103	35371	731	1.2
深圳	27670	26927	743	3.1
广州	25019	23629	1391	2.7
重庆	25003	23606	1397	3.9
苏州	20171	19236	935	3.4
成都	17717	17013	704	4.0
杭州	16106	15373	733	3.9
武汉	15616	16223	−607	−4.7
南京	14818	14030	788	4.6

资料来源：Wind 数据库。

　　二是经济结构差异。分析结果表明，我国经济增长主要由第二产业拉动，其贡献率超过 50%，但第三产业拉动经济增长的作用正在逐渐增大，第二产业的拉动作用在逐渐减小（王弟海，2021）。由于历史等原因，区域之间的经济结构呈现了较大的差别。从三次产业结构来看，东部第三产业占比高，而西部和东北地区第一产业占比高，2019 年东北地区第一产业占比比东部高 8.6 个百分点，第三产业占比比东部地区低 4.1 个百分点（见表 9-3）。区域经济结构差异的主要原因在于所有制结构的变化，尤其是非国有经济发展、区域产业结构、固定资产投资、市场发育和成熟程度等方面的差异（周民良，2000）。三次产业结构差异产生的影响涉及多个方面，包括对劳动力的吸收能力和财政收入的创造能力，如从财政收入创造能力来看，第二产业占比高的区域单位 GDP 能创造更高的一般预算收入。

表 9-3　2019 年三次产业的区域分布及其在不同地区的比重和增长率情况

单位:%

区域	东部地区	中部地区	西部地区	东北地区
三次产业的地区分布				
第一产业	33.3	25.4	31.9	9.4
第二产业	51.6	23.7	20.2	4.5
第三产业	54.5	20.7	19.8	5.0

续表

区域	东部地区	中部地区	西部地区	东北地区
各地区三次产业的比重				
第一产业	4.6	8.2	11.0	13.2
第二产业	38.9	41.8	37.9	34.4
第三产业	56.5	50.0	51.1	52.4
地区生产总值	100.0	100.0	100.0	100.0
各地区三次产业的加权平均增长率				
第一产业	2.1	2.9	4.4	2.8
第二产业	4.9	7.6	6.7	4.3
第三产业	7.5	7.8	7.3	5.1
地区生产总值	6.2	7.3	6.7	4.5

资料来源：中国人民银行（2020）。

　　三是经济发展质量差异。改革开放以来，虽然我国各省份的经济增长质量获得了一定程度的提高，但是各省份经济增长质量的绝对水平与变动幅度仍存在很大差异。在经济转型最初的时期，高经济增长质量的省份集中于西部和中部地区，东部地区的省份基本处于相对较低的水平。随着改革开放的推进，虽然各省份经济增长质量的绝对水平得到了提高，但东部省份上升的幅度不仅远大于西部省份，还略高于中部省份。近年来，经济增长水平较高的省份主要集中于东部地区（钞小静和任保平，2011）。魏敏和李书昊（2018）设计了包括经济结构优化、创新驱动发展、资源配置高效、市场机制完善、经济增长稳定、区域协调共享、产品服务优质、基础设施完善、生态文明建设和经济成果惠民10个子系统53个测度指标的经济高质量发展水平测度体系，采用2016年的数据进行分析，发现区域经济发展水平总体呈现出"东高、中平、西低"的分布格局，从具体省份看，中国经济高质量发展综合水平得分介于0.132~0.678，其中得分最低的省份为云南（0.132），得分最高的省份为北京（0.678），各省经济高质量发展综合水平得分的均值为0.224，标准差为0.128，表明2016年中国经济高质量发展综合水平整体较低，不同省份存在较明显的空间分布差异（见图9-1）。

　　其实不只是在经济领域，甚至财经媒体报道都会有地域偏见。游家兴等（2018）的研究表明，相比其他区域，对于地处经济发展水平较高、制度建设较为完善、社会信任程度较高地区的上市公司，媒体会给予更多的正面报道。

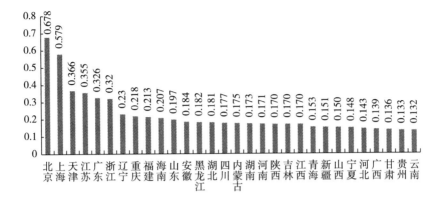

图 9-1　2016 年中国 30 个省份经济高质量发展综合水平得分的情况

资料来源：魏敏，李书昊，2018. 新时代中国经济高质量发展水平的测度研究［J］. 数量经济技术研究，35（11）：3-20.

二、区域经济差异的原因

我国国土面积大，区域间的经济差异是由多方面原因造成的，主要体现在以下几个方面：

一是资源禀赋。我国有句俗语，"靠山吃山，靠水吃水"，这说明各地都在利用自己的资源禀赋生产生活。由于我国自然资源分布有着较大的区域差异，因此我国区域间的经济结构和发展水平呈现了一定的差异。西部地区虽然地域辽阔，但是冰川、沙漠、高山、高原面积分布广泛，自然地理环境较为恶劣。历史上，先民们对国土的早期开发主要集中于大江大河的中下游地带，因而中国的经济重心一直在相对偏东的位置。正是由于这种自然地理条件在东部与西部"底色"上的分异，导致中国的东西差距带有一定的天然性质（周民良，2000）。区位差异意味着区位优劣势，以钢铁行业为例，由于我国铁矿石品位低，开采成本高，大部分铁矿石需依靠进口。如果钢厂位于沿海或者沿江地区，铁矿石可以直接进厂，但如果在内陆地区，则增加了运输成本。南北方季节性差异也会带来影响，如在 12 月由于冬季停工，北方的水泥基本停止使用，此时，南方的水泥需求仍然较为旺盛。有研究表明，要素投入是造成地区经济差距的主要原因，但其作用在减弱，而全要素生产率在地区经济差距中的作用在增强（朱承亮，2014）。

二是政策原因。不同时期的经济政策在区域上也有所侧重，这导致了当前区域的经济差异。东北沦陷时期，日本在东北地区逐年加大工矿业投资，但并未形成良好的工业基础。中华人民共和国成立后，在党和人民的共同努力下，形成了真正的东北工业基地。第一个"五年计划"时期，东北工业是国家投资建设的重点，在全国 156 项重点工程项目中，吉林有 11 项，黑龙江有 22 项，辽宁有 24 项，三省合计 57 项，超过了全国项目的 1/3。"二五"和"三五"时期，东北地区的重工业比重远远超过了全国平均水平，偏重于采掘业（薛继坤，2005）。在后来的改革开放过程中政府推崇先行先试，出台了不少区域性政策。改革开放之初，我国采用区域经济梯次开发的政策，20 世纪 80 年代中期陆续建立了特殊政策支持的经济特区、沿海地区对外开放城市和各种各样的经济开发区，这些特区大部分位于东部沿海地区，而类似的改革开放机会直到 1992 年才开始向中西部地区转移。区域政策的实施时间及政策的差异导致东部、中部和西部地区之间的改革开放进程及市场化程度存在着差异，这些差异导致中西部地区的对外开放水平较低，形成了区域差异（蔡昉和都阳，2000）。

三是人口的流动。盛来运等（2018）认为，南北经济差距扩大的最重要的原因是北方资本积累速度较慢，而经济体制改革滞后、经济结构不合理、劳动力数量减少等也是重要原因。根据第七次人口普查的数据，东北三省人口流出最为严重，其次是山西、内蒙古和甘肃。相比第六次人口普查，黑龙江的人口减少了 646 万人，吉林减少了 339 万人，辽宁减少了 115 万人。人口增长较多的主要是珠三角、长三角地区的省份，其中广东增长了 2171 万人，浙江增长了 1014 万人，江苏增长了 609 万人（见表 9-4）。人力资本是非常重要的生产要素，人力既是生产函数中劳动力的影响因素，又是消费的重要来源。随着改革开放实施，东部地区引入了更多的高技术型工作岗位，有更多的岗位需求，众多年轻人离开东北、西北等地区迁往东南地区，特别是长三角和珠三角地区，导致人口区域间流动，从每年近 30 亿人次的春运便可以看出当前我国人口流动的巨大规模，春节后这些人口都流向东部，造成了我国区域间的巨大差异（彭国华，2015）。

表 9-4　第七次全国普查人口变化

地区	2020 年人口数（人）	2020 年比重（%）	2010 年人口数（人）	2010 年比重（%）	人口变化（人）
全国	1411778724	100	1339724852	100	72053872
广东	126012510	8.93	104303132	7.79	21709378
浙江	64567588	4.57	54426891	4.06	10140697
江苏	84748016	6	78659903	5.87	6088113
山东	101527453	7.19	95793065	7.15	5734388
河南	99365519	7.04	94023567	7.02	5341952
福建	41540086	2.94	36894216	2.75	4645870
广西	50126804	3.55	46026629	3.44	4100175
新疆	25852345	1.83	21813334	1.63	4039011

续表

地区	2020 年人口数（人）	2020 年比重（%）	2010 年人口数（人）	2010 年比重（%）	人口变化（人）
贵州	38562148	2.73	34746468	2.59	3815680
四川	83674866	5.93	80418200	6	3256666
重庆	32054159	2.27	28846170	2.15	3207989
河北	74610235	5.28	71854202	5.36	2756033
北京	21893095	1.55	19612368	1.46	2280727
陕西	39528999	2.8	37327378	2.79	2201621
上海	24870895	1.76	23019148	1.72	1851747
安徽	61027171	4.32	59500510	4.44	1526661
海南	10081232	0.71	8671518	0.65	1409714
云南	47209277	3.34	45966239	3.43	1243038
天津	13866009	0.98	12938224	0.97	927785
宁夏	7202654	0.51	6301350	0.47	901304
湖南	66444864	4.71	65683722	4.9	761142
西藏	3648100	0.26	3002166	0.22	645934
江西	45188635	3.2	44567475	3.33	621160
湖北	57752557	4.09	57237740	4.27	514817
青海	5923957	0.42	5626722	0.42	297235
甘肃	25019831	1.77	25575254	1.91	（555423）
内蒙古	24049155	1.7	24706321	1.84	（657166）
山西	34915616	2.47	35712111	2.67	（796495）
辽宁	42591407	3.02	43746323	3.27	（1154916）
吉林	24073453	1.71	27462297	2.05	（3388844）
黑龙江	31850088	2.26	38312224	2.86	（6462136）

注：括号中数据为负数，表示净减少人口数。

资料来源：国家统计局。

第二节　区域金融环境的差异

金融因经济也呈现出区域差异，从风险和收益角度看我国区域金融存在较大差异。

一、区域金融风险有差异

区域的经济、金融问题多数情况是与产业结构联系在一起的，区域产业结构差异导致了区域金融环境差异。表9-5是2019年及2020年商业银行分地区不良贷款率情况，原银监会在2017年及之前的年报中公布区域信贷资产质量（见表9-6、表9-7），从中可以看到这种差异。以2017年的数据为例，当年东部地区的不良贷款率最低（1.6%），西部地区的不良贷款率（2.3%）高于中部地区（2.0%），东北三省的不良贷款率都在2%以上。广东、福建、浙江、江苏和山东五省都位于东部地区，区域内部各省份之间的不良贷款率也有一定差异。广东整体经济结构较好，企业创新能力强，不良贷款率在东部省份处于较好水平。江苏和浙江虽然都位于东部沿海地区，但由于浙江的民营企业和小企业较多，抗风险能力较差，不良贷款率要高于江苏。山东由于重工业总体偏多，民营企业互保严重，风险水平偏高，不良贷款率高于平均水平。福建由于曾经受到钢贸不良贷款的影响，不良贷款率偏高。从2019年和2020年的数据看，这种不良贷款率的区域差异结构仍然基本维持着。

表9-5 2019年及2020年商业银行分地区不良贷款率情况

区域	2020年不良贷款率（%）	2019年不良贷款率（%）	区域	2020年不良贷款率（%）	2019年不良贷款率（%）
总行	1.80	2.90	河南	2.90	2.90
北京	0.40	0.70	湖北	1.50	1.40
天津	3.10	3.30	湖南	1.70	1.50
河北	2.20	2.00	重庆	1.10	1.20
辽宁	4.10	4.40	四川	2.20	2.00
上海	0.60	0.80	贵州	2.10	1.40
江苏	1.30	1.10	云南	2.50	1.80
浙江	1.20	1.00	西藏	0.40	0.60
福建	1.60	1.30	陕西	1.50	1.20
山东	4.00	3.50	甘肃	4.40	7.00
广东	1.30	1.20	青海	2.30	8.20
海南	1.60	8.70	宁夏	3.70	3.00
山西	2.30	2.00	新疆	1.40	1.50
吉林	3.10	2.80	广西	1.50	1.20
黑龙江	2.30	2.10	内蒙古	3.50	4.70
安徽	1.90	1.70	境外分行	0.20	0.30
江西	2.80	1.80			

资料来源：Wind 数据库。

表 9-6 2017 年商业银行不良贷款的分地区情况

区域	不良贷款余额（亿元）	不良贷款率（%）	区域	不良贷款余额（亿元）	不良贷款率（%）
总行	987.8	1.9	河南	571.5	1.9
东部地区	8843.5	1.6	湖北	434.9	1.5
北京	274.1	0.5	湖南	464.4	1.9
天津	525.5	2.3	西部地区	3873.2	2.3
河北	619.9	2.0	重庆	267.4	1.2
辽宁	928.5	2.9	四川	951.1	2.5
上海	281.2	0.6	贵州	427.3	3.0
江苏	1148.6	1.3	云南	448.0	3.0
浙江	1305.8	1.7	西藏	9.2	0.3
福建	646.8	2.1	陕西	377.2	2.0
山东	1726.8	3.0	甘肃	336.1	3.4
广东	1352.5	1.3	青海	90.6	2.4
海南	33.7	0.8	宁夏	97.0	2.3
中部地区	3298.4	2.0	新疆	138.4	1.4
山西	407.3	2.4	广西	223.1	1.6
吉林	347.3	3.0	内蒙古	507.8	3.8
黑龙江	237.7	2.4	境内小计	17002.9	1.8
安徽	402.0	1.6	境外分行	54.0	0.1
江西	433.3	2.3			

资料来源：原银监会 2017 年年报。

表 9-7 2016 年商业银行不良贷款的分地区情况

区域	不良贷款余额（亿元）	不良贷款率（%）	区域	不良贷款余额（亿元）	不良贷款率（%）
总行	841.9	2.1	河南	473.9	1.84
北京	260.2	0.55	湖北	415.8	1.68
天津	375.8	1.79	湖南	361.6	1.75
河北	502.2	1.87	重庆	256.3	1.28
辽宁	606.2	2.09	四川	763.9	2.33
上海	307.7	0.68	贵州	249	2.02
江苏	1146.10	1.42	云南	409.7	3.07

续表

区域	不良贷款余额 （亿元）	不良贷款率 （%）	区域	不良贷款余额 （亿元）	不良贷款率 （%）
浙江	1568.10	2.26	西藏	6	0.27
福建	782.4	2.73	陕西	389.9	2.23
山东	1321.10	2.48	甘肃	155.3	1.77
广东	1300.90	1.38	青海	72	2.1
海南	27.7	0.73	宁夏	77.4	2.05
山西	409.5	2.72	新疆	125.4	1.4
吉林	290.1	2.68	广西	242.2	1.91
黑龙江	182.6	2.04	内蒙古	438.9	3.57
安徽	357.9	1.6	境内小计	15075.60	1.81
江西	357.8	2.22	境外分行	46.9	0.14

资料来源：原银监会 2016 年年报。

不只是在中国，美国的区域经济结构带来的区域金融风险差异也很明显，第二章分析的美国 20 世纪八九十年代的银行危机就很好地说明了这个问题。1980~1994 年，美国共有 1617 家联邦存款保险公司承保的银行倒闭，大约有 60% 集中在加利福尼亚州、堪萨斯州、路易斯安那州、俄克拉何马州和得克萨斯州。从表 9-8 可以看出，在该危机期间无论是从违约银行数还是从资产总量来看，违约较严重的都是堪萨斯州，占比高，且绝对额大，这与第二章提及的石油和商业地产有关。FDIC 在总结这段时间高破产发生率的州的特征时，发现禁止设立分支机构的要求限制了银行将其贷款业务分散化的行为（美国联邦存款保险公司，2010）。

表 9-8　1980~1994 年美国倒闭银行的区域分布情况

地区	倒闭 银行数	占全州银行 总数的比例（%）	倒闭银行总资产 （亿美元）	占全州银行资产的 比例（%）
阿拉巴马（Alabama）	9	2.47	2.16	1.18
阿拉斯加（Alaska）	8	44.44	10.83	41.58
亚利桑那（Arizona）	17	26.15	3.31	1.66
阿肯色（Arkansas）	11	4.03	1.61	1.47
加利福尼亚（California）	87	15.26	42.22	1.69
科罗拉多（Colorado）	59	12.39	10.36	5.24

续表

地区	倒闭银行数	占全州银行总数的比例（%）	倒闭银行总资产（亿美元）	占全州银行资产的比例（%）
康涅狄格（Connecticut）	32	18.39	68.18	22.17
特拉华（Delaware）	1	1.61	5.82	0.74
哥伦比亚特区（District of Columbia）	5	17.86	11.35	13.39
佛罗里达（Florida）	39	4.56	45.24	4.30
佐治亚（Georgia）	3	0.53	0.61	0.17
夏威夷（Hawaii）	2	20.00	0.14	0.29
爱达荷（Idaho）	1	3.13	0.43	0.84
伊利诺伊（Illinois）	33	2.52	350.31	25.75
印第安纳（Indiana）	10	2.40	2.41	0.76
爱荷华（Iowa）	40	6.07	6.53	3.25
堪萨斯（Kansas）	69	10.71	12.34	7.26
肯塔基（Kentucky）	7	1.91	0.98	0.48
路易斯安那（Louisiana）	70	22.44	41.06	17.39
缅因（Maine）	2	2.63	8.75	13.51
马里兰（Maryland）	2	1.45	0.44	0.06
马萨诸塞（Massachusetts）	44	10.63	102.41	12.90
密歇根（Michigan）	3	0.75	1.60	0.29
明尼苏达（Minnesota）	38	4.87	14.91	4.95
密西西比（Mississippi）	3	1.63	3.39	3.18
密苏里（Missouri）	41	5.24	10.43	2.25
蒙大拿（Montana）	10	5.75	1.73	3.32
内布拉斯加（Nebraska）	33	6.88	3.24	2.91
内华达（Nevada）	1	4.17	0.18	0.10
新罕布什尔（New Hampshire）	16	12.60	33.21	31.98
新泽西（New Jersey）	14	5.71	46.95	9.49
新墨西哥（New Mexico）	11	11.00	5.68	9.47
纽约（New York）	34	8.79	317.01	6.22
北卡罗来纳（North Carolina）	2	1.59	0.75	0.27
北达科他（North Dakota）	9	5.00	0.78	1.76
俄亥俄州（Ohio）	5	1.14	1.72	0.29
俄克拉何马（Oklahoma）	122	22.02	58.38	23.85

续表

地区	倒闭银行数	占全州银行总数的比例（%）	倒闭银行总资产（亿美元）	占全州银行资产的比例（%）
俄勒冈（Oregon）	17	17.00	6.00	4.34
宾夕法尼亚（Pennsylvania）	5	1.19	174.54	16.99
波多黎各（Puerto Rico）	5	33.33	5.27	8.94
罗得岛州（Rhode Tsland）	2	8.33	3.24	3.29
南卡罗来纳（South Carolina）	1	0.87	0.65	0.67
南达科他（South Dakota）	8	4.73	7.11	4.04
田纳西（Tennessee）	36	9.05	17.30	6.34
得克萨斯（Texas）	599	29.41	601.92	43.84
犹他州（Utah）	11	11.58	3.39	4.04
佛蒙特（Vermont）	2	5.41	0.94	2.94
弗吉尼亚（Virginia）	7	2.45	1.34	0.47
华盛顿（Washington）	4	2.63	7.14	2.42
西弗吉尼亚（West Virginia）	5	1.98	1.24	1.25
威斯康星（Wisconsin）	2	0.30	0.51	0.19
怀俄明（Wyoming）	20	16.67	3.75	10.30
美国（U.S.）	1617	9.14	2061.79	8.98

注：表中数据为关闭或接受了 FDIC 援助的由 FDIC 承保的商业和储蓄银行。

资料来源：美国联邦存款保险公司. 美国 20 世纪 80~90 年代初银行危机研究——历史和教训［M］. 朱崇实，刘志云等译. 厦门：厦门大学出版社，2010.

二、区域金融效率有差异

不同区域之间的金融经营效率差异较大。根据中国人民银行 2019 年的数据，东部地区的人均和每个网点平均资产规模分别为 0.79 亿元和 15.88 亿元，而同期中部地区的人均和网均资产规模分别为 0.5 亿元和 7.52 亿元，西部地区分别为 0.49 亿元和 7.62 亿元（见表 9-9）。东部地区的人均和每个网点平均规模远高于其他地区，说明该地区的投入产出效率较高。2020 年末，中部地区银行业金融机构的网点数量 5.3 万个，银行从业人员 81.7 万人，银行业金融机构资产总额 16.0 万亿元；西部地区银行业金融机构网点数量 5.9 万个，银行从业人员 89.5 万人，资产总额 50.1 万亿元；东北地区银行业金融机构网点数量 2.1 万个，银行从业人员 39 万人，资产总额 17.0 万亿元，表现出了较大的区域差异（中国人民银行货币政策分析小组，2021）。

表9-9 2019年末区域金融机构情况

区域	营业网点数（个）	营业网点从业人数（人）	资产总额（亿元）	法人机构数（个）	人均资产总额（亿元）	每个网点平均资产总额（亿元）
东北地区	21726	396024	158919	414	0.40	7.31
西部地区	60494	950468	461031	1808	0.49	7.62
中部地区	53635	811073	403563	1115	0.50	7.52
东部地区	90504	1808616	1436805	2215	0.79	15.88

注：由于2021年报告未公布东部地区2020年相关数据，为便于比较，本部分采用2019年相关数据。

资料来源：《中国区域金融运行报告（2020）》。

三、区域金融收益有差异

由于区域竞争的差异，我国区域间的定价呈现出较大的差距。根据中国人民银行的《中国区域金融运行报告（2021）》，东部、中部、西部、东北地区2020年12月一般贷款加权平均利率分别为5.16%、5.53%、5.61%、5.66%。由表9-10可以看出东部地区一般贷款平均加权利率比东北地区低50~80BPS。省份之间贷款利率也有差异，从图9-2可以看到河南贷款利率要远高于湖北。存款利率也有较大差异，根据中国人民银行的数据，2020年12月四川金融机构定期存款加权平均利率为2.42%，新疆定期存款加权平均利率为1.96%，两者相差近50BPS。

表9-10 2020年各地区一般贷款加权平均利率变化情况 单位:%

月份	东部地区	中部地区	西部地区	东北地区
3	5.35	5.67	5.67	6.11
6	5.18	5.5	5.44	5.77
9	5.22	5.56	5.49	5.88
12	5.16	5.53	5.61	5.66

资料来源：《中国区域金融运行报告（2021）》。

四、金融资源分布有差异

由于全国性金融机构的存在，存款可以在不同地区分行调度，从而导致了金融资源的区域差异。林毅夫和孙希芳（2008）尝试对中国银行业结构与经济增长之间的关系进行实证检验，他们研究发现，中小银行的市场份额的上升有助于促进经济增长。这也催生了大量的区域商业银行，但区域商业银行并未扭转区域金

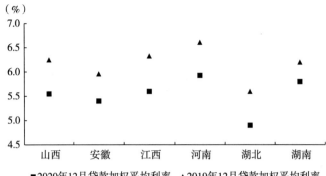

图 9-2　2019~2020 年中部地区分省份贷款利率情况

资料来源：《中国区域金融运行报告（2021）》。

融资源分布不均的状况。2020 年，我国东部、中部、西部和东北地区社会融资规模增量占全国社会融资规模增量的比重分别为 59.8%、18.3%、19.7% 和 2.2%（中国人民银行货币政策分析小组，2021），东北地区的社会融资规模增量增长几乎停滞（见表 9-11）。

表 9-11　2020 年各地区社会融资规模增量占比情况　　单位：%

类型	东部地区	中部地区	西部地区	东北地区	合计
地区社会融资规模	59.8	18.3	19.7	2.2	100
人民币贷款	59.3	19.6	18.1	3.0	100
外币贷款（折合人民币）	80.5	0.9	27.2	-8.6	100
委托贷款	60.7	19.3	15.6	4.4	100
信托贷款	67.2	20.3	5.8	6.7	100
未贴现的银行承兑汇票	147.4	-22.0	28.9	-54.3	100
企业债券	68.7	14.6	16.6	0.0	100
非金融企业境内股票融资	78.6	11.4	8.5	1.4	100
政府债券	45.0	22.8	27.1	5.1	100

资料来源：《中国区域金融运行报告（2021）》。

此外，我们还可以从资本市场的资金流向来探讨资金的区域选择。

债券融资是全国性的资金流动，市场化程度极高。由于"投资不过山海关"等思维的影响，东部地区 2020 年社会融资规模增量中的企业债券融资占比为 16.7%，而东北地区仅为 0.3%（见表 9-12）。城投平台发行债券公司是我国债券市场的主要融资主体，投资者一般根据区域信用情况选择城投企业进行投资。表 9-13 展示的是 2020 年和 2019 年城投企业在债券市场净融资的情况，可以看出全国金融资源的区域流向，江苏和浙江吸引了大部分的资金，合计占净融资增量的 40% 左右。

表 9-12　2020 年各地区社会融资规模增量的结构分布情况　　　　单位:%

类型	东部	中部	西部	东北
人民币贷款	63.5	68.6	58.7	85.5
外币贷款（折合人民币）	0.8	0.0	0.9	-2.4
委托贷款	-1.4	-1.4	-1.1	-2.6
信托贷款	-3.9	-3.9	-1.0	-10.4
未贴现的银行承兑汇票	2.8	-1.4	1.7	-27.8
企业债券	16.7	11.6	12.2	0.3
非金融企业境内股票融资	3.9	1.9	1.3	1.9
政府债券	10.9	18.1	19.9	32.6
其他	6.7	6.5	7.5	23.0
合计	100	100	100	100

资料来源:《中国区域金融运行报告（2021）》。

表 9-13　2020 年和 2019 年各省城投净融资情况　　　　单位：亿元

序号	省份	2020 年净融资额	2019 年净融资额	净融资额变化
1	江苏	4649	2334	2315
2	浙江	3748	2090	1658
3	山东	2757	1349	1408
4	四川	1940	1257	683
5	广东	1225	393	832
6	湖南	1093	649	444
7	湖北	974	713	261
8	河南	773	416	357
9	重庆	761	454	307
10	福建	680	457	223
11	安徽	582	433	149
12	广西	537	89	448
13	陕西	510	106	404

续表

序号	省份	2020 年净融资额	2019 年净融资额	净融资额变化
14	贵州	481	251	230
15	江西	476	434	42
16	河北	448	276	172
17	上海	445	70	375
18	北京	327	282	45
19	天津	201	330	−129
20	甘肃	157	135	22
21	新疆	155	54	101
22	云南	30	227	−197
23	宁夏	52	11	41
24	西藏	40	53	−13
25	吉林	34	199	−165
26	海南	22	22	0
27	山西	8	150	−142
28	青海	−9	6	−15
29	黑龙江	−40	18	−58
30	辽宁	−45	−182	137
31	内蒙古	−200	−44	−156
合计	—	22811	13032	9779

资料来源：刘郁，姜丹. 2020 年以来首次发债城投知多少？［EB/OL］.［2021-01-06］. https//mp. weixin. qq. com/S/TXAz2eujFul5kyEXuRzPdQ.

上市融资是权益性资金的重要来源。从上市公司的市值来看，东部地区吸引了大量的金融资源（见表 9-14）。

表 9-14 2021 年 9 月我国各地区上市公司市值情况　　　　单位：亿元

省份	全部	上证主板	深证主板	科创板	创业板
北京	200025	164213	14652	6942	14219
广东	157995	49114	72276	6040	30566
上海	88174	57419	3125	16002	11630
浙江	81241	37489	29178	3424	11149
江苏	71430	33802	17619	8015	11994

续表

省份	全部	上证主板	深证主板	科创板	创业板
山东	42356	21838	13236	2464	4818
福建	36835	17608	4264	731	14232
四川	31391	9468	18442	933	2547
贵州	25665	22522	1867	243	1034
安徽	21075	7774	8363	887	4050
湖南	19393	4360	5344	2423	7266
湖北	16892	8102	6274	406	2110
河北	16046	9914	5111	—	1021
河南	15490	5186	8498	233	1573
陕西	15057	10103	2786	778	1390
天津	13254	7943	3705	984	622
重庆	12217	5529	3423	—	3265
云南	11989	3691	6001	—	2297
山西	11009	7761	3083	—	164
辽宁	9719	6146	2352	437	783
内蒙古	9621	7903	1569	—	149
新疆	9501	3497	4432	1355	217
江西	9419	3214	4649	554	1002
吉林	5114	1237	3218	424	235
黑龙江	3546	2765	557	40	184
海南	3471	1997	1098	103	274
青海	3286	737	2549	—	—
甘肃	3200	1551	1558		92
广西	3105	1548	1490		67
西藏	2790	1256	1103	—	431
宁夏	2130	1644	444	—	41

注："全部"列与后面四列之和的差异是四舍五入所致。

资料来源：Wind 数据库，数据截至 2021 年 9 月 19 日。

第三节 银行区域信贷管理的实践

一、信贷规模和经济资本分配

目前，我国银行一般可以通过两个抓手来进行区域信贷额度分配。一个是合意信贷规模控制。作为一个一级法人，银行应该在全国范围内选最优的客户，但是由于各分行属地经营，实际上很难真正做到在全国范围内选择最优客户。一个折中的做法就是在区域分配信贷规模，让各个分行自己筛选客户。区域信贷额度分配是较为原始的控制措施，也是目前最强力的手段。目前，中国人民银行对各个商业银行仍然有信贷额度控制，各个商业银行可以通过在各个分行分配额度来实现信贷在区域间的组合管理。

另一个抓手是经济资本分配。商业银行在区域间按照区块划分信贷规模的方法未考虑不同贷款主体的风险水平差异，而经济资本的分配是一个考虑了风险水平差异的区域控制手段，可以实现监管资本的管理。多数银行有经济资本的计量方法，可以通过区域间的经济资本配置达到控制区域信贷投放的目的。

二、授权管理

授权是当前银行区域信贷管理的重要方式。根据中国人民银行制定的《商业银行授权、授信管理暂行办法》，应依据各业务职能部门和分支机构的经营管理水平、风险控制能力、主要负责人业绩等，实行区别授权。基本授权包括授信额度审批权限及单项信贷业务审批权限。商业银行一般是逐级授权，总行对一级分行授权，一级分行对二级分行授权，最后对支行授权。

我国商业银行已有成熟的评价和授权体系。商业银行一般按照分行信贷经营管理评价进行授权，主要包括信贷资产质量、经济资本占用、贷款收益水平、内控评价、区域经济信用环境、信贷基础管理水平等指标。有的银行考虑不同支行所在地区的经济发展水平（经济总量、增速、人口、人均 GDP、地区存贷款总量及增量等）、主要产业类型（三次产业占比、主要行业数据等）、分支机构的整体规模（存贷款总量、市场占有率、客户数、同业排名等）、风险管理水平（不良贷款额、不良贷款率、授信集中度情况、平均单户授信金额、风控人员数量、案件防控等级）、同业授权（竞争对手一般授多大权限）等要素，综合加权打分，得出一个参考指标①。

　　某银行选取 8 项指标对县域支行的信贷管理进行等级评价，分别是不良贷款率（10 分）、新发放不良贷款率（10 分）、到期贷款现金收回率（10 分）、计财等级行（25 分）、内控评价得分（5 分）、贷款余额（30 分）、优良客户占比（5 分）、贷款收益率（5 分）（柯红梅，2012），具体见表 9-15。

表 9-15　分支机构的信贷经营管理考核评分

指标	权重	满分值	零分值
不良贷款率	10	1.50%	15.00%
新发放不良贷款率	10	1.00%	10.00%
到期贷款现金收回率	10	100.00%	85.00%
计财等级行	25	7 级	
内控评价得分	5	100 分	0
贷款余额	30	200 亿元	0
优良客户占比	5	90.00%	0%
贷款收益率	5	6.50%	0%
合计	100		

资料来源：柯红梅. 县城支行信贷管理等级提升初探［J］. 湖北农村金融研究，2012（6）：21-23.

三、区域信贷政策

　　第三章介绍过信贷政策，区域信贷政策是银行针对某个区域的信贷授权、信贷额度等实施的特殊政策，一般是为了响应国家政策需求，支持特定地区发展。商业银行在执行全行统一信贷政策的前提下，统筹考虑国家经济区域布局和规划、各地资源禀赋、区位优势、风险管理能力、产业集群特征和金融环境等，因地制宜地选择行业、客户、产品的发展重点和管理重点，对具备显著比较优势的区域特色行业或重点骨干企业给予差别化政策，以合理兼顾政策统一性和操作灵活性。

　　为跟进国家区域发展战略，部分商业银行出台了区域信贷政策，促进了区域协调发展。在区域重点布局方面，目前商业银行仍将经济和金融资源富集的地区作为信贷业务重点发展的区域，具体包括长三角、珠三角、环渤海等经济发达地区，国家级发展规划的经济区域，国家级产业园区、产业集群所在地、具有全国

_____

① 参见 https：//www.zhihu.com/question/21929322/answer/23569382。

辐射力的专业市场等特色经济区域，北京、上海、深圳等总部经济特征明显的区域。对东部地区更加关注产业升级、高新技术、低碳经济和现代服务业的发展；对中西部地区则更关注优质基础设施项目、资源能源型骨干企业和具有比较竞争优势的特色行业，有选择地支持有竞争力的高新技术产业发展。

专栏 4　中国工商银行为重庆两江新区出台区域信贷政策

　　瞄准两江新区金融服务商机。工商银行重庆两江新区区域信贷政策的正式出台，为两江新区金融高地建设抹上了浓重的一笔。

　　2010 年 5 月，重庆两江新区建设获国家批复。根据两江新区产业结构调整和产业发展规划，中国工商银行重庆市分行与两江新区管理委员会签署了《全面金融合作协议》，加大对新区重点规划产业和行业的支持力度。根据协议规定，中国工商银行重庆市分行将加大对基础设施建设的信贷投入和金融服务力度，重点支持两江工业园及十大功能集聚区项目，将在五年内为两江工业园、江北嘴中央商务区、北部新区、保税港功能区、空港新城、蔡家高技术产业功能区等以及其他基础设施项目等提供融资支持，并计划未来五年内，两江新区新设、搬迁的营业网点不低于十个。

　　作为进出口型企业的集聚地，中国工商银行重庆市分行专门承诺为重庆两江新区管理委员会合作范围内的企业提供优质且高效的账户管理、境外机构境内外汇账户管理、外汇资金管理、国际结算、结售汇、国际贸易融资、外汇转贷款、出口买方信贷等外汇金融服务。值得一提的是，总行针对两江新区专门出台信贷政策，主要内容涵盖配置专项信贷规模、扩大重点建设项目融资和重点企业融资的审批权限、为两江新区融资项目开辟"绿色通道"、积极创新包括融资在内的各类金融产品等。

　　目前，两江新区开发投资集团有限公司在中国工商银行的授信总额为 76.72 亿元，2010 年信用等级为 AA+级。截至 2010 年 12 月，已实现提款 12.5 亿元。

　　资料来源：参见 https：//www.chinanews.com/fortune/2010/12-30/2757683.shtml。

专栏 5　中国农业银行出台五个涉农区域信贷政策

　　为贯彻落实中央部署，中国农业银行近期陆续发布了粮食、棉花、苹果、花卉、烟叶五个区域信贷政策。

全国不同农业产区资源禀赋特点存在较大差异，中国农业银行积极跟进国家"两区"建设布局，在摸清不同区域客户群体经营方式以及资金需求特点的基础上，及时修订五个区域信贷政策，既是做好优势农业产区信贷服务、优化资源配置、调整信贷结构的重要抓手，又是农业银行落实和支持国家相关涉农发展规划的具体举措。

与中国农业银行以往出台的 13 个涉农行业信贷政策主要聚焦于加工环节不同，此次修订的五个区域信贷政策重点是针对种植业和养殖业等第一产业，同时兼顾流通业和加工业，对全行"三农"信贷政策体系建设起到了有益的补充和完善作用。

资料来源：参见 http：//finance. ce. cn/rolling/201707/18/t20170718_24272183. shtml。

四、区域信贷结构诊断

目前，我国银行基本上是按照总分行的方式进行区域管理的，上级行可以建立针对下级分行的信贷结构诊断和风险提示机制，经常对分行的信贷结构进行诊断，了解分行的经营情况。诊断的目的主要是判断分行的信贷结构与总行的信贷战略和分行所在区域的经济发展是否匹配。

在充分考虑各分行辖内资源优势和发展策略的基础上，上级行借助组合分析，对照区域禀赋、银行同业和银行自身现状，诊断各分行信贷结构中存在的问题，提出分行信贷结构调整的目标和方向，对分行有问题的信贷结构进行风险提示。针对分行信贷机构中存在的问题，上级行以信贷结构风险提示函的形式下发信贷结构诊断书，提示分行进行改进。

其分行信贷结构风险提示函示例见本章附件。

第四节　银行区域信贷发展空间测算

前面部分主要总结区域经济、金融差异以及商业银行的区域管理工具。本节将围绕区域信贷空间做一些定量分析。区域信贷空间的测算是假设银行可以在全国配置信贷资源，不考虑银行本身的信贷管理能力，分析在全国配置信贷资产的最优结构。

一、影响因素

区域经济的测度有很多方法，本节我们主要讨论银行在信贷资源配置时的考虑维度，根据本章上述部分的分析，结合银行经营的经验，本节提出了区域经济人口、区域金融环境、区域机构经营三个一级指标，并分别设计了相应的二级指标。指标选择上尽量用原始数据，不使用第三方评估结果。

区域经济人口指标设计了经济规模、人口数量、经济增长、经济结构、人口结构五个指标。区域金融环境主要考虑区域资本市场融资、区域债务压力两个方面。区域机构经营情况包括区域金融效率、区域资产质量，分别刻画了运行效率和风险（见表9-16）。

表9-16 区域空间测度指标体系

一级指标	二级指标	指标	计算方法
经济人口	经济规模	GDP 比重（基石指标，50%）	区域 GDP 占全国 GDP 比重
	人口数量	人口比重（基石指标，50%）	区域人口占全国人口比重
	经济增长	GDP 增长率	GDP 实际增长率
	经济结构	非第一产业占比	第二产业和第三产业占比
	人口结构	59 岁及以下人口占比	国家统计局普查数据
金融环境	资本市场融资	上市公司数量	区域上市公司数量
		城投债净融资额占比	城投平台的净融资额占全国城投净融资的比重
	区域债务压力	债务与一般公共预算收入之比	区域债务总额占区域一般公共预算收入的比重
		区域贷款与存款的比例	区域贷款与存款比例
机构经营	区域金融效率	区域金融机构人均金融资产	区域金融机构人均金融资产
	区域资产质量	区域银行业不良贷款率	区域银行业不良贷款率，采用 2019 年数据

经济占比和人口占比为基石指标，其他指标为调整指标。

二、经济人口因素

经济因素。经济是金融的基础，经济的增长无论是对信贷投放空间的扩大还是对信贷资产质量的控制都有极为重要的作用。从我们列举的江苏、浙江、内蒙古以及贵州的情况看，我国的 GDP 与资产质量之间关系密切，经济下行期间资产质量会出现恶化（见图9-3）。将经济因素中的经济规模设定为基石指标，用区域 GDP 占全国 GDP 的比重来测度；将经济增长和非第一产业占比设定为调整指标，分别测度经济增长的速度和质量。

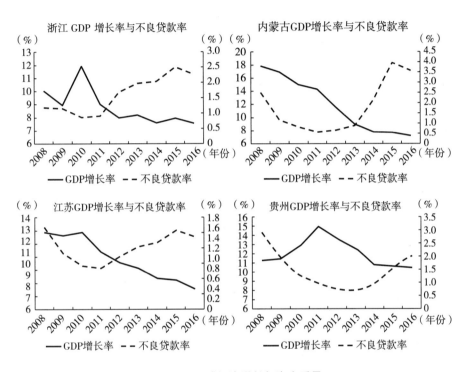

图9-3　区域经济增长与资产质量

人口因素。在人口因素方面我们提出了两个指标，一个是基石指标，就是区域人口占全国人口的比重。另一个是调整指标，我们将 59 岁及以下人口占区域总人口的比重作为测度指标。人口是一个长期变量，用区域人口中 59 岁及以下人口占区域总人口的比重来测度人口结构，之所以将 14 岁及以下人口也包含在内，是因为这个指标是测度人口长期的变化，这部分人口从长远来看将作为重要的人力资源来源。

三、金融环境

金融环境包括两个方面，一个是资本市场融资，另一个是区域债务压力，全部为调整指标。

资本市场融资反映了市场能够自由选择的资金对该区域的认可程度，从股权融资和债权融资两个角度进行测度。股权方面选择的是该区域上市公司的数量，如果一个地区的上市公司较多，表明该地区能从资本市场融入更多资金搞活区域经济。债权方面选择的是该区域城投平台的债券净融资额占全国城投平台债券净融资额的比重。债券投资完全由投资主体自由选择，城投平台的债券发行情况反映了该区域从市场通过债券进行净融资的能力。

区域债务压力包括两个指标。一个是区域政府债务压力，如果债务负担过重，当地政府将把更多精力放在处理债务上，本息负担实际上会给未来的经济金融发展带来负面影响，我们用债务总额与一般公共预算收入的比值来测度。实际上，平台债务多是为了满足地方政府的需求而举借的，我们将政府全部直接债务和当地城投的有息债务之和作为债务总额；政府的另一部分规模较大的自由支配资金即政府性基金，主要依赖土地出让，收入波动较大，因此分母部分未考虑政府性基金收入，分母直接用一般公共预算收入。另一个是区域存贷比，存贷比一般用来测度银行存款和贷款的比例，区域存贷比可以测度区域杠杆水平，存贷比越高说明区域举债越严重，该地区信贷发展空间越小；反之越大。

四、区域机构经营

区域金融机构经营情况主要体现在两方面，即金融效率和资产质量。金融效率主要通过区域金融机构人均金融资产金额来测度，金融机构经营效果主要通过区域不良贷款率来体现，指标全部为调整指标。

区域金融效率主要通过区域金融机构的人均金融资产金额来体现。人均规模代表着当地每个从业人员能带来的边际贡献。

区域资产质量主要指的是当地的信贷资产质量，用当地信贷的不良贷款率来测度。虽然不良贷款率是一个滞后指标，但由于该指标具有较好的全面性，我们将区域不良贷款率作为地区资产质量的测度指标。

五、区域信贷发展空间测算

根据上述设定的指标体系，本节采用2020年数据模拟测度区域信贷发展空间，测算原始数据见表9-17。本部分计算结果是各区域的信贷比重，即单个区域信贷占全部信贷的比重。指标主要分为两类：一类是基石指标，GDP比重和人口比重将作为基石指标，各占50%的权重；另一类是调整指标，该类指标得分为基石指标的调节系数，用于调整基石指标。

表 9-17　区域信贷发展空间测算的原始数据

省份	2020年GDP（亿元）	GDP比重（%）	人口比重（%）	2020年GDP增长率（%）	2020年末非第一产业占比（%）	59岁及以下人口占比（%）	上市公司数量	城投债净融资额占比（%）	2020年末债务总额/一般公共预算收入	2020年末区域存贷比（%）	区域不良贷款率（%）	区域金融机构人均资产（亿元）
广东	110760.9	10.9	8.9	2.3	95.7	87.7	739.0	5.4	233.4	73.1	1.2	0.8
江苏	102719.0	10.1	6.0	3.7	95.6	78.2	537.0	20.4	921.7	88.0	1.1	0.8
山东	73129.0	7.2	7.2	3.6	92.7	79.1	252.0	12.1	692.5	82.7	3.5	0.6
河南	54997.1	5.4	7.0	1.3	90.3	81.9	92.0	3.4	606.8	82.7	2.9	0.5
浙江	64613.0	6.4	4.6	3.6	96.7	81.3	579.0	16.4	749.3	94.3	1	0.8
四川	48598.8	4.8	5.9	3.8	88.6	78.3	147.0	8.5	1075.1	77.3	2	0.6
河北	36206.9	3.6	5.3	3.9	89.3	80.1	66.0	2.0	497.9	75.0	2	0.5
湖南	41781.5	4.1	4.7	3.8	89.9	80.1	123.0	4.8	1049.6	85.3	1.5	0.5
湖北	43443.5	4.3	4.1	-5.0	90.5	79.6	119.0	4.3	1187.2	89.1	1.4	0.7
安徽	38680.6	3.8	4.3	3.9	91.8	81.2	137.0	2.6	709.7	86.2	1.7	0.6
福建	43903.9	4.3	2.9	3.3	93.8	84.0	161.0	3.0	574.5	106.2	1.3	0.9
上海	38700.6	3.8	1.8	1.7	99.7	76.6	374.0	2.0	185.1	54.3	0.8	1.5
北京	36102.6	3.6	1.6	1.2	99.6	80.4	404.0	1.4	323.4	44.8	0.7	2.3
江西	25691.5	2.5	3.2	3.8	91.3	83.1	60.0	2.1	846.5	94.9	1.8	0.6
陕西	26181.9	2.6	2.8	2.2	91.3	80.8	62.0	2.2	786.6	79.2	1.2	0.6
广西	22156.7	2.2	3.6	3.7	84.0	83.3	38.0	2.4	937.8	101.5	1.2	0.5
云南	24521.9	2.4	3.3	4.0	85.3	85.1	40.0	0.0	1094.9	98.3	1.8	0.6

续表

省份	2020年GDP（亿元）	GDP比重（%）	人口比重（%）	2020年GDP增长率（%）	2020年末非第一产业占比（%）	59岁及以下人口占比（%）	上市公司数量	城投债净融资额占比（%）	2020年末债务总额/一般公共预算收入（%）	2020年末区域贷存比（%）	区域不良贷款率（%）	区域金融机构人均资产（亿元）
辽宁	25115.0	2.5	3.0	0.6	90.9	74.3	76.0	-0.2	459.9	76.8	4.4	0.5
重庆	25002.8	2.5	2.3	3.9	92.8	78.1	58.0	3.3	1065.6	97.8	1.2	0.8
山西	17651.9	1.7	2.5	3.6	94.6	81.1	40.0	0.0	293.1	72.1	2	0.4
贵州	17826.6	1.8	2.7	4.5	85.8	84.6	33.0	2.1	1418.1	114.0	1.4	0.6
新疆	13797.6	1.4	1.8	3.4	85.6	88.7	58.0	0.7	637.0	91.8	1.5	0.6
黑龙江	13698.5	1.4	2.3	1.0	74.9	76.8	38.0	-0.2	640.1	71.5	2.1	0.4
内蒙古	17360.0	1.7	1.7	0.2	88.3	80.2	26.0	-0.9	482.3	93.1*	4.7	0.4
吉林	12311.3	1.2	1.7	2.4	87.4	76.9	46.0	0.1	915.1	83.5	2.8	0.4
天津	14083.7	1.4	1.0	1.5	98.5	78.3	63.0	0.9	1099.4	113.8	3.3	0.7
甘肃	9016.7	0.9	1.8	3.9	86.7	83.0	33.0	0.7	1055.5	105.6	7	0.5
西藏	1902.7	0.2	0.3	7.8	92.1	91.5	20.0	0.2	407.7	91.4	0.6	0.7
宁夏	3920.6	0.4	0.5	3.9	91.4	86.5	15.0	0.2	655.4	111.8	3	0.4
海南	5532.4	0.5	0.7	3.5	79.5	85.4	34.0	0.1	359.9	96.8	8.7	0.7
青海	3005.9	0.3	0.4	1.5	88.9	87.9	11.0	0.0	1054.0	104.9	8.2	0.5

注：不良贷款率为2019年数据，采用的是商业银行不良贷款率。债务总额是指政府债务和城投债务合计值。海南人均资产有空缺，通过均值填补。
资料来源：Wind数据库、国家统计局。

基石指标的计算方法较为简单，直接用 GDP 比重和人口比重各 50% 的权重加权计算。

调整指标包括 GDP 增长率、非第一产业占比、59 岁及以下人口占比、上市公司数量、城投债净融资额占比、总债务与一般公共预算收入之比、区域贷款与存款的比例、区域金融机构人均金融资产金额、区域银行业不良贷款率。调整指标计算中总债务与一般公共预算收入之比、区域贷款与存款的比例和区域银行业不良贷款率三个指标的值越大得分越低，其他指标的值越大得分越高。

对于指标值越大得分越高的指标，计算如下：

$$score = (v - \min) / (\max - \min) \times (new\max - new\min) + new\min$$

对于指标值越大得分越低的指标，计算如下：

$$score = (1 - (v - \min) / (\max - \min)) \times (new\max - new\min) + new\min$$

其中，v 为指标数值，$\max$ 为指标的最大值，$\min$ 为指标的最小值，$new\max$ 为设定的最高分，$new\min$ 为设定的最低分，$score$ 为该项指标的最终得分。

得到分数后，可以加权计算 9 个指标的总得分。本节中采用等权重指数，每个指标 12.5 分，最高分为 10 分，最低分为 0 分。

得到分数后，参照式（7-5）的逻辑，根据式（9-1）将得分映射为打分调整。

$$w_i = s_i / (s_i - \bar{s}) \times M$$

$$\bar{s} = \sum_{i=1}^{n} s_i / n \qquad (9-1)$$

w_i 是打分调整，s_i 是打分的得分，$\bar{s}$ 是所有得分的均值，M 是调节系数，M 取 0.85%。将基石得分（50%GDP 比重 +50% 人口比重）与打分调整相加得到测算最优占比，表 9-18 为测度结果。测算最优占比指的是该省级分行信贷在全行贷款总额中的占比。广东测算最优占比为 10.54%，这说明广东分行应该获得全行 10.54% 的信贷额度。根据计算，广东、江苏、山东、河南、浙江、四川、河北、湖南、湖北、安徽的测算最优占比位列前十，说明这些地区有一定的经济基础，杠杆率和负债水平相对较低，应该获得更高的信贷占比。

表 9-18　区域信贷发展空间测算

省份	GDP比重(%)	人口比重(%)	2020年GDP增长率(%)	2020年末第一非农产业占比(%)	59岁及以下人口占比(%)	上市公司数量得分	城投债净融资额占比得分	2020年末债务总额占一般公共预算收入的比重得分	2020年末区域存贷比得分	人均资产得分	区域不良得分	50%GDP比重+50%人口得分(%)	打分求和	打分调整(%)	测算最优占比(%)
广东	10.94	8.94	3.69	10.47	9.72	12.50	3.67	12.01	7.39	2.79	11.57	9.94	70.13	0.61	10.54
江苏	10.15	6.01	5.93	10.41	2.82	9.03	12.50	5.03	4.71	2.97	11.73	8.08	59.20	0.38	8.46
山东	7.22	7.20	5.77	8.96	3.50	4.14	7.62	7.36	5.66	1.57	8.02	7.21	46.83	0.12	7.33
河南	5.43	7.05	2.08	7.73	5.56	1.39	2.51	8.23	5.66	0.85	8.95	6.24	40.88	0.00	6.24
浙江	6.38	4.58	5.77	10.97	5.11	9.75	10.18	6.78	3.56	2.55	11.88	5.48	60.78	0.41	5.89
四川	4.80	5.94	6.09	6.90	2.91	2.34	5.52	3.48	6.63	1.61	10.34	5.37	39.71	-0.03	5.34
河北	3.58	5.29	6.25	7.24	4.26	0.94	1.67	9.33	7.05	1.06	10.34	4.43	41.88	0.02	4.45
湖南	4.13	4.71	6.09	7.53	4.24	1.92	3.33	3.74	5.19	1.11	11.11	4.42	38.17	-0.06	4.36
湖北	4.29	4.1	0.00	7.85	3.84	1.85	3.03	2.34	4.49	1.90	11.27	4.19	36.57	-0.09	4.10
安徽	3.82	4.33	6.25	8.49	5.03	2.16	2.02	7.18	5.03	1.66	10.80	4.07	42.37	0.03	4.10
福建	4.34	2.95	5.29	9.51	7.08	2.58	2.27	8.55	1.42	3.38	11.42	3.64	46.21	0.11	3.75
上海	3.82	1.76	2.72	12.50	1.70	6.23	1.66	12.50	10.79	7.31	12.19	2.79	64.89	0.50	3.29
北京	3.57	1.55	1.92	12.43	4.43	6.75	1.36	11.10	12.50	12.50	12.35	2.56	73.41	0.67	3.23
江西	2.54	3.21	6.09	8.24	6.43	0.84	1.74	5.80	3.46	1.21	10.65	2.87	38.37	-0.05	2.82
陕西	2.59	2.80	3.53	8.28	4.73	0.88	1.83	6.40	6.28	1.32	11.57	2.69	41.29	0.01	2.70
广西	2.19	3.56	5.93	4.56	6.57	0.46	1.90	4.87	2.26	0.80	11.57	2.87	32.99	-0.17	2.71
云南	2.42	3.35	6.41	5.25	7.86	0.50	0.59	3.28	2.84	1.44	10.55	2.89	32.40	-0.18	2.71

续表

省份	GDP比重（%）	人口比重（%）	2020年GDP增长率（%）	2020年末第一非一产业占比（%）	59岁及以下人口占比（%）	上市公司数量得分	城投债净融资额占比得分	2020年末债务总额占一般公共人的预算收入的比重得分	2020年末区域存贷比得分	人均资产得分	区域不良得分	50%GDP比重+50%人口（%）	打分求和	打分调整（%）	测算最优占比（%）
辽宁	2.48	3.02	0.96	8.06	0.00	1.12	0.40	9.71	6.73	0.90	6.64	2.75	33.55	-0.15	2.60
重庆	2.47	2.27	6.25	9.00	2.80	0.81	2.48	3.57	2.93	2.93	11.57	2.37	36.10	-0.10	2.27
山西	1.74	2.48	5.77	9.94	4.93	0.50	0.54	11.41	7.57	0.36	10.34	2.11	45.59	0.10	2.21
贵州	1.76	2.74	7.21	5.46	7.51	0.38	1.76	0.00	0.00	1.45	11.27	2.25	27.82	-0.27	1.98
新疆	1.36	1.83	5.45	5.41	10.49	0.81	0.92	7.92	4.02	1.21	11.11	1.60	41.88	0.02	1.62
黑龙江	1.35	2.26	1.60	0.00	1.82	0.46	0.41	7.89	7.69	0.14	10.19	1.81	28.59	-0.26	1.55
内蒙古	1.71	1.71	0.32	6.75	4.31	0.26	0.00	9.49	3.79	0.00	6.17	1.71	30.76	-0.21	1.50
吉林	1.22	1.71	3.85	6.28	1.93	0.60	0.60	5.10	5.51	0.07	9.10	1.46	29.21	-0.24	1.22
天津	1.39	0.98	2.40	11.88	2.95	0.89	1.03	3.23	0.04	2.41	8.33	1.19	30.78	-0.21	0.98
甘肃	0.89	1.77	6.25	5.94	6.32	0.38	0.92	3.68	1.53	0.59	2.62	1.33	21.97	-0.39	0.94
西藏	0.19	0.26	12.50	8.65	12.50	0.15	0.62	10.24	4.09	1.85	12.50	0.22	50.61	0.20	0.42
宁夏	0.39	0.51	6.25	8.29	8.86	0.07	0.65	7.73	0.39	0.38	8.80	0.45	35.17	-0.12	0.33
海南	0.55	0.72	5.61	2.32	8.05	0.39	0.57	10.73	3.11	1.97	0.00	0.63	27.14	-0.29	0.34
青海	0.30	0.42	2.40	7.05	9.86	0.00	0.49	3.69	1.66	0.70	0.77	0.36	24.22	-0.35	0.01

注：湖北受新冠肺炎疫情影响 GDP 为负增长，将其原始数据和得分设为 0；湖北 2020 年末债务总额／一般公共预算收入偏高，未作调整。

第五节　基于 RAROC 的区域信贷组合管理

第四节的区域信贷发展空间分析是不考虑银行自身经营情况的测度，本部分展示了基于 RAROC 的区域信贷组合管理的讨论，将分行的管理能力纳入考虑范畴。区域 RAROC 采用第七章介绍的测算方法，测度一级分行的回报率。为了更方便地介绍分析的过程，本章直接采用具体数据，这些数据是模拟数据。

一、分行 RAROC 测算

本部分我们假设从总行的角度测算下属区域即一级分行的回报水平。一级分行是总行之下的首层分支机构，是总行测算最重要的维度。根据模拟的数据，可以得到如下分行测算的结果（见表9-19）。

表 9-19　分行 RAROC 模拟测算　　　　　　单位:%

分行	经济资本系数	成本收入比	收息率	RAROC
A	6.31	16.52	6.82	35.38
B	4.74	12.10	5.85	27.82
C	5.51	23.16	6.09	25.77
D	5.07	13.22	5.68	24.69
E	6.08	21.08	6.02	20.84
F	4.70	22.92	5.61	20.81
G	5.39	12.78	5.29	20.05
H	6.73	24.65	6.17	19.02
I	5.76	14.39	5.11	18.53
J	5.93	22.06	5.94	16.62
K	5.88	17.92	5.57	16.26
L	5.62	19.40	6.00	15.16
M	5.15	17.72	6.02	14.64
N	6.16	16.57	6.00	14.30
O	5.74	17.21	6.11	13.73
P	5.78	19.31	5.83	13.52
Q	5.98	21.98	6.11	12.44

续表

分行	经济资本系数	成本收入比	收息率	RAROC
R	5.38	24.04	5.33	12.17
S	6.09	33.37	5.86	11.60
T	5.88	16.78	5.52	9.23
U	5.84	20.87	6.12	8.54
V	5.37	19.85	5.79	7.12
W	6.17	15.99	5.31	7.00
X	6.06	19.76	6.13	6.48
Y	6.27	20.54	5.79	5.92
Z	5.77	22.67	6.04	5.82
AA	6.74	15.57	5.63	4.67
AB	6.80	22.75	5.89	2.66
AC	5.42	33.25	5.73	1.32
AD	6.85	16.88	5.87	−2.57
AE	5.95	16.03	5.76	−4.25
AF	6.68	20.52	5.78	−14.35
AG	6.85	19.72	6.00	−17.10
AH	8.93	19.81	2.68	−18.42
AI	6.32	19.67	5.73	−18.66
AJ	7.08	20.73	5.84	−33.96
AK	8.33	21.31	5.92	−34.42

注：经济资本系数和收息率为单位贷款所占有的经济资本和利息收入，成本收入比为运营成本与区域收入的比例。该表为演示数据，未列出第七章中计算所需的全部数据。

得到分析数据以后，可以对分行回报率进行原因分析，从而了解分行回报高或者低的原因，进行有针对性的指导。

A分行RAROC排名第一，主要是因为该行贷款定价能力较强。该行贷款收息率为6.82%，高于平均水平（5.75%）1.07个百分点。

B分行和F分行的经济资本占用较少，两分行的经济资本系数分别为4.74%和4.7%，低于全行平均水平。

B分行、G分行和D分行的成本控制能力在全行排名前三，业务费用较少，成本收入比分别为12.1%、12.78%、13.22%，低于全行平均水平（18.58%），对RAROC也有贡献。

RAROC 排名靠后的分行大多是因为资产质量较差，利息和中间业务收入不能覆盖经营成本和资产减值准备，导致净利润为负值。

二、分行 RAROC 信贷组合

基于第七章介绍的组合管理模型，假设增长率极差为 10%，贷款增长率为 8%，参考与行业计算模型相似的方式，得到分行的模型增长额（见表 9-20）。

表 9-20　分行模型增长额

分行	时点余额 （亿元）	分行当前实际 占比（%）	RAROC （%）	模型增速 （%）	模型增长额 （亿元）
A	436.96	0.54	35.38	20.00	87.28
B	838.02	1.04	27.82	17.90	149.68
C	504.56	0.63	25.77	17.30	87.20
D	2450.94	3.05	24.69	17.00	416.10
E	464.83	0.58	20.84	15.90	73.82
F	1362.50	1.69	20.81	15.90	216.26
G	3937.11	4.90	20.05	15.70	616.34
H	639.21	0.79	19.02	15.40	98.18
I	3132.14	3.89	18.53	15.20	476.64
J	408.01	0.51	16.62	14.70	59.84
K	2211.73	2.75	16.26	14.60	322.05
L	1672.91	2.08	15.16	14.20	238.24
M	2873.21	3.57	14.64	14.10	404.82
N	4262.19	5.30	14.30	14.00	596.28
O	2508.27	3.12	13.73	13.80	346.72
P	6278.72	7.81	13.52	13.80	864.04
Q	1213.82	1.51	12.44	13.40	163.18
R	604.59	0.75	12.17	13.40	80.80
S	908.17	1.13	11.60	13.20	119.84
T	8356.27	10.39	9.23	12.50	1043.54
U	2430.26	3.02	8.54	12.30	298.44
V	1823.27	2.27	7.12	11.80	216.03
W	1534.25	1.91	7.00	11.80	181.23
X	1386.35	1.72	6.48	11.70	161.54

续表

分行	时点余额 （亿元）	分行当前实际 占比（%）	RAROC （%）	模型增速 （%）	模型增长额 （亿元）
Y	1349.12	1.68	5.92	11.50	154.88
Z	1662.38	2.07	5.82	11.40	190.32
AA	961.32	1.20	4.67	11.10	106.61
AB	1573.93	1.96	2.66	10.40	164.36
AC	683.99	0.85	1.32	10.00	68.22

注：RAROC 为负的分行不参与模型计算，即不给予新增额度。该表直接将信贷规模作为计算对象，根据组合模型的含义，应该将经济资本作为配置的维度。

根据信贷发展空间调整分行的信贷规模。在组合模型测算的各分行增长额的基础上，根据前述 RAROC 结果，计算银行在该地区的信贷发展空间。信贷发展空间即第四节测算的结果。参照式（7-5），分行的建议增长额测算公式如下：

$$L_i^a = L_i^m + (x_i - \bar{x}) \times M$$

$$\bar{x} = \sum_{i=1}^n x_i / n \tag{9-2}$$

其中，L_i^a 是 i 分行根据所在区域信贷发展空间得分调整后的建议信贷增长额，L_i^m 是分行根据组合管理模型计算得到的模型增长额，x_i 是 i 分行所在区域的测算最优占比（见表 9-18）与所在分行贷款的当前实际占比之差，$\bar{x}$ 是所有参与计算的一级分行的测算最优占比与分行当前实际占比之差的均值，M 是调节系数，此处 M 取 1000，得到各分行调整后的建议增长额（见表 9-21）。

表 9-21 根据信贷发展空间调整的模型增长额

分行	模型增长额（亿元）	测算最优占比-分行当前实际占比（%）	建议增长额（亿元）
A	87.28	-0.21	84.68
B	149.68	0.36	152.82
C	87.2	0.82	94.97
D	416.1	-0.31	412.55
E	73.82	-0.57	67.70
F	216.26	0.15	217.32
G	616.34	-1.61	599.83
H	98.18	0.20	99.68
I	476.64	-0.66	469.57

分行	模型增长额（亿元）	测算最优占比-分行当前实际占比（%）	建议增长额（亿元）
J	59. 84	−0. 16	57. 75
K	322. 05	−1. 77	303. 86
L	238. 24	0. 74	245. 16
M	404. 82	0. 88	413. 18
N	596. 28	0. 04	596. 25
O	346. 72	−0. 85	337. 79
P	864. 04	−0. 31	860. 49
Q	163. 18	−0. 57	157. 02
R	80. 8	0. 15	81. 86
S	119. 84	0. 09	120. 28
T	1043. 54	−1. 93	1023. 76
U	298. 44	1. 08	308. 80
V	216. 03	1. 84	233. 95
W	181. 23	−3. 88	142. 01
X	161. 54	0. 25	163. 60
Y	154. 88	0. 53	159. 71
Z	190. 32	2. 30	212. 82
AA	106. 61	−0. 26	103. 59
AB	164. 36	4. 28	206. 72
AC	68. 22	0. 70	74. 76

注：有些银行在计划单列市设置了分行，可以将计划单列市分行的占比合并到所在省份，直接用所在省份的当前实际占比和测算最优占比，也可以单独计算计划单列市的测算最优占比。本书直接采用所在省份的数据。

附：××分行信贷结构风险提示函

××分行：

近期，对你行信贷结构进行了分析，提出以下问题和建议，请参照执行，持续推动你行信贷结构优化调整。

一、信贷结构现状及问题

从行业、客户、产品和期限等角度对你行信贷结构进行分析发现：你行批发业占比和余额持续下降，电力、热力及水生产和供应业，道路运输业等弱周期行业占比分别较全行高16.9个百分点和5个百分点。固定资产贷款占比高，长期贷款占比高于全行，这对稳定资产质量发挥了积极作用，但也存在明显的结构性问题。从行业角度来看，你行房地产业贷款占比低于全行平均水平，批发业贷款占比高于全行，多个行业资产质量恶化。从客户结构角度来看，你行中型企业的贷款资产质量严重恶化。从产品角度来看，你行个人贷款占比偏低，个人贷款中的个人住房贷款占比偏低，房抵贷和个人生产经营贷款占比偏高；法人贷款中的流动资金贷款资产质量严重恶化。

（一）行业结构

受供求关系影响，同一行业的企业容易"一荣俱荣，一损俱损"，行业结构从根本上影响着资产质量。在你行行业结构中，房地产业贷款占比低于全行，批发业贷款占比高于全行，部分行业不良贷款率过高。

在房地产业贷款中，住房开发贷款占比低，经营性物业贷款占比较高。你行房地产业贷款占分行法人贷款的6.25%，比全行低近3个百分点。其中，法人房地产贷款占房地产业贷款的47.85%，比全行低18.5个百分点；经营性物业贷款占房地产类贷款的24.2%，比全行高1.4个百分点。目前，你行经营性物业贷款虽无不良贷款，但全行经营性物业贷款的平均不良率高达3.26%，需警惕相关风险。

批发业贷款占比高于全行。近三年，你行批发业贷款呈下降趋势，你行批发业贷款余额较上年末有所下降，占法人贷款的8.6%，较上年末下降近2个百分点，但仍比全行高1个百分点。

多个行业资产质量恶化。20×3年，你行批发业不良贷款余额较高，不良贷款率为20.7%，该行业不良贷款占你行法人不良贷款的28.6%。从子行业来看，你行主要子行业的不良贷款率在18%~20%。其中，矿产品、建材及化工产品批发的信贷余额为96.2亿元，不良贷款余额为16.0亿元。从分支机构看，你行批发业不良贷款主要集中在部分分行，前三家分行批发业信贷余额占你行批发业信贷余额的49.2%，但不良贷款额占81.3%。此外，你行黑色金属矿采选业，零售业，石油加工、炼焦和核燃料加工业，农业，房屋建筑业五个行业的不良贷款率分别达24.7%、26.4%、31.3%、44.2%、15.8%，分别比全行平均水平高20.2%、21.0%、26.8%、37.3%、12.0%。上述五个行业的不良贷款余额巨大，占你行不良贷款余额的35.4%（见表9-22）。

表9-22 ××分行行业结构与资产质量 单位:%

| 行业 | ××分行 | | | | | | 全行平均 | |
| | 20×1年 | | 20×2年 | | 20×3年 | | 20×3年 | |
	贷款余额占比	不良贷款率	贷款余额占比	不良贷款率	贷款余额占比	不良贷款率	贷款余额占比	不良贷款率
电力、热力生产和供应业	25.6	0.4	28.6	0.7	27.5	0.7	10.60	0.41
道路运输业	10.9	1.1	10.5	1.1	15.5	0.6	10.48	0.39
批发业	10.4	6.5	10.0	17.4	8.6	20.7	7.67	12.33
房地产业	6.8	0.0	6.7	0.0	6.3	0.0	9.19	1.31
有色金属矿采选业	5.2	0.3	4.7	3.6	4.8	3.4	0.64	4.09
化学原料和化学制品制造业	3.6	0.2	3.4	0.3	3.4	0.3	2.50	3.19
铁路运输业	2.2	0	2.6	0.0	2.7	0.0	5.46	0.06
房屋建筑业	3.2	0.4	2.6	14.0	2.6	15.8	1.27	3.89
黑色金属矿采选业	2.0	15.1	2.1	24.4	2.0	24.7	0.77	4.48
有色金属冶炼和压延加工业	1.6	0	2.0	0	2.0	0	1.42	5.39
农副食品加工业	1.5	0.6	2.0	2.2	1.9	10.4	1.46	8.43
煤炭开采和洗选业	2.2	0.0	2.0	2.6	1.8	2.8	2.97	3.47
零售业	2.4	0.6	1.9	25.0	1.8	26.4	1.21	5.43
土木工程建筑业	2.0	0.5	1.9	1.5	1.7	1.7	2.20	1.42
商务服务业	1.8	0	2.0	10.3	1.5	13.1	6.06	0.59
石油、煤炭及其他燃料加工业	1.6	0	1.4	29.5	1.3	31.3	0.85	4.53
公共设施管理业	1.9	0	1.4	11.4	1.3	11.4	4.39	0.25
卫生	1.4	0.1	1.4	0.1	1.3	0.1	0.71	0.01
教育	1.1	1.5	1.0	1.0	1.0	0.7	0.49	0.48
黑色金属冶炼和压延加工业	1.1	0	1.0	4.0	1.0	4.4	2.52	0.70
农业	0.7	36.4	1.1	39.6	0.9	44.2	0.66	6.93
非金属矿物制品业	0.9	11.8	0.8	18.0	0.8	17.3	1.51	5.50
水利管理业	0.3	0	0.3	5.1	0.8	2.2	1.07	0.08

续表

行业	××分行						全行平均	
	20×1 年		20×2 年		20×3 年		20×3 年	
	贷款余额占比	不良贷款率	贷款余额占比	不良贷款率	贷款余额占比	不良贷款率	贷款余额占比	不良贷款率
建筑装饰、装修和其他建筑业	0.9	1.8	0.8	3.6	0.7	2.6	0.27	6.27
住宿业	0.7	0	0.6	8.2	0.6	6.7	0.68	3.34
农、林、牧、渔服务业	0.7	11.4	0.7	10.2	0.5	12.9	0.45	8.46

注：贷款余额占比指的是占分行法人贷款余额比例，下表同。

（二）客户结构

大型企业是资产质量的重要保障，目前全行大型企业的 RAROC 水平最高，中型企业的回报率最低。从资产质量看，大型企业的资产质量远好于中型企业和小微企业。

你行规模结构与全行结构相近。20×3 年，你行大型企业、中型企业和小型企业贷款余额占比分别为 49.7%、33.4% 和 14.9%。大型企业贷款余额占比略高于全行，且近几年呈上升趋势。但你行大型企业不良贷款率上升较快。中型企业贷款余额占比为 33.4%，略低于全行平均水平，中型企业不良贷款占你行不良贷款的 67.7%，不良贷款率高达 14.7%，较全行平均水平高 7 个百分点（见表9-23）。

表9-23　××分行客户规模结构及资产质量　　　　　　　　　单位:%

企业规模	××分行									全行平均		
	20×1 年			20×2 年			20×3 年			20×3 年		
	贷款余额占比	不良贷款占比	不良贷款率	贷款余额占比	不良贷款占比	不良贷款率	贷款余额占比	不良贷款占比	不良贷款率	贷款余额占比	不良贷款占比	不良贷款率
大型企业	44.2	2.8	0.1	48.9	16.7	2.5	49.7	16.5	2.4	45.2	19.5	1.4
中型企业	37.3	82.5	4.8	32.6	66.2	14.7	33.4	67.7	14.7	34.7	63.0	5.7
小型企业	16.4	13.4	1.8	16.5	16.8	7.4	14.9	15.5	7.5	15.7	16.9	3.4
微型企业	0.3	0	0.3	0.1	0	1.9	0.1	0	2.5	0.2	0.1	1.8

注：不良贷款占比是指该类型企业不良贷款占分行法人不良贷款的比例，该数不为 100% 是因为有法人贷款借款人未按规模分类。

（三）产品结构

个人贷款占比偏低。全行法人贷款和个人贷款的 RAROC 分别为 2.04% 和 25.71%，法人贷款回报率较上年下降，个人贷款回报率较上年上升，两者之间的差距进一步拉大。全行法人贷款不良率高，个人贷款不良率低，个人贷款资产质量优于法人贷款。你行个人信贷余额占全部贷款的 29%，低于全行平均水平 4.5 个百分点。

法人贷款中的流动资金贷款和贸易融资质量严重恶化。从法人贷款的内部结构看，固定资产贷款占比高的分行更能保持较好的资产质量。全行固定资产贷款的回报率为 14.03%，远高于流动资金贷款的回报率（-10.06%）。你行的固定资产贷款占比为 56.3%，高于全行平均水平；流动资金贷款占比为 39.9%，略低于全行平均水平，你行流动资金贷款不良率为 12.3%，远高于固定资产贷款不良率，也远高于全行流动资金贷款不良率。流动资金贷款的不良贷款占你行不良贷款的 67.4%，是造成你行资产质量恶化的主要原因。贸易融资贷款的不良贷款余额高，不良贷款率为 29.5%，比全行平均水平高 27.1 个百分点。

个人住房贷款占比偏低，房抵贷和个人生产经营贷款占比偏高。从个人贷款的内部结构看，个人贷款中个人住房贷款占比较高的分行的资产质量更为稳定。全行个人住房贷款的回报率为 34.3%，个人消费贷款的回报率为 22.64%。你行个人贷款中的个人住房贷款占比为 60.2%，远低于全行平均水平；个人住房贷款不良率为 0.7%，略高于全行平均水平。房抵贷占你行个人贷款的 15.8%，远高于全行平均水平，个人生产经营贷款占你行个人贷款平均水平的 8.9%，远高于全行平均水平，上述两类产品合计占你行个人贷款的 24.8%，远高于全行平均水平，部分分行这两类产品的资产质量出现了恶化，需要引起重视。

（四）期限结构

中长期法人贷款的回报率相对较高。其中，中期贷款回报率最高，为 6.76%；其次是长期贷款，五年期以上贷款的回报率为 3.08%；短期贷款的回报率最低，一年以内贷款的回报率为负。从资产质量看，中长期法人贷款的资产质量远好于短期贷款。你行短期法人贷款占比为 38.2%，低于全行平均水平，但短期不良贷款余额大，不良贷款率为 15.8%，远高于全行平均水平，短期不良贷款占你行不良贷款的 83%。

二、下一步工作建议

请你行参照总行分析方法和提示，对你行信贷结构进行深入分析，并根据分析结果制定信贷结构优化方案，明确优化目标和策略，持续对信贷结构进行战略性优化调整。

根据你行信贷结构存在的问题，提出以下建议：

一是加大行业结构调整力度。严格按限额管理要求，压降批发业信贷余额，特别是与钢铁、煤炭相关的上下游贸易企业。深刻分析批发业信贷管理方面存在的问题，加强批发业信贷管理。加强电力、热力生产和供应业，道路运输业等投放较多行业的风险管理和监控，防范集中度风险。加强定价能力建设，提高议价能力。关注当地房地产市场状况，适度发展住房开发贷款，密切关注经营性物业贷款风险。采取有效措施化解、控制黑色金属矿采选业，零售业，石油加工、炼焦和核燃料加工业，农业，房屋建筑业等行业风险。

二是持续优化法人客户结构，加强中型企业客户信贷管理。稳定大型企业客户信贷占比，将企业杠杆率作为信贷决策的重要因素，对于杠杆率过高的大型企业要注意压降，降低集中度。着重加强中型企业的信贷管理，控制中型企业新增不良贷款。

三是加大个人优质贷款投放，适度增加个贷占比。提高个人住房开发贷款占比，加强个人生产经营贷款管理，严控风险发生。

四是加强高不良贷款率产品的风险管理。中型企业流动资金贷款是不良贷款的高发区，要控制中型企业的流动资金贷款投放。吸取贸易融资贷款的教训，加强贸易融资贷款管理。增加优质个贷业务投放，适度提高零售贷款占比。适度提高零售贷款中个人住房贷款占比，压降个人生产经营贷款占比。

第十章　客户维度的组合管理

本章主要讨论客户维度特别是客户规模维度的信贷组合管理，客户维度的信贷组合管理可以从客户类型、客户规模、信用等级等角度进行管理。按照客户类型，银行客户可以分为法人客户和个人客户；按照客户规模，法人客户可以分为大、中、小三类客户；按照银行内部信用等级，个人客户可以分为高、中、低三个等级。这三类划分中实践意义较大且有较强操作性的是按照客户规模进行的划分。大企业可分析的价值相对较低，本章主要聚焦于中小企业，这也是本章的主要讨论内容。为控制中小企业的信贷风险，商业银行需要利用合理的方法来甄别中小企业客户，由于中小企业具有明显的生命周期规律，本章提出基于生命周期理论进行中小企业客户信贷管理。同时，本章也展示了基于 RAROC 的客户维度组合管理。

第一节　中小企业的重要地位及信贷特点

企业有大有小，大企业是信用风险稳定的基础，中小企业是信用风险分散的关键，没有大企业则根基不稳，没有中小企业则枝叶不盛，因此从规模的角度探讨信用风险的组合管理有很大的价值。商业银行信贷是中小企业融资的重要来源，支撑了中小企业的发展。中小企业是商业银行的重要客户，商业银行对中小企业有更强的议价能力，对中小企业的信贷管理能提高银行的盈利能力。

2011 年 6 月 18 日，工业和信息化部、国家统计局、国家发展和改革委员会、财政部联合印发了《关于印发中小企业划型标准规定的通知》，取代了原国家经贸委、原国家计委、财政部和国家统计局 2003 年颁布的《中小企业标准暂行规定》。该规定将中小企业划分为中型、小型、微型三种类型，具体标准根据企业从业人员、营业收入、资产总额等指标，并结合行业特点制定。2021 年，工业和信息化部与国家统计局会同有关部门开展了《中小企业划型标准规定》（工信部联企业〔2011〕300号）的修订工作。

中小企业是国民经济发展的生力军。2019年中共中央办公厅、国务院办公厅印发的《关于促进中小企业健康发展的指导意见》指出，中小企业是国民经济和社会发展的生力军，是扩大就业、改善民生、促进创业创新的重要力量，在稳增长、促改革、调结构、惠民生、防风险中发挥着重要作用。中小企业贡献了50%以上的税收，60%以上的GDP，70%以上的技术创新，80%以上的城镇劳动就业，90%以上的企业数量（工信部中小企业局，2020）。根据《"十四五"促进中小企业发展规划》，截至2020年末中小企业有90.9万户，占全部规模以上企业的95.68%；营业收入137.3万亿元，占全部规模以上企业的60.83%；资产总额168.3万亿元，占全部规模以上企业的55.01%，培育专精特新"小巨人"企业1832家、省级"专精特新"中小企业3万多家。国家也高度重视中小企业的发展，从政策、资金等角度予以大力支持。

中小企业经营有着自己的特点。第一，中小企业小、灵、快。与大型企业相比，中小企业规模小，经营决策权高度集中，小企业基本上都是一家一户自主经营，资本追求利润的动力完全体现在经营者的积极性上。第二，中小企业往往将有限的人力、财力和物力投向那些被大企业所忽略的细小市场。第三，中小企业一般是小批量、多样化的生产。

中小企业信贷也有着自己的特点，主要体现为高风险、高收益。

一是中小企业信贷风险高。中小企业以民营企业为主，经营规模小，资金腾挪余地小，一旦经营出现问题，易造成经营危机，存在较高的违约概率。另外，中小企业经营管理不规范，缺少抵押品，缺少第二还款来源。从商业银行过去的实践看，中小企业是造成商业银行不良贷款率较高的主要企业类型。根据银保监会和中国人民银行编制的《2019年中国普惠金融发展报告》，截至2019年6月末，全国普惠型小微企业的不良贷款率为3.75%，虽较年初下降了0.43个百分点，但总体绝对不良率还是处于较高水平（中国银行保险监督管理委员会和中国人民银行，2019）。

二是中小企业信贷定价高。中小企业信贷管理成本较高，数量巨大，程序繁杂，耗费了大量人力和物力，且信贷可获得性弱，银行对中小企业银行具有更强的议价能力，为了覆盖经营成本和风险成本，一般而言，中小企业的贷款具有更高的价格。

做好中小企业信贷对银行有较大的意义。商业银行在经营过程中要充分利用好中小企业信贷，一方面能获取利差，提高资金盈利能力；另一方面能够分散信贷管理的风险，发展关系型贷款，承担社会责任。具体体现在以下几个方面：

一是银行通过中小企业贷款可以获取更高收益。在不同规模的客户中，银行定价能力明显不同，前面已经提到中小企业客户多的银行议价能力突出，在第三章中可以看到，零售贷款定价更高，中小企业贷款也能实现这一点。随着利率市场化的逐步推进，为了争夺资金，银行负债成本逐渐上升，如果银行不能充分利用议价能力维持息差水平，那么对息差仍是主要来源的商业银行而言，渐进式的利率市场化将会对商业银行的盈利能力产生重大冲击。因此，银行需要充分利用对中小企业的议价能力优势，在适度控制风险、保证信贷资产质量的情况下，发展中小企业贷款，提高资金利用率。

二是中小企业信贷可以减少集中度风险。集中度风险是商业银行的重要风险来源，巴塞尔委员会和银行监管部门都有关于集中度风险的规定，本书也在前面部分反复进行了阐述。例如，第三章提到的监管要求商业银行对非同业单一客户的贷款余额不得超过资本净额的10%，对非同业单一客户的风险暴露不得超过一级资本净额的15%。银行通过发展规模庞大，分布于各个行业和区域的中小企业信贷，避免信贷风险过于集中在某个维度，从而管理好集中度风险。

三是中小企业信贷可以减少资本占用。就像第五章中介绍的，在新《巴塞尔协议》中企业规模是计算资本的一个影响因素，大型企业由于其规模大、与宏观经济关系密切，相同违约概率下，其信贷资产的监管要求要高于中小企业贷款，而对中小企业的贷款进行相关系数计算时，要降低资本要求。《资本办法》对一般公司和中小企业风险资产的相关关系分别进行了规定①，在计算中小企业风险暴露时，其相关系数进行了下调，相关系数越小，资本要求越低，因此，中小企业信贷可以减少资本占用。

四是中小企业贷款可以发展关系型贷款，并承担社会责任。由于小企业中存在比较严重的信息不对称问题，而关系信贷可以产生有关借款者品质的有价值信息，所以银行通常以此来缓解信息不对称的问题（杨胜刚和胡海波，2006）。提前布局中小企业，发展关系型信贷，可以帮助银行解决信贷信息不对称的问题。

另外，需要看到的是，目前中小企业信贷回报率水平低。虽然中小企业贷款具有更高的价格，但由于目前中小企业的银行贷款定价处于偏低的水平，且当前中小企业的贷款收益不能覆盖风险，因此根据风险调整后的收益看中小企业的收益还是难以对风险进行有效覆盖。这也是目前虽然国家给予了较多的优惠政策，但实际上仍需要强制的监管考核才能推动银行对中小企业投放的原因。回报率问题在第七章第一节已有论证。

---

① 具体规定参见第五章的相关内容。

第二节　中小企业生命周期及其融资结构

一、生命周期理论

Greiner（1972）发表于《哈佛商业评论》的论文最早对组织的生命周期进行了研究，并将组织分为婴儿期等多个时期。此后，关于企业生命周期的理论又发展出多种分支，但关于组织生命周期的理论达成了共识。

关于中小企业的生存时间，国外实证研究表明，中小企业的死亡率是非常高的，美国68%的中小企业的生存时间小于5年，可以存活6~10年的企业占19%，只有13%的企业寿命超过10年。而在法国，50%以上的新企业会在5年内消亡（Abdesselam，Bonnet，Pape，2004）。

关于中小企业的存活与建立时长的关系，Mahmood（2000）研究了新建企业生命假设，新成立的企业存活率呈倒U型关系，企业初步建立时存活率较低，在"青春期"末期存活率达到最高水平，然后存活率会一直下降。他们通过Log-logistic模型进行了验证，该模型较好地描述了新建企业的生存率。Mata和Portugal（1994）使用葡萄牙制造业1983年的数据研究了新建企业生存时间的影响因素，发现20%的企业在第一年倒闭，只有50%的企业能够生存四年。通过初建规模、拥有车间数、行业增长率、新公司数、新公司雇佣人员数、行业公司数、集中度等指标研究影响中小企业生存时间的因素，发现新建企业的生存时间与初建规模、拥有车间数以及行业增长率等因素负相关，与新公司数正相关。

关于国内中小企业生命周期的一些相关研究。陈晓红等（2009）基于深圳、广州、长沙、郑州、成都五个城市2000~2007年注销的中小企业数据信息，对五个城市的中小企业生命周期与中小企业外部环境的关系展开评价和比较分析；发现上述五个城市中小企业的平均生命周期只有4.32年，44.31%的中小企业的生命周期不到3年，25.66%的中小企业的生命周期为3~5年，23.08%的中小企业的生命周期为5~10年，仅6.95%的中小企业的生命周期在10年以上；同时发现中小企业外部环境对中小企业生命周期具有正面影响，但是不同环境对企业生命周期影响的显著性不同，经济环境、技术环境和人才环境对中小企业生命周期的影响较为显著，而政治环境、社会文化环境和自然资源环境则对中小企业生命周期的影响不显著。

曹裕等（2011）对湖南省1998~2007年新成立的54573家注册资本在1000

万元以下的工业中小企业数据进行了分析，发现湖南省中小企业的死亡危险随时间呈"U"型关系，企业在成立9.5年左右时死亡危险开始增大；企业原始规模、企业所在行业的规模以及工业增加值率、销售利润率与产值利税率三个效率指标都与企业生存具有显著的正相关关系，但行业成长、流动资金周转率和全员劳动生产率与企业生存没有显著的相关关系。垄断企业的生存状况较好，技术密集型中小企业的生存状况较差，区域集聚地区的中小企业具有更大的死亡危险。

高松等（2011）通过对上海265家科技型中小企业的实证调查，最终得出了一个量化的划分科技型中小企业生命周期的标准，此标准由企业注册年限、销售额增长率、产品结构三个指标构成。刘诗源等（2020）认为，周期划分有行业的因素，对于新兴的互联网行业来说，企业年龄超过五年就算是行业内的"常青树"了，可能已经进入了成熟期甚至衰退期，而对于传统制造业来说，生命周期超五年的企业很可能仍是一家成长期企业。

可以看出，中小企业具有明显的生命周期特点，而且生存率较低。企业规模、注册年限、销售额增长率、产品结构、企业所在行业的规模以及工业增加值率、销售利润率与产值利税率等因素是影响企业生命周期的指标。多个实证研究表明，企业规模是企业生存的重要因素。

行业也有周期规律。以汽车行业为例，多年来影响汽车行业的因素一直是不可预测的短期波动，消费者在商业周期中的花费会影响国内车型的销售。但是，需求增长的系统性长期变化以及很多产业都普遍具备的产业结构也改变着汽车行业。如图10-1所示，这种行业演变的观点将销售量变化分为初创期、成长期、成熟期和衰退期四个阶段。

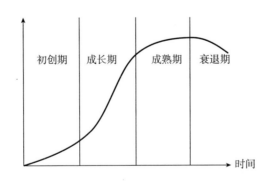

图10-1　行业生命周期

尽管周期中每个阶段的突出特征都表现为需求增长或下降的比率不同，但在整个周期中，企业和产业结构的其他特征也会发生变化。随着产业经历这样一个生命周期，产业内企业的数量和规模分布、企业竞争模式、进入障碍、供方和买方的作用等也会改变。

那些既想预测又想应对环境变化的管理者必须了解产业生命周期的长期动态过程。关于生命周期的概念，有两点非常重要。第一，图 10-1 中所描述的产业变化的清晰阶段与产业演变的真实情况有时并不一致。例如，已经成熟的产业可能通过技术变革或开辟新的细分市场又回到成长期；技术的迅速变化可能将看似正处于高速成长期的产业推向衰退产业的行列；表面上正走向成长期的行业可能会停滞不前，陷入企业能够存活却无法茁壮成长的困境。任何行业都不是必须经历图 10-1 中所描绘的每个阶段，换言之，管理者应该用这个剖面图去思考产业演变可能给企业带来的影响。第二，产业经历生命周期阶段的速度因产业而异。有些学者称，各种产业具有不同的"时速"①，如迅速变化的产业被称为"以互联网的时间"在运营。这种变化速度对管理提出了挑战，企业必须相应地对管理方法进行调整。从以上分析可以看出，企业和产业都存在生命周期现象。

二、生命周期融资结构理论

企业的生命周期有一定的规律，中小企业在生命周期各个阶段的融资结构也有一定的规律。企业融资可以分为债务融资和股权融资，融资结构是指这两种融资来源的占比。关于融资结构已有较多的研究，这方面的研究始于 Modigliani 和 Miller 提出的 MM 定理（Modigliani and Miller，1958）。生命周期融资理论认为，企业在建立和成长阶段多使用债务方式进行融资，企业逐渐成熟后，会逐渐减少债务方式的融资。Berger 和 Udell（1998）指出，初创的信息不透明的企业多依赖初始内部融资、贸易信贷或天使融资；当企业逐步发展后，则可以获得间接融资；另外，如果企业持续增长，则有机会通过公开方式在资本市场进行融资。他们同时指出，上述增长周期理论只是对企业融资路径的一般性描述，它并不适用于所有的中小企业，因为企业的规模、年龄和信息不透明程度等并不完全相同。

Fluck 等（1998）借助威斯康星州创业氛围研究的数据，研究了企业创设初期的资金来源情况，发现在企业创建早期，内部来源的资金支持占比逐渐上升，而来自银行风险投资和私有投资的资金支持占比较低。研究表明，这种模式最终发生翻转，内部来源最终下降，外部来源的资金占比上升，这种翻转一般发生在企业生命周期的早期，多发生在第一次融资后的 2~9 年。

钱海章（1999）研究了高新技术企业的生命周期及融资战略，把产品的生命

---

① 参阅 FINE C. Clockspeed：Winning Industry Control in the Age of Temporary Advantage ［M］. New York：Perseus Books，1998.

周期分为种子阶段、开发阶段、成长阶段、成熟阶段和衰退阶段，并提出初期、中期的融资战略应该是利用风险投资。选择风险投资时由于在高新技术企业发展的初期、中期存在诸多风险因素，而且企业尚无盈利记录，信用状况不稳定，因此债务融资成本高，且难以获得贷款。由于没有过往盈利记录，因此上市融资也比较困难。随着高新技术企业的发展进入中、后期，企业的经营状况已经稳定，管理也步入正轨。企业已经拥有足够的业绩记录来证明自己的信用，各种风险大幅度降低，不仅许多金融机构愿意提供债务融资，而且债务融资的成本也在大幅度降低，因此债务融资成为中、后期融资战略的重要组成部分，企业的融资渠道有了大规模的拓展。有了盈利记录，股票市场上市融资也成为一个潜在的融资渠道。

余江（2008）调查了重庆市1025家中小企业，得出在企业的初创期，资金的主要来源为出资者投资，另外有21.6%的亲友借款，合计比例超过了50%。在企业的成长期，创始人及主要出资者投资有所减少，亲友借款也大幅降低，银行贷款和其他形式的借款有较大幅度的增长。在企业的成熟期，创始人、主要出资者投资和亲友借款减少，留存收益再投资增加，银行贷款有所减少。

高玉升（2021）认为，初创期的企业应采用稳健的筹资战略；成长期的企业为了发展壮大，应采用扩张的筹资战略；成熟期的企业状况稳定，应采用相对稳健的筹资战略；衰退期的企业，内部融资是企业主要的融资来源，企业应当格外注意财务风险，减少债务融资。

马卫民和张冉冉（2019）认为，科技型中小企业在生命周期各个阶段的融资结构有一定的规律。对于种子期、初创期、成长期的科技型中小企业而言，由于企业处在发展过程中，内部资金不足以支持其发展，而且还没有形成稳定的盈利，因此其往往以风险投资、政府资金和众筹等外源性融资为主。而成熟期的科技型中小企业一般具有稳定的现金流，能够便捷地通过商业银行融资。

李润平和聂广礼（2014）研究发现，中小企业的高死亡率导致信贷质量呈现较强的生命周期特征，研究结论显示：①信贷资产质量从高到低依次对应的生命周期为成熟期、产生期、衰退期、成长期；②中小企业的生命周期通过直接嵌入和间接嵌入两种路径影响信贷资产质量，其中，信用评级为间接路径的传导变量，因此应强化生命周期的间接嵌入作用，做好中小企业信贷风险预警，建立中小企业信息数据库，建立基于生命周期的中小企业信贷资产管理长效机制等。

生命周期融资结构研究从企业的角度分析股权和债权的融资结构，反映了企业在不同生命阶段的最优融资方式。从国内外的实证分析结果可以看出，在中小企业建立的早期，由于其经营具有不稳定性，商业银行不宜介入。在中小企业生命周期的末期，商业银行的信贷资源应该及时退出。中小企业生命周期的中期是商业银行信贷介入的良好时机。

第三节 基于生命周期理论的客户规模 维度的信贷管理

在利率市场化以及信贷需求逐渐萎缩的大背景下，中小企业是商业银行未来进行信贷投放的一个重要维度，也是承担社会责任的重要方面。借助企业生命周期理论，中小企业的信贷管理有如下启示和建议：

一、加强中小企业生命周期跟踪研究

一是加强中小企业生命周期与信贷质量的关系研究。各商业银行特别是经营中小企业贷款时间较长、数据积累较多的银行，可以利用积累的数据和已产生的不良资产进行相关关系分析。先研究生命周期在信贷资产质量中的影响，探索中小企业生命周期是不是影响信贷资产质量的因素，然后探索生命周期的不同阶段对信贷资产质量的影响，研究生命周期在资产质量中的规律，探索在生命周期的哪个阶段能够最大程度地保证信贷资产的质量。

二是量化分析中小企业生命周期。生命周期不是简单的成立时间，而是显示整个企业所处的生命阶段的指标。一家企业虽然成立时间较长，但各项指标显示企业活力旺盛，那么不能判定企业处于衰退阶段；相反，一家中小企业虽然成立时间并不是特别长，但是如果各项指标显示该企业已经进入了衰退阶段，那么就需要采取合适的措施，防范其倒闭。当前的研究认为，企业规模、注册年限、销售额增长率、产品结构、企业所在行业的行业规模以及工业增加值率、销售利润率与产值利税率等指标是影响企业生命周期的重要指标。在量化分析生命周期阶段时，需要将企业的行业和区域因素考虑在内。不同行业之间由于其行业属性差异较大，相同的变动趋势可能有不同的意义，因此需要将行业的因素考虑在生命周期判断中。另外，中小企业生命周期与经济周期的关系也需要深入分析，中小企业由于其规模小，风险承受能力差，在经济出现波动时容易出现生存问题，因此考察中小企业生命周期时不能忽略经济周期对其的影响。

二、利用生命周期进行中小企业信贷投放管理

首先，利用生命周期甄别中小企业客户。在信贷调查审批阶段，可以利用生命周期理论选择信贷投放客户。根据上面的分析可以看到，中小企业由于产品依

赖性强，生命周期特点显著，存在明显的"生老病死"周期。从融资结构理论来看，在中小企业生命周期的不同阶段，存在最优的融资结构。在中小企业的初创阶段，企业经营具有较大的不稳定性，此时风险较大，债务融资成本较高，企业的融资主要依靠创始人自己出资和风险投资。随着企业的发展，企业积累了一定的信誉，此时可以通过银行信贷进行融资，这也是银行介入中小企业信贷的较好时机。在中小企业经营的后期，主要依靠中小企业的内部积累发展，这时银行应该逐渐压缩信贷规模，在企业衰退之前退出。因此，中小企业生命周期的中期是商业银行信贷介入的良好时机。

其次，利用生命周期理论指导信贷政策。除了对单个企业的生命周期进行分析，在信贷审批发放阶段进行指导管理外，银行信贷政策也应该考虑生命周期状况，提示经营单位躲避企业生命周期结束的高峰阶段，对不同行业和区域的中小企业生命周期变化进行提示。

最后，在中小企业客户信用评级中应该考虑企业生命周期。当前，银行在内部信用评级中大多没有将中小企业的信贷资产单独划分资产池，由于中小企业的独特经营模式，中小企业的生命周期应该是进行信贷风险评级的重要维度，在信用评级时应该将中小企业进行单独分析，或在评级时重视生命周期因素。

三、利用生命周期进行中小企业贷后管理

首先，监控信贷投放客户的生命周期变化。贷后监控管理是商业银行保证信贷资产质量，进行信贷资产监控管理的重要手段。在中小企业信贷资产贷后监控阶段，应该将中小企业的生命周期作为贷后管理的重要管理维度，注意监控管理贷款客户的生命周期，特别是中小企业生命周期的变化。

其次，利用生命周期进行中小企业信贷资产的积极管理。如第三章所述，贷款转让、资产证券化以及信用衍生产品等是信贷资产积极管理阶段的主要工具方法。可以通过积极的信贷资产管理将生命周期处于不良阶段的客户风险及时转移出银行系统或者进行风险对冲。

最后，在进行不良资产处置时，可以考虑企业生命周期因素。债权的处理需要将企业的生命周期作为一个重要的考虑因素。对于已经处于衰退阶段的中小企业，要及时止损；对于尚处于生命周期中期，只是因现金流的问题而还款困难的中小企业，可以考虑进行适当的宽限和支持。

中小企业是国民经济的重要组成部分，商业银行在支持中小企业的过程中，可以通过中小企业的生命周期理论进行信贷管理，以分散信贷风险，提供资金的获利能力，同时承担社会责任。

第四节 基于 RAROC 的客户信贷组合管理

前面部分介绍的是基于生命周期的客户管理。本部分分别从客户规模、信用等级两个维度展示 RAROC 最优化的组合管理。

一、客户规模 RAROC 测算

与第七章介绍的 RAROC 测度方法相同，本章基于客户维度，通过与银行实际相符的模拟数据测算回报率，得到大型企业的 RAROC 水平最高（9.09%），中型企业的回报率最低，且为负值（见表 10-1）。其主要原因是大型客户的信用等级普遍较高，而中型企业的风险水平高，预期损失系数较高，定价未能覆盖资本的占用。

表 10-1 法人客户规模维度的 RAROC 测算

企业规模	实际利率（%）	中间业务收入率（%）	经济资本系数	预期损失系数	RAROC（%）
大型企业	5.40	0.50	6.08	1.30	9.09
中型企业	6.58	1.12	9.23	5.16	-10.77
小型企业	7.55	0.86	8.43	3.65	8.87
微型企业	6.77	0.16	8.73	2.42	5.99
其他	5.65	0.37	6.53	0.96	14.52

注：利率、中间业务收入率、经济资本系数、预期损失系数等指标均表示单位贷款的水平，如中间业务收入率为单位贷款带来的中间业务收入。根据第七章的公式，计算所需的运营成本和资金成本也为模拟数据，表中未列示。其他为不适合按照规模划分的类型，下同。

基于组合管理模型，设定贷款增长率为 8%，不同规模客户的贷款增长率相差 5%，按照客户规模 RAROC，通过模型计算不同规模客户的贷款增长率，具体结果见表 10-2（中型企业回报为负，因此不参与模型增长率计算）。

表 10-2 法人客户规模维度的 RAROC 组合模型

规模	贷款额度（亿元）	贷款占比（%）	RAROC（%）	模型增长率（%）	模型增长额（亿元）
大型企业	22146	45.84	9.09	12.1	3121
中型企业	17908	37.07	-10.77	0	0

续表

规模	贷款额度（亿元）	贷款占比（%）	RAROC（%）	模型增长率（%）	模型增长额（亿元）
小型企业	7874	16.30	8.87	12.1	1079
微型企业	104	0.21	5.99	12.1	14
其他	1745	3.61	14.52	17.1	313

根据专家打分，63.76%的专家认为，小企业管理难度大，风险水平高，收益不能够覆盖风险，不建议支持；12.08%的专家认为，小企业综合收益较高，收益能够有效覆盖风险和管理成本，且风险分散，应积极支持。本部分未展示专家调整的过程。对于规模维度的组合管理，本部分有如下建议：

一是加大大型优质客户的贷款投放。在当前环境下，要加大优质战略性大客户、大项目的信贷投放，同时也要科学测度企业融资空间，防范大集团过度融资。

二是高度关注中型企业客户风险。中型企业的贷款余额比高，回报率低，主要不良贷款率高于小企业。要总结中型企业风险暴露的经验教训，密切关注中型企业的客户经营财务和风险变化状况，切实严格准入，加强贷后管理。

二、客户信用等级 RAROC 测算

采用第七章的方法，计算不同信用等级的回报率。客户信用等级与 RAROC 呈正相关关系，且对 RAROC 的影响非常大。AAA 级贷款由于较低的经济资本系数，回报率最高，RAROC 为 47.57%（见表 10-3）。

表 10-3　法人客户信用等级维度的 RAROC 测算

信用等级	实际利率（%）	中间业务收入率（%）	经济资本系数	预期损失系数	RAROC（%）
AAA+	4.93	0.09	1.84	0.01	45.71
AAA	5.07	0.23	1.98	0.08	47.57
AAA-	5.28	0.40	4.40	0.18	28.70
AA+	5.52	0.58	5.89	0.32	24.95
AA	5.82	0.68	6.92	0.52	23.44
AA-	6.17	0.76	8.87	0.69	21.08
A+	6.76	1.06	10.15	1.00	23.12
A	7.50	1.10	11.34	1.32	23.84
A-	7.90	1.24	12.23	1.83	22.41
BBB+	7.84	1.71	14.90	2.71	15.66

续表

信用等级	实际利率（%）	中间业务收入率（%）	经济资本系数	预期损失系数	RAROC（%）
BBB	8.70	1.11	14.07	3.66	13.55
BBB-	7.29	1.70	19.02	5.36	-1.23
BB	6.67	1.56	28.24	7.58	-8.51
B	5.39	0.02	30.55	11.32	-24.09
C	8.39	2.03	22.15	17.08	-37.61
D	8.10	2.08	11.06	72.68	-459.51

注：数据的含义和处理同表10-1。

　　表10-3反映的贷款综合收益率（实际利率与中间业务收入之和）风险不敏感，需要引起关注。随着信用等级的下降，贷款经济资本占用上升较快，但是相应贷款的综合收益却上升较慢。例如，AA-贷款的经济资本占用是AAA+贷款的近5倍，但AA-贷款的综合收益仅是AAA+贷款的1.4倍。这说明模拟数据显示的贷款定价风险敏感度不够，低信用等级贷款的定价没有上升到应有的水平。

　　根据专家打分，68.24%的专家认为，经济下行情况下，高信用等级客户风险低，综合回报高，应大力支持；29.73%的专家认为，信用等级并不是客户选择的重要因素；鲜有专家认为，低信用等级客户收益高，收益能够覆盖风险，应大力支持。本章未展示专家调整过程。

第三部分

贷后积极组合管理

第十一章 利用信贷资产证券化积极 组合管理信贷资产

前面几章论述的都是在信贷投放过程中实现信贷结构的优化调整,即前端的组合管理。贷后也可以进行积极的组合管理,即后端的组合管理,其中的工具包括信贷资产转让、资产证券化等,第三章已经进行了介绍。实践中,信贷资产转让量较少,目前主要是信贷资产证券化。资产证券化可以分为信贷资产证券化和企业资产证券化,作为信用风险组合管理的工具,本章主要探讨信贷资产证券化,即如何通过信贷资产的证券化优化信贷结构,组合管理信用风险。

第一节 信贷资产证券化的发展

一、信贷资产证券化的推进历程

资产证券化始于美国,当前美国的资产证券化市场最为发达。从 1970 年出现第一笔住房抵押贷款证券化开始,美国的资产证券化业务已遍及汽车贷款、信用卡应收款、消费分期付款、租金、版权专利费、高速公路收费等领域。资产支持证券已成为美国占比最大的固定收益证券类型。

信贷资产证券化是资产证券化中的一种重要类型,主要以商业银行债权为基础资产。我国在 2005 年以前也尝试了一些其他类型的资产证券化,而信贷资产证券化则始于 2005 年。2005 年 4 月,中国人民银行和原银监会共同颁布了《信贷资产证券化试点管理办法》,我国开始了信贷资产证券化第一阶段试点。2005年 12 月,中国建设银行和国家开发银行作为第一批试点单位,分别成功发行了第一期贷款支持证券——建元 2005 和开元 2005;2006 年 4 月,国家开发银行又发行了第二单资产证券化产品。此外,东方资产管理公司和信达资产管理公司也在第一阶段开展了不良资产的证券化。

2007年4月，国务院批准中国人民银行和原银监会扩大试点的请示，信贷资产证券化试点进入第二阶段。参加第二阶段资产证券化试点的银行包括中国工商银行、兴业银行、浦发银行、中信银行、招商银行、浙商银行。同期，上汽通用汽车金融公司发行了首单汽车抵押贷款支持证券。2008年底，随着全球金融危机的爆发，监管机构出于风险担忧和审慎原则暂停了资产证券化的审批。

信贷资产证券化试点从2005年正式启动至2008年底暂停两次试点共历时四年，其间共有11家境内金融机构在银行间债券市场先后成功发行了667.83亿元的信贷资产支持证券。除2007年国家开发银行资产证券化流标外，共有8家银行同业13次成功发行资产证券化产品，募集资金541.39亿元。

2012年5月，中国人民银行、原银监会、财政部联合下发《关于进一步扩大信贷资产证券化试点有关事项的通知》（以下简称《扩大试点通知》），开始第三阶段的试点，这也是全球金融危机后资产证券化的重启。根据国务院的批复，此次试点额度共计500亿元。

原银监会在2012年6月公布的《资本办法》进一步明确了在计算风险加权资产时扣除信贷资产证券化基础资产的条件，以及资产证券化风险暴露的资本计量方法。

2013年7月，国务院发布的《关于金融支持经济结构调整和转型升级的指导意见》明确提出要"盘活存量资金，用好增量资金"，并提出要"逐步推进信贷资产证券化常规化发展"。在指导意见的要求下，此次国务院常务会议对进一步扩大信贷资产证券化试点进行了研究，提出在推进信贷资产证券化常规化发展的初期，需要在严格控制风险的基础上扩大试点，循序渐进，稳步推进。会议还提出了一些新的举措，主要体现在扩规模、扩投资者、完善法规制度和标准化产品并加强监管等方面。在此次国务院常务会议上，中国人民银行认为，根据国内试点实践和国际发展趋势，我国已经具备了逐步推进信贷资产证券化常规化发展的条件，并新增3000亿元的信贷资产证券化额度。

2013年12月，原银监会和中国人民银行联合发布了21号文件，对发起机构的风险自持行为做出了新的规定，进一步完善了信贷资产证券化的制度体系，规定信贷资产证券化的发起机构持有由其发起的资产证券化产品的一定比例，该比例不得低于该单证券化产品全部发行规模的5%。

2014年11月，原银监会发布《关于信贷资产证券化备案登记工作流程的通知》（银监办便函〔2014〕1092号），信贷资产证券化改为"备案制"，原银监会不再针对证券化产品发行进行逐笔审批，银行业金融机构应在申请取得业务资格后开展业务。2015年初，原银监会下发了《中国银监会关于中信银行等27家银行开办信贷资产证券化业务资格的批复》（银监复〔2015〕2号），共27家银行获得了开办信贷资产证券化业务的资格。随着原银监会发文核准27家银行开办信贷资产证券化业务的资格，以及"备案制"的落地，银行的信贷资产证券化进入了一个全新的时代（张潇潇和施文，2018）。

2015年4月，中国人民银行发布公告，已经取得监管部门相关业务资格、发行过信贷资产支持证券且能够按规定披露信息的受托机构和发起机构可以向中国人民银行申请注册，并在注册有效期内自主分期发行信贷资产支持证券。

2015年5月，国务院常务会议决定进一步推进信贷资产证券化，提出为深化金融改革创新，盘活存量资金，促进多层次资本市场建设，更好支持实体经济发展，会议决定，新增5000亿元信贷资产证券化试点规模，继续完善制度、简化程序，鼓励一次注册、自主分期发行；规范信息披露，支持证券化产品在交易所上市交易。试点银行腾出的资金要用在刀刃上，重点支持棚改、水利、中西部铁路等领域建设。

为规范信贷资产支持证券的信息披露行为，提高信贷资产证券化业务的透明度，维护投资者的合法权益，促进信贷资产证券化业务的规范化、常态化，推动债券市场的发展，盘活存量资金，更好地支持实体经济的发展，中国银行间市场交易商协会于2015年5月发布了《个人汽车贷款资产支持证券信息披露指引（试行）》和《个人住房抵押贷款资产支持证券信息披露指引（试行）》等制度。

2016年1月11日，原银监会在召开的全国银行业监督管理工作会议上提出，要开展不良资产证券化和不良资产收益权转让试点工作，探索开展不良贷款资产证券化试点工作，提高不良贷款处置效率。2016年5月19日，中国银行发起了信贷资产证券化重启之后我国首单不良信贷资产支持证券——中誉2016年第一期不良资产支持证券，总发行量为3亿元，拉开了我国不良信贷资产证券化发行的大幕（张潇潇和施文，2018）。2017年，不良贷款资产证券化（ABS）产品的发行机构从六家首批试点银行扩围到更多的中小银行。

2017年4月，国务院批转同意《关于2017年深化经济体制改革重点工作的意见》，其中深化多层次资本市场改革任务包括在严格控制试点规模和审慎稳妥前提下，稳步扩大银行不良资产证券化试点参与机构范围。

2017年5月，财政部和原农业部联合发文《关于深入推进农业领域政府和社会资本合作的实施意见》，引导社会资本积极参与农业领域PPP项目投资、建设、运营，开展农业PPP项目资产证券化试点。6月，财政部、中国人民银行和中国证券监督管理委员会（以下简称"证监会"）发布《财政部、中国人民银行、中国证券监督管理委员会关于规范开展政府和社会资本合作项目资产证券化有关事宜的通知》，提出要分类稳妥地推动 PPP 项目资产证券化。2017 年 7 月和 11 月，国家发展和改革委员会分别发布《关于加快运用 PPP 模式盘活基础设施存量资产有关工作的通知》和《关于鼓励民间资本参与政府和社会资本合作（PPP）项目的指导意见》（李波，2018）。

　　各有关部门针对信贷资产证券化制定了较为完善的规章制度，为资产证券化创造了较好的法律环境。这些相关的规章制度涉及管理办法、监督、信息披露、税收、会计处理、资本管理等方面（闫冰竹，2016），详见表 11-1。

表 11-1　信贷资产证券化法律法规

时间	政策文件	监管环节	监管机构
2005 年 4 月 20 日	《信贷资产证券化试点管理办法》	整体规范	中国人民银行、原银监会
2005 年 5 月 16 日	《信贷资产证券化试点会计处理规定》	会计处理	财政部
2005 年 5 月 16 日	《关于个人住房抵押贷款证券化涉及的抵押权变更登记有关问题的试行的通知》	抵押权变更	原建设部
2005 年 6 月 13 日	《资产支持证券信息披露规则》	信息披露	中国人民银行
2005 年 6 月 15 日	中国人民银行公告〔2005〕第 15 号	发行交易	中国人民银行
2005 年 8 月 1 日	《资产支持证券交易操作规程》	发行交易	全国银行间同业拆借中心
2005 年 8 月 15 日	《资产支持证券发行登记与托管结算业务操作规程》	发行交易	中央国债登记结算有限责任公司
2005 年 11 月 7 日	《金融机构信贷资产证券化试点监督管理办法》	整体规范	原银监会
2006 年 2 月 20 日	《关于信贷资产证券化有关税收政策问题的通知》	税务关系	财政部、国家税务总局
2007 年 8 月 21 日	中国人民银行公告〔2007〕第 16 号	信息披露	中国人民银行
2007 年 9 月 30 日	《关于资产支持证券在全国银行间市场进行质押式回购交易的有关事宜》	发行交易	中国人民银行
2008 年 2 月 4 日	《关于进一步加强信贷资产证券化业务管理工作的通知》	整体规范	原银监会
2009 年 12 月 23 日	《商业银行资产证券化风险暴露监管资本计量指引》	风险管理	原银监会
2012 年 5 月 17 日	《关于进一步扩大信贷资产证券化试点有关事项的通知》	整体规范	中国人民银行、银监会、财政部
2012 年 7 月 2 日	《关于信贷资产支持证券登记托管、清算结算业务的公告》	发行交易	银行间市场清算所股份有限公司
2013 年 12 月 31 日	《关于进一步规范信贷资产证券化发起机构风险自留行为的公告》	风险管理	中国人民银行、原银监会

续表

时间	政策文件	监管环节	监管机构
2014 年 11 月 20 日	《关于信贷资产证券化备案登记工作流程的通知》	整体规范	原银监会
2015 年 3 月 26 日	中国人民银行公告〔2015〕第 7 号	整体规范	中国人民银行
2015 年 5 月 15 日	《个人汽车贷款资产支持证券信息披露指引（试行）》	信息披露	中国银行间市场交易商协会
2015 年 5 月 15 日	《个人住房抵押贷款资产支持证券信息披露指引（试行）》		
2015 年 8 月 3 日	《棚户区改造项目贷款资产支持证券信息披露指引（试行）》		
2015 年 9 月 30 日	《个人消费贷款资产支持证券信息披露指引（试行）》		
2016 年 4 月 19 日	《不良贷款资产支持证券信息披露指引（试行）》		
2016 年 11 月 14 日	《信贷资产支持证券信息披露工作评价规程》	信息披露	中国银行间市场交易商协会
2020 年 9 月 30 日	《关于银行业金融机构信贷资产证券化信息登记有关事项的通知》	发行交易	银保监会

资料来源：笔者根据相关资料整理所得。

二、信贷资产支持证券的发行结构

我国商业银行信贷资产证券化基本采用将资产池委托给信托机构，设立信托的方式发行支持证券。商业银行作为发起机构，将部分信贷资产作为信托财产委托给受托人，将信托投资公司作为受托人，设立一个专项信托。受托人向投资人发行证券，并以信托财产所产生的现金为限支付证券的本息及其他收益。

信贷资产受托人所发行的证券分为多个档位，一般记为优先 A 档证券、优先 B 档证券和次级档证券（高收益档证券）。证券主要通过内部分级进行增信，不同等级的证券有不同的受偿顺序，不同的证券化对信托财产所产生收益的具体支付顺序可以有不同的规定。例如，支付顺序的确定可以按如下原则：正常情况下，只有在优先 A 档证券项下的当期利息和优先 B 档证券项下的当期利息依次清偿完毕之后，才开始依次支付优先 A 档证券项下的本金；当优先 A 档证券项下的本金全部清偿完毕之后，才开始支付优先 B 档证券项下的本金；只有在优先 B 档证券项下的本金全部清偿完毕之后，剩余部分支付次级档证券。

证券的发行由发行安排人组建的承销团来完成。信托有效期内，受托人委托贷款服务机构（一般是发起人）对信托财产的日常回收进行管理和服务①。对于信托财产所产生的现金流，受托人委托资金保管机构提供资金保管服务。在一般的信贷支持证券中，优先 A 档及优先 B 档证券将在银行间债券市场上市交易，次级档证券在认购人之间通过协议进行转让。中央国债登记结算有限责任公司作为证券的登记托管机构，负责对证券（包括优先 A 档、优先 B 档以及次级档）进行登记托管，并向投资者转付由资金保管人划入的到期应付信托利益。信贷资产证券化的整个交易结构如图 11-1 所示，表 11-2 是中国工商银行"工元 2007"第一期各角色及相应的承担者。

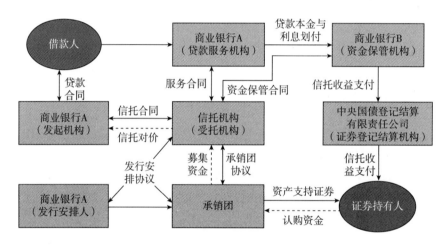

图 11-1　信贷资产证券化交易结构

注：虚线为发行证券的发行资金流向。

表 11-2　"工元 2007"第一期各角色及相应的承担者

角色	机构
发起机构/委托机构	中国工商银行股份有限公司
受托机构/ABS 发行人	华宝信托有限责任公司
贷款服务机构	中国工商银行股份有限公司
资金保管机构	中国建设银行股份有限公司
证券登记结算机构	中央国债登记结算有限责任公司

---

① 《扩大试点通知》规定，发起机构原则上应担任信贷资产证券化的贷款服务机构，切实履行贷款服务合同各项约定。

三、信贷资产证券化试点重启以来的发行情况

随着《扩大试点通知》的发布，资产证券化的试点工作重启。《扩大试点通知》从基础资产、机构准入、风险自留、信用评级等角度对重启试点工作提出了要求。试点工作重启以来，我国商业银行多次发行信贷资产证券化产品，信贷资产证券化已经成为常态，呈现蓬勃发展之势，业务规模快速扩大，发行主体不断增多，基础资产更加丰富，产品结构推陈出新（徐学超和孔求是，2020）。

试点工作重启后，各商业银行积极参加资产证券化。2012 年 9 月 7 日，国家开发银行在银行间债券市场成功发行 2012 年第一期开元信贷资产支持证券，金额为 101.66 亿元。这是我国资产证券化重启的第一单，也是 2012 年单笔规模最大的信贷资产证券化产品，规模纪录直到 2014 年才又被国家开发银行刷新。11 月 1 日，交通银行作为发起机构，在全国银行间债券市场成功发行 30.3355 亿元的信贷资产支持证券，这是试点重启后首单由全国性股份制商业银行发起设立的证券化项目。12 月初，中国银行发行试点重启后的首只资产证券化产品中银 2012 年第一期信贷资产支持证券，发行规模达 30 多亿元。另外，2012 年上海汽车集团财务公司以汽车抵押贷款为基础资产，发行了规模为 10 亿元的资产支持证券，上汽通用汽车金融公司也发行了 20 亿元的资产支持证券。2013 年 4 月 8 日，中国工商银行在全国银行间市场成功发行了工元 2013 年第一期信贷资产证券化信托资产支持证券，发行金额约 36 亿元，受到了市场热捧，是 2013 年市场上首只资产支持证券。2013 年有三家城商行被纳入重启试点名单，并分得了证券化额度，分配的额度分别为北京银行 10 亿元、台州银行和哈尔滨银行各 5 亿元。

试点重启后，我国信贷资产证券化快速发展。截至 2021 年 12 月末，我国各类信贷类资产证券化产品共发行 5.36 万亿元，其中，个人住房抵押贷款 2.32 万亿元，企业贷款 1.16 万亿元，个人汽车贷款 1.01 万亿元（见表 11-3、表 11-4）。

表 11-3　2005~2021 年我国信贷类资产证券化产品的发行规模　单位：亿元

年份	总额	个人住房抵押贷款	企业贷款	个人汽车贷款	信用卡分期	住房公积金
2005	72	30	42	0	0	0
2006	116	0	57	0	0	0
2007	178	42	136	0	0	0
2008	302	0	206	20	0	0
2012	193	0	163	30	0	0
2013	158	0	158	0	0	0
2014	2820	68	2550	159	0	0

年份	总额	个人住房抵押贷款	企业贷款	个人汽车贷款	信用卡分期	住房公积金
2015	4056	260	3128	424	50	70
2016	3909	1049	1437	587	140	347
2017	5977	1708	1198	1095	1310	0
2018	9318	5843	873	1216	788	0
2019	9635	5163	797	1966	1171	0
2020	8042	4073	754	1940	194	0
2021	8815	4993	91	2635	228	0
合计	53591	23229	11590	10072	3881	417

资料来源：Wind 数据库。

表 11-4 2005~2021 年我国信贷类资产证券化产品的发行类型

基础资产类型	项目数量（单）	项目数量比重（%）	发行总额（亿元）	总额比重（%）
住房抵押贷款	282	24.16	23227.63	43.34
企业贷款	267	22.88	11588.93	21.63
个人汽车贷款	237	20.31	10072.40	18.80
信用卡分期	43	3.68	3881.75	7.24
不良贷款	218	18.68	1304.69	2.43
个人消费贷款	58	4.97	1300.42	2.43
微小企业贷款	28	2.40	1159.72	2.16
租赁资产	26	2.23	632.47	1.18
住房公积金	7	0.60	416.77	0.78
类 REITs	1	0.09	5.54	0.01
合计	1167	100	53590.32	100

资料来源：Wind 数据库。

中国工商银行在 2020 年年报中提出，资产证券化项目有效支持不良贷款处置、存量资产盘活、资本占用节约，以及信贷结构优化调整。2020 年，共发行 18 单资产证券化项目，发行规模合计 1426 亿元：包括 10 单个人住房抵押贷款证券化（RMBS）项目，发行规模 1371.58 亿元；8 单不良贷款资产证券化项目，发行规模 54.42 亿元。

根据杨威和刘振中（2018）的测算，截至 2018 年 6 月末，通过资产证券化商业银行体系累计减少的信用风险加权资产计提规模约 3321 亿元，释放了相应规模的信贷资产，实现资本节约 381 亿元，其中，业务扩张较快、资本计提压力较大的股份制银行和城商行的资本节约效果最为明显。

第二节　基础资产特征

基础资产选择是商业银行资产证券化过程中主动性最强，也最有价值的环节，是商业银行借助资产证券化进行组合管理的主要内容。本部分将总结资产证券化在试点以及 2012 年重启后的基础资产情况，主要介绍法人贷款基础资产。

一、试点阶段资产池的组成

资产池是由银行进行证券化的基础资产组成的，本部分主要分析 2005～2008 年前两次试点阶段基础资产的选择。在同一资产池里，信贷资产的行业集中度、地区集中度、单笔信贷资产的比例都必须符合相关标准。《关于进一步加强信贷资产证券化业务管理工作的通知》（银监办发〔2008〕23 号）中关于资产池要求："强调资产质量，循序渐进推进证券化业务。各行要根据自身业务水平及管理能力等情况循序渐进发展证券化业务。鉴于目前市场情况及投资者风险偏好和承受能力，应强调资产质量，证券化资产以好的和比较好的资产为主；如试点不良资产证券化，由于其风险特征完全不同，各行要切实做好违约风险和信用（经营）风险的分散和信息披露工作。"

从基础资产的角度来看，该试点阶段组成资产池的基础资产种类涵盖普通中长期贷款、个人住房抵押贷款、汽车抵押贷款、中小企业贷款和不良贷款五大类。中国建设银行分别于 2005 年 12 月和 2007 年 12 月以 30.17 亿元和 41.61 亿元的个人住房抵押贷款为基础资产组成资产池，发行了两单信托资产支持证券。2008 年 1 月，中国建设银行又以 565 户借款人，额度为 27.65 亿元的 1000 笔不良贷款为基础资产组成资产池，成功发行不良贷款资产支持证券。中国工商银行分别于 2007 年 10 月和 2008 年 3 月以额度为 40.21 亿元和 80.11 亿元的优质公司贷款为基础资产组成资产池，发行了资产支持证券，共募集资金约 120 亿元（见表 11-5）。

表 11-5　试点阶段信贷资产证券化的发行概况

发行机构	发行时间	资产池类型	资产池额度（亿元）	信托机构	发行额度（亿元）
国家开发银行	2005 年 12 月 15 日	优质公司贷款	41.77	中诚信托	41.77

发行机构	发行时间	资产池类型	资产池额度（亿元）	信托机构	发行额度（亿元）
中国建设银行	2005 年 12 月 15 日	个人住房抵押贷款	30.17	中信信托	30.17
国家开发银行	2006 年 4 月 25 日	优质公司贷款	57.30	中诚信托	57.30
浦发银行	2007 年 9 月 11 日	优质公司贷款	43.83	华宝信托	43.83
中国工商银行	2007 年 10 月 10 日	优质公司贷款	40.21	华宝信托	40.21
中国建设银行	2007 年 12 月 11 日	个人住房抵押贷款	41.61	中诚信托	41.61
兴业银行	2007 年 12 月 13 日	优质公司贷款	52.43	中国对外贸易信托	52.43
中国建设银行	2008 年 1 月 24 日	不良贷款	95.5	中诚信托	27.65
中国工商银行	2008 年 3 月 27 日	优质公司贷款	80.11	中诚信托	80.11
国家开发银行	2008 年 4 月 28 日	优质公司贷款	37.66	平安信托	37.66
中信银行	2008 年 10 月 13 日	优质公司贷款	40.77	中诚信托	40.77
招商银行	2008 年 10 月 1 日	优质公司贷款	40.92	中信信托	40.92
浙商银行	2008 年 11 月 13 日	中小企业贷款	6.96	中国对外贸易信托	6.96

注：此表未含资产管理公司等发起人的资产证券化。除中国建设银行不良贷款资产证券化外，其他商业银行的资产池额度与发行额度均相同。

在该试点阶段，以基础设施项目为基础资产的国家开发银行 2005 年第一期开元信贷资产支持证券资产池的选择标准为：①入选的信贷资产应具有较高的同质性，均为针对基础设施项目所发放的中长期贷款，且均于 2007 年 7 月 1 日[①]前到期；②信贷资产项下的借款合同对还款时间做出了明确规定，信贷资产项下能够产生可预测的现金流收入。以不良资产为基础资产的东元 2006-1 优先级重整资产支持证券的选择标准为：①债权及其相关从权利（如有）为委托人合法所有；②债权合法有效；③债务人或担保人不属于国家机关；④债务人未被列入全国企业政策性关闭破产计划或未进入破产程序；⑤债权不涉及国防、军工等国家安全和敏感信息；⑥债权均不存在限制转让的情况。

从该试点阶段的具体资产选择实践看，各家商业银行一般以自家特色经营资产为标的进行证券化，如建设银行共进行了三次资产证券化，有两次是以个人住房抵押贷款组成资产池；浙商银行则以中小企业贷款为资产池进行证券化。总体看，2005~2008 年试点阶段的资产池基础资产选择有如下特点：

---

① 此证券的次级档证券于 2007 年 6 月 30 日到期，因此要求所有信贷资产必须于此日期前到期。

从行业分布来看，除中国建设银行的个人住房抵押贷款资产支持证券的基础资产全部为房地产行业外，该试点阶段其他信贷资产证券化的基础资产均涉及多个行业①。2007 年，兴元一期信贷资产证券化信托资产支持证券的基础资产涉及公共设施管理业、房地产业、煤炭开采和洗选业等 20 个行业，工商银行工元 2008 年第一期信贷资产证券化信托资产支持证券的资产池涉及 18 个行业，中信银行信银 2008 年第一期信贷资产证券化信托资产支持证券的资产池涉及 21 个行业。

从区域分布来看，信贷资产证券化的基础资产的区域分布较为分散，以东部为主。除东方、信达等资产管理公司和浙商银行的信贷证券化基础资产的区域分布较为集中外，该试点阶段其他参加信贷资产证券化的商业银行的基础资产区域分布均较为分散，一般涉及多家分行，且主要是东部地区的分行。

从期限分布来看，证券化基础资产的合同期一般较长，剩余期限一般为中短期，加权剩余期限为 1~2 年。例如，中国工商银行 2007 年工元一期信贷资产支持证券的资产池的加权平均贷款合同期限为 52 个月，最长剩余期限为 52 个月，最短剩余期限为 1 个月，加权平均贷款剩余期限为 22 个月；工元 2008 年第一期信贷资产证券化信托资产支持证券的加权平均贷款剩余期限为 23 个月，单笔贷款最长剩余期限为 58 个月，单笔贷款最短剩余期限为 1 个月。另外，个人住房抵押贷款证券化的剩余期限一般较长，约为 15 年。

从资产池基础资产质量来看，除资产管理公司进行不良资产处置，中国建设银行曾经以不良资产组成资产池进行证券化外，银行同业一般选择正常类信贷资产进行证券化，且信贷资产质量较高。例如，中国工商银行 2007 年工元一期的基础资产均为正常类，且 AA 级以上借款人的占比为 95.03%。

资产池基础资产的利率一般在 6%~7%。例如，浦发银行的浦发 2007 年第一期信贷资产支持证券基础资产的加权平均贷款年利率为 6.52%，单笔贷款最高年利率为 7.92%；中国工商银行 2007 年工元一期加权利率为 6.48%，2008 年工元第一期加权平均贷款年利率为 6.86%，单笔贷款最高年利率为 10.18%，余额占比最大利率区间为 6.5%（不含）~7%（含），占比为 30.18%。

从担保方式来看，信用贷款在资产池基础资产中占一定比例。中国工商银行 2007 年工元一期信贷资产支持证券的基础资产中的信用贷款的占比为 61.67%，2008 年工元第一期信贷资产证券化信托资产支持证券的基础资产中的信用贷款的占比为 68.36%，中信银行信银 2008 年第一期信贷资产证券化信托资产支持证券的基础资产中的信用贷款的占比为 77.86%，国家开发银行于 2005 年、2006 年

---

① 各家银行统计的行业口径不同，但均显示涉及多个行业。

和 2008 年成功发行的资产支持证券的基础资产中的信用贷款的占比均在 70% 以上[①]。

从资产池中的借款人数量来看,在银行同业的资产证券化中,除了中国建设银行以个人住房抵押贷款和不良贷款为基础资产的证券化涉及的借款人数量较多外,其他公司贷款证券化涉及的借款人数量一般为 30 个,最多为 55 个。

二、试点重启后资产池的组成

《扩大试点通知》要求,信贷资产证券化入池基础资产的选择要兼顾收益性和导向性,既要有稳定可预期的未来现金流,又要注重加强与国家产业政策的密切配合。鼓励金融机构选择符合条件的国家重大基础设施项目贷款、涉农贷款、中小企业贷款、经清理合规的地方政府融资平台公司贷款、节能减排贷款、战略性新兴产业贷款、文化创意产业贷款、保障性安居工程贷款、汽车贷款等多元化信贷资产作为基础资产开展信贷资产证券化。闫冰竹(2016)也建议要斟酌选择符合标准的基础资产进行证券化。

2012 年试点重启后进行的三单资产证券化项目都有一定的创新。2014 年以来,新发行的信贷资产的行业分布主要包括建筑业,电力、燃气及水生产和供应业,采矿业等基础行业和传统行业(栾小华和张军,2018)。下面以开始的这三单资产证券化产品为例进行简要的分析。

一是基础资产构成更加丰富,剩余期限以短期为主。从资产池构成的角度来看,相比 2005~2008 年试点期间,重启后的基础资产构成更加多样。国家开发银行资产支持证券的基础资产涉及 16 个行业,包括电力、铁路、煤炭等行业,区域分布也较为分散。交通银行资产支持证券的基础资产涉及战略性新兴产业、"三农"及中小型企业等,包含国家重大基础设施项目贷款和节能减排项目贷款。另外,基础资产的剩余期限较短,国家开发银行的加权平均贷款剩余期限为 1.89 年,而交通银行的加权平均贷款剩余期限仅为 0.91 年,如表 11-6 所示。

二是投资主体有所扩大,保险机构成为资产证券化投资者。2012 年 10 月底,原中国保险监督管理委员会首次允许保险资金将信贷资产支持证券纳入投资范围。在交通银行 11 月发行的信贷资产支持证券中,保险资金首次参与认购。

三是双评级系统保障了债券评级的可靠性。《扩大试点通知》要求,资产支持证券在全国银行间债券市场发行与交易的初始评级应当聘请两家具有评级资质的资信评级机构进行持续信用评级,并按照有关政策规定在申请发行资产支持证

---

① 由于国家开发银行信贷资产实物形态多为路桥矿站等固定资产,抵押权变更没有具体办法,因此一般选取信用贷款。

表 11-6 资产证券化试点重启后部分项目的基础资产

发行银行	证券	发行时间	基础资产概况	基础资产额度（亿元）	基础资产期限（年）	加权贷款利率（%）	资产质量	行业	区域	担保	发行概况
国家开发银行	2012 年第一期开元信贷资产支持证券	2012 年9月	43 名借款人向发起机构借用 49 笔贷款	101.66	1.89	6.27	均为正常类	电力、铁路、煤炭等 16 个行业	北京（10.9%），河南（9.67%），山东（8.61%）等 23 个地区	信用贷款占 66.62%，保证贷款占 33.38%	优先 A-1 档证券 13.30 亿元，A-2 档证券 15.50 亿元，A-3 档证券 22.80 亿元，A-4 档证券 29.08 亿元，优先 B 档证券 12 亿元和次级档证券 8.9844 亿元
交通银行	交银 2012 年第一期信贷资产支持证券	2012 年11 月	34 名借款人向发起机构借用 60 笔贷款	30.34	0.91	6.30	均为正常类	建筑业、运输业等十多个行业	北京、江苏和新疆等 7 个地区	信用贷款占 72.11%，保证贷款占 27.89%	优先 A-1 档证券 8.50 亿元，优先 A-2 档证券 16.10 亿元，优先 B 档证券金额为 3.10 亿元
中国工商银行	工元 2013 年第一期信贷资产证券化信托	2013 年4 月	29 名借款人向发起机构借用 63 笔贷款	35.92	1.20	6.50	均为正常类	运输业等 15 个行业	深圳、河北等 15 家分行	信用贷款占 87.30%，保证贷款占 12.70%	优先 AAA 档证券 30.40 亿元，优先 AA 档证券 1.70 亿元，未评级证券 3.82 亿元

券时向金融监管部门提交两家评级机构的评级报告。试点重启后，各信贷资产支持证券保证了债券的双评级，对于档次较低的债券，不同评级机构的评级结果存在一定差异，这种争议一定程度上保证评级能够提供更多信息。

信贷资产证券化试点重启后，仍存在一些问题。一是基础资产构成仍没有达到《扩大试点通知》对多样化的要求。二是投资主体仍然有限，风险没有有效地转移出银行系统。虽然从交通银行资产支持证券开始保险加入了投资主体中，但是信贷资产支持证券仍以银行体系内部持有为主。三是发起行风险没有有效转移。《扩大试点通知》要求，信贷资产证券化各发起机构应持有由其发起的每一单资产证券化中的最低档次资产支持证券的 5%，持有期限不得低于最低档次证券的存续期限，由于这 5% 的支持证券最后受偿，风险最大，如果基础资产中有违约，则仍由银行率先承担损失，风险并没有真正转移出发起银行。

第三节　信贷资产证券化收益成本分析：以中国工商银行 2007 年工元一期为例

资产证券化虽然可以节约监管资本，但是也有一定的代价，本节以中国工商银行 2007 年工元一期为对象进行收益成本测算。中国工商银行是同业中的标杆，在 2007 年的信贷资产证券化中以优质公司贷款组成资产池，资产池的组成易于复制，且该资产证券化已于 2011 年 5 月清算，数据客观全面，因此，本部分的分析以中国工商银行 2007 年工元一期为例对资产支持证券的收益以及代价进行测算分析。

一、2007 年工元一期概况

2007 年 10 月，中国工商银行发行 2007 年工元一期信贷资产支持证券。工元一期采用特殊目的信托载体机制，中国工商银行将包含 34 个借款人、贷款余额为 40.21 亿元的公司信贷资产作为信托财产交付受托机构华宝信托有限责任公司（以下简称"华宝信托"），由华宝信托设立中国工商银行 2007 年工元一期信贷资产证券化信托，并以此信托财产为支持发行优先 A 档（包括优先 A1 档和优先 A2 档）、优先 B 档和高收益档资产支持证券，其中，优先 A 档和优先 B 档资产支持证券在全国银行间债券市场公开发行并上市交易，高收益档资产支持证券向合格投资者定向发行，投资者通过购买并持有资产支持证券取得该信托项下相应的信托受益权。2007 年工元一期资产池基本信息如表 11-7 所示。

表 11-7　2007 年工元一期资产池的基本信息

基本情况	资产池基本情况
入池贷款总额（元）	4021000000
借款人数量（个）	34
贷款笔数（笔）	60
单笔贷款最高合同金额（元）	220000000
单笔贷款平均合同金额（元）	67016667
加权平均贷款利率（%）	6.48
加权平均贷款剩余期限（月）	22
集中度	
借款金额排名前五的借款人集中度（%）	32.88
贷款最集中的三个行业集中度（%）	47.74
信用状况	
正常类（%）	100
AA 级借款人占比（%）	95.03

　　优先 A 档证券拆分为优先 A1 档和优先 A2 档证券，其中，优先 A1 档证券按计划分期摊还，优先 A 档证券、优先 B 档证券及高收益档证券按约定偿付顺序获付本金。优先 A1 档证券采用固定利率，优先 A2 档及优先 B 档证券采用浮动利率，高收益档证券不设票面利率，在既定条件下取得不高于 5% 的期间收益以及最终的清算收益。2007 年工元一期发行情况如表 11-8 所示。

表 11-8　2007 年工元一期发行情况

证券类别	额度（亿元）	利率形式	成立时执行利率（%）	法定到期日	评级
A1 级资产支持证券	21	固定利率	4.66	2013 年 11 月 30 日	AAA
A2 级资产支持证券	12	浮动利率	4.52（3.87+0.65）	2013 年 11 月 30 日	AAA
B 级资产支持证券	4.95	浮动利率	5.45（3.87+1.58）	2013 年 11 月 30 日	A
高收益档资产支持证券	2.26	无票面利率		2013 年 11 月 30 日	无评级
总计	40.21				

　　注：基准利率 3.87% 是发行时一年期定期存款利率。优先 A2 档和优先 B 档资产支持证券的基准利率调整日为中国人民银行调整一年期定期存款利率生效日后第三个自然月的对应日。

　　该期交易采用优先/次级结构的内部信用增级措施，劣后受偿的资产支持证券为优先级较高的资产支持证券提供信用增级。另外，该期交易超额利差主要通过两种方式为优先档证券提供内部信用增级：利差收入先行弥补违约贷款本金；利差收入在支付完限额内高收益档证券期间收益后，剩余部分用于偿付优先档证券本金。信托存续期间（2007 年 10 月 12 日至 2011 年 5 月 26 日）相关汇总信息如表 11-9 所示。

表 11-9　2007 年工元一期清算结果　　　　　　　　单位：万元

状态	项目	报告期限 （2007 年 10 月 12 日至 2011 年 5 月 26 日）
信托账户资金期初余额	信托账户	6020.74
信托账户资金流入	本金回收款	402100
	收入回收款	43583.85
	同业存款利息收入（收益账）	273.6
	同业存款利息收入（流储和服储）	138.42
	合计	446095.87
累计信托账户资金流出	支付 A1 档证券本金	210000
	支付 A2 档证券本金	120000
	支付 B 档证券本金	49500
	支付次级档证券本金	22600
	支付各档证券利息/收益	37973.84
	其中：支付 A1 档证券利息	13655.42
	支付 A2 档证券利息	5129.5
	支付 B 档证券利息	5441.15
	支付次级档证券利息	13747.77
	扣缴营业税金及附加	2419.06
	执行费用扣款	0
	支付各机构服务报酬及费用	3464.55
	特别信托利益（流储）	6133.23
	特别信托利益（服储）	25.93
	合计	452116.61

资料来源：中国工商银行 2007 年工元一期信贷资产证券化信托清算报告。

二、证券化收益成本测算

资产证券化虽然能够带来流动性便利，减小风险加权资产，但是商业银行作为发起人也要承担一定的经济代价，主要是贷款利息损失。下面对已经清算的工商银行2007年工元一期的基础资产证券化和假定不证券化两种情形下的收益成本进行分析，得到证券化的机会成本①。计算期限为2007年8月1日至2011年5月26日，共计45.84个月，即3.82年，其中，资产池未偿本金加权剩余期限为22个月。营业税及附加为利息收入和中间收入的5.55%，假设发起阶段获取的对价收入没有需要缴纳营业税的情况。假定证券化后得到的资产池对价再投资均为存放同业。风险加权资产的计算全部采用权重法，根据《资本办法》的规定，我国其他商业银行债权原始期限三个月以内的风险权重为20%，三个月以上的风险权重为25%。所得税前利润为2007年8月1日至2011年5月26日的所有所得税前利润，未考虑拨备。

1. 情景1：不进行证券化，并以原加权利率进行再投资

此部分假设商业银行不进行资产证券化，且资产池中的未偿本金在22个月收回后仍能按照原来的6.48%的加权利率在剩余的23.84个月中进行再投资。根据报告，资产池未偿本金的加权平均利息为6.48%，即合计45.83个月的资产池利息收入和再投资收入均按照6.48%计算。此时，假设资产池未偿本金未带来中间业务收入，扣除5.55%的营业税及附加后，所得税前利润为9.40亿元（见表11-10）。

表11-10 不同情景下的证券化收益测算

情景	情景1	情景2	情景3	情景4	情景5
情景详情	不证券化，再投资维持原利率	不证券化，通过存放同业进行再投资	证券化，通过存放同业进行再投资	证券化，通过存放同业进行再投资，收益率比情景3高100个基点	证券化，通过存放同业进行再投资，收益率比情景3低100个基点
利率（%）	6.48+6.48	6.48+3.28	3.28	4.28	2.28
资产池利息收入（万元）	477686.20	47686.20			
再投资收入（万元）	51755.23	26197.09	50334.55	65680.45	34988.65
中间业务收入（万元）			7891.44	7891.44	7891.44
次级档证券利息（万元）			7056.38	7056.38	7056.38
减营业税（万元）	5469.28	4063.58	3202.43	4046.45	2358.40
所得税前利润（万元）	93972.14	69819.71	62079.93	76581.81	47578.06

---

① 本测算对聂广礼的《利用信贷资产证券化组合管理商业银行信贷资产：基于2005-2008试点阶段的分析》做了修改完善。

续表

情景	情景 1	情景 2	情景 3	情景 4	情景 5
与情景 1 的利润差（万元）	0.00	−24152.44	−31892.21	−17390.34	−46394.09
与情景 2 的利润差（万元）	24152.44	0.00	−7739.77	6762.10	−22241.65
持有次级债（万元）			11600.00	11600.00	11600.00
风险加权资产（万元）	402100	245142.44	170058.38	170058.38	170058.38
所得税前利润占风险加权资产比例（%）	23.37	28.48	36.51	45.03	27.98

注：①6.48%+6.48%表示前 22 个月投资的年利率为 6.48%，后 23.84 个月再投资的年利率仍为 6.48%，6.48%+3.28%表示前 22 个月投资的年利率为 6.48%，后 23.84 个月再投资的年利率仍为 3.28%。根据银行间市场计息规则前 22 个月为 1.830 年，后 23.84 个月为 1.986 年，表格计算中按照上述年数计算。②营业税及附加按照所得利息收入和中间业务收入的 5.55%计算扣除。③风险加权资产是根据各情景的情况和期限加权计算得到。④测算中未考虑拨备或者违约成本，情景 1 会稍偏高。

假设不考虑贷款的减值准备，根据《资本办法》的规定，一般企业债权的风险权重为 100%，通过权重法可以得到其风险加权资产为 40.21 亿元[①]。

2. 情景 2：不进行证券化，回收贷款通过存放同业进行再投资

假设商业银行不进行资产证券化，且资产池中的未偿本金收回后将用于存放同业。其中，前 22 个月利息根据基础资产 6.48%的加权平均利息确定，后 23.84 个月存放同业的再投资利率根据 Shibor 一年期加权平均利率确定[②]，计算可以得到 Shibor 的加权平均年利率为 3.28%，即剩余 23.84 个月的再投资利率为 3.28%。扣除 5.55%营业税及附加后，得到两阶段的所得税前利润之和为 6.98 亿元（见表 11-10）。

同样不考虑贷款的减值准备，通过权重法可以得到其在不证券化阶段的风险加权资产为 40.21 亿元（权重为 100%），存放同业为 10.05 亿元（权重为 25%），按照各自期限加权，得到风险加权资产为 24.51 亿元。

3. 情景 3：证券化，收入通过存放同业进行再投资

在进行资产证券化的情形下，假设商业银行将收取的对价收入全部用于存放

---

① 《资本办法》第五十二条规定，商业银行计量各类表内资产的风险加权资产，应首先从资产账面价值中扣除相应的减值准备，然后乘以风险权重。本节的风险加权资产直接用账面价值与风险权重的乘积。

② Shibor 是上海银行间同业拆放利率（Shanghai Interbank Offered Rate，Shibor），以位于上海的全国银行间同业拆借中心为技术平台，是由信用等级较高的银行组成报价团自主报出的人民币同业拆出利率计算确定的算术平均利率，是单利、无担保、批发性利率。目前，对社会公布的 Shibor 类型包括隔夜、1 周、2 周、1 个月、3 个月、6 个月、9 个月及 1 年。本节采用的是 1 年利率。此处选择该利率仅是一个锚，旨在反映市场利率水平。

同业，采用的年利率仍为 3.28%。根据中国工商银行 2008 年年报，中国工商银行 2007 年 12 月 31 日继续确认的 2007 年工元一期证券化资产价值为 1.16 亿元，并已划分为可供出售金融资产。由于次级档证券的发行本金为 2.26 亿，支付次级档证券的利息总额为 13747.77 万元（见表 11-9），根据中国工商银行次级档证券占比，可以计算得到次级档证券的投资收益为 7056.38 万元。假设此次信托中"支付各机构服务报酬及费用"（3464.55 万元）中的 50% 是贷款服务费，根据约定，特别信托利益（6159.16 万元）均归中国工商银行所有，因此，可以得到其中间业务收入为 7891.44 万元。以上部分相加后扣除营业税及附加，可以得到进行证券化后所得税前利润为 6.21 亿元（见表 11-10）。

风险加权资产的计算同样不考虑贷款的减值准备，通过权重法可以得到其风险加权资产。风险加权资产的计算分为两个部分：一部分是持有的 1.16 亿元的次级档债券，根据表 11-8 可以看到次级档证券均为未评级证券，按照《资本办法》未评级资产证券化风险暴露的风险权重为 1250%，此部分占用的时长为 22 个月。另一部分是证券化再投资的风险加权资产，根据存放同业的假定，本书采用 25% 的风险权重，此部分占用的时长为 45.84 个月。按照占用期限加权，可以得到两部分风险加权资产合计为 17.01 亿元。

4. 情景 4：证券化，收入通过存放同业进行再投资，收益率高 100 个基点

在资产证券化的情形下，假设资产池对价收入用于存放同业，根据 Shibor 的加权平均计算得到 3.28% 的年利率，假设投资收益可以在 Shibor 的基础上提高 100 个基点[①]，即再投资年利率为 4.28%。其他部分的计算同上，扣除 5.55% 的营业税及附加，可以得到证券化后所得税前利润为 7.66 亿元（见表 11-10）。

风险加权资产的计算同样不考虑贷款的减值准备，通过权重法可以得到其风险加权资产。风险加权资产的计算分为两个部分，结果与情景 3 相同，为 17.01 亿元。

5. 情景 5：证券化，收入通过存放同业进行再投资，收益率低 100 个基点

其他假设与情景 3 相同，存放同业再投资收益比情景 3 低 100 个基点，此时，所得税前利润为 4.76 亿元。风险加权资产的计算分为两个部分，结果与情景 3 相同，为 17.01 亿元（见表 11-10）。

通过比较情景 2 和情景 3 可以看出，在假定以存放同业为主要的再投资渠道的情形下，中国工商银行的资产池进行证券化和不进行证券化估算的所得税前利

---

① 由于大额的存放同业可以有较高的谈判能力，情景 4 假设通过谈判可以使再投资利率在 Shibor 的基础上提高 100 个基点。

润分别为 6.98 亿元和 6.21 亿元，资产证券化的费率为 0.504%[①]。从风险加权资产看，资产证券化可以使风险加权资产从 40.21 亿元减少到 17.01 亿元，风险加权资产减少 57.70%。由于风险加权资产下降更快，因此资产证券化可以提高所得税前利润与风险加权资产的比值。

从五种情景的比较结果来看，再投资的利息将对结果产生重大影响，再投资的收益率是进行资产证券化时选择的重要影响因素。在信贷需求旺盛时，银行议价能力较强，可以通过资产证券化盘活长期贷款；在信贷需求不足的情形下，银行流动性充足，融资后如果不能找到更好的贷款需求，这时就不适合大规模地进行资产证券化。资产证券化也是银行降低资本占用的良好工具，如果资本压力较大，可以通过资产证券化降低风险加权资产，节约资本。

第四节　商业银行信贷资产证券化的建议

鉴于银行资产证券化的经验以及资产证券化的重要意义，对我国商业银行资产证券化提出如下建议：

一、积极参加资产证券化

一是证券化是未来商业银行进行资产结构调节的重要手段，对商业银行资本管理、风险管理和资产负债表的腾挪有重要的作用。过去，在中国经济重投资、重间接融资的增长模式下，我国商业银行资产负债表不断膨胀固化，通过资产证券化可以将一些长期贷款转换为现金对价，盘活长期贷款。例如，建元 2005 年资产证券化资产池的加权平均贷款剩余期限为 172 个月，建元 2007-1 个人住房抵押贷款证券化资产池的加权平均贷款剩余期限为 199 个月，中国建设银行通过资产证券化将这些长达 15 年的长期贷款全部盘活。

二是利率市场化背景下，银行转型的方向为从资产持有转向资产管理，风险管理较强的银行其角色将逐渐向贷款批发商转变，而资本实力较强、负债基础较好的银行将演变为信贷资产接收方。持续加强金融创新能力建设，参与金融创新制度建设对银行的持续发展至关重要。创新性的交易工具有利于银行加快从贷款持有型向贷款流量管理型转变。在国际国内经济金融形势发生巨大变化的情形下，如果不稳中求变，积极参与到金融创新的试点中去，必将延误时机，错过发

---

① 资产证券化的费率表示因资产证券化丧失的收入的机会成本，具体而言，是由情景 2 和情景 3 的所得税前利润差（7739.77 万元）除以本金（40.21 亿元），然后再除以 3.82 年得到的。

展机遇。

　　三是根据信贷投放需求判断资产证券化时机。从前面的分析可以看到，证券化后的再投放较为重要，若再投放需求旺盛，价格较好，可以加快证券化；若信贷有效需求不足，流动性相对充足，则不是证券化的好时机。在资本压力较大时，可以通过信贷资产证券化降低资本占用。

二、资产池选择

　　如果参与信贷资产证券化，那么银行面临的首要问题是证券化基础资产的选择。根据相关法律法规，建议银行遵循优化结构、节约资本、资产质量高、单笔额度大的原则进行企业贷款资产池基础资产的选择。

　　优化结构。本书第三章到第十章均是对信贷结构的研究，这些章节提出了优化信贷结构的建议，这些建议可以作为资产证券化基础资产选择的建议和原则。具体而言，一是要降低集中度，本书前面章节反复阐述了信贷集中的负面影响，第三章也分析了监管对集中度的约束，从第三章可以看出，我国商业银行的行业集中度过高，制造业、房地产等是银行投向较为集中的行业。银行在进行基础资产选择时，可以借助集中度风险分析的成果，通过资产证券化调整基础资产在行业、区域、借款人等维度的集中情况，将在部分维度过于集中的信贷资产通过证券化的方式移出表外，分散集中度风险。二是降低组合风险，挑选信贷资产要结合业务规模和政策导向，不断降低组合的风险。第八章的测算演示了如何通过计算得到边际风险贡献较高的行业，这些行业的信贷资产可以优先作为基础资产。

　　节约资本。资本是银行宝贵的资源，商业银行为保证资本充足而进行的资本补充的成本非常昂贵，必须节约使用，第五章介绍了资本的影响因素，可以通过基础资产选择优先将资本占用高的信贷资产转移出表外，如优先将信用贷款纳入基础资产。《资本办法》规定，内部评级法下初级法和高级法均可以借助抵质押等信用风险缓释工具向下调整违约损失率，从而减少风险加权资产，节约资本占用。信用贷款没有风险缓释，需要计提较多的监管资本。从前面的分析可以看出，在试点阶段，银行进行资产证券化的基础资产中的信用贷款占比较大。建议银行参与资产证券化时，可以适当选择一定的优质信用贷款作为基础资产，从而将资本占用较多的基础资产移出表外。

　　资产质量高。若进行正常的资产证券化，建议选择高质量的资产，主要基于三方面的原因：一是收益最大的原则。此前的资产证券化，一般而言，A档和B档证券持有人均获取固定收益，优质资产可以提高认可度，降低证券的发行票面利率，发行人可以通过持有次级档证券获得剩余的收益。二是根据《资本办法》规定不同的信用评级证券持有人计算风险加权资产权重不同，区间为20%至

1250%，优质的证券化资产池可以保证评级等级，从而降低持有人的加权风险资产，吸引证券持有者。三是保障成功发行，虽然大部分信贷资产证券化都受到了市场认可，成功发行，但也存在流标的情况，如由于发行收入未达到最低募集资金额，国家开发银行 2007 年第一期开元信贷资产支持证券发行流标。因此，为了确保发行成功，需要保证信贷资产质量①。

单笔额度相对大。根据《中华人民共和国民法典》规定，债权人转让权利的，应当通知债务人。未经通知，该转让对债务人不发生效力。另外，对于抵押贷款而言，贷款资产的出售还面临抵押权变更的问题，如果选择的基础资产涉及过多的借款人，则会增加相关的工作负担。另外《资本办法》规定资产证券化内部评级法资产池风险暴露的有效数量会影响风险加权资产的风险权重，如果有效数量大于或等于 6，那么资产证券化的风险暴露就可以少计提资本，即基础资产越分散，越能够减少持有人和投资人证券化暴露的资本占用。为吸引投资者并减少自持部分的资本占用，要求基础资产涉及的借款人数量不能过少。为防止涉及过多的借款人，增加工作负担，同时节约投资者的资本占用，吸引投资者，根据实践经验，建议选择单笔额度较大的贷款或者涉及多笔贷款的同一借款人的贷款作为组成资产池的基础资产。从经验看，额度为 40 亿元的资产池涉及的借款人数量一般为 30 人。

---

① 国家开发银行第三单证券化流标，有学者认为是内部分级优先档证券占比过高所致。

第十二章　信贷组合管理的启示及建议

借鉴国际经验教训，结合中国实际，建设有特色的信贷组合管理对我国商业银行的长远发展具有重要意义。以信贷资产为主要对象的组合管理是一个逐步形成的长期过程，不能通过运动式的方法在短期内成为最优的信贷组合。前面各章节的研究已经就各个相关的议题给出了建议，本部分主要给出整体建议。

一、统筹组合管理银行信贷资产

虽然在金融"脱媒"下增加中间业务收入成为全行业追求的目标，但是在相当长的时间内，信贷业务在大型国有银行的业务组合中仍具有极重要的地位。信贷资产是银行最大的资产，也是最大的风险来源。作为各个行业都有涉足的持有大量信贷资产的金融机构，国内商业银行特别是大型商业银行更应该关注信贷资产组合，因此，必须持续对银行信贷资产的各个维度进行组合管理和检验，从各个维度对银行的存量信贷资产进行诊断分析，并加强监控，防止信贷投放过度集中在某一个维度。

一是加强组织保障，指定专门的组合管理部门，统筹全行的信贷投放，负责全行的信贷资产的组合管理监控。信贷资产的组合管理涉及银行信贷相关的多个部门，需要周密规划，多部门参与。商业银行内部有必要建立跨部门的协调机构，对各部门的政策措施进行统筹部署和规划，避免资源浪费，实现政策合力。建议建立专门的信贷组合管理部门或者成立信贷组合管理委员会，加强组织领导，统筹规划组合管理策略，对全行的信贷资产进行全面的研究和管理。

二是加强组合管理相关研究，持续跟踪国际国内经济形势。随着我国国民经济的发展，我国经济结构发生了剧烈的变动，不同维度的经济状况日新月异，所以必须加强我国经济各个维度的变化研究，持续关注国民经济的变化动态。行业之间的相关关系是进行组合管理的重要考虑因素，加强行业之间的信用风险相关关系研究，持续关注信用风险相关关系的变动情况，指导全行的行业组合配置。

三是制定组合管理策略。根据银行自身的风险态度，确定组合管理的策略。

信贷政策应该在行业分析的基础上考虑地域特点，将行业和地域相结合。信贷政策的制定应注意将商业银行追求利润和承担适当的社会责任相结合，保持良好的社会声誉。

四是加强组合监控，持续跟踪银行贷款情况。对银行信贷资产配置进行持续监控，既要加强存量资产的分布维度分析，又要注意新增信贷资产的投向。

二、组合管理路径选择

目前，多数银行的信贷资产管理还处在单项资产评估阶段，没有从总行层面对整个资产组合的风险进行总体的把握和管理，因此可以根据银行风险管理的实际情况，分阶段实现资产的组合管理。

第一步，加强客户限额和行业限额管理，改善存量信贷资产结构。目前，国内大部分商业银行已经实现统一授信，并实行行业限额制度和客户名单制度，在实现组合管理的初级阶段，这些都是非常重要的组合管理手段。在这个阶段，必须合理研究限额的适当性，加强限额的实施，避免集中度风险；另外还要根据国家产业政策和银行信贷结构的变化情况，及时优化行业信贷政策，进一步扩大行业信贷政策的覆盖面，持续改善贷款结构。

第二步，逐步实现发放阶段的组合管理，从组合的角度考察新发放贷款。限额是初级阶段粗放的管理手段，该方法没有从组合的角度考虑全行的资产。在新增贷款时，除对贷款人未来的还款能力和还款意愿进行审核外，还要将贷款人所在的组合维度放到银行当前的存量信贷资产中进行考察，考虑所审批的贷款对存量信贷资产的影响情况。

从行业角度来看，要加强行业信贷政策的研究，从组合的角度前瞻性地推动银行信贷结构的调整。根据实证研究的结果，优先增加边际风险贡献较小行业的信贷支持。从期限的角度来看，应注意长短搭配，注意流动性压力。从企业的规模维度看，要大中小并举，提高议价能力，分散对大型企业的依赖。在区域中，既要重视大城市的布局，又要给予中小城市和小城镇更多的关注，适当扩大个人信贷市场，发展零售业务。

不同维度之间的组合要注意合理配置。组合管理要考虑不同信贷资产在不同维度间的组合，如行业与期限的搭配，对于前景不是特别被看好的行业，应限制贷款期限，贷款期限以短期贷款或中期贷款为主，不放长期贷款；行业与区域搭配，防止某个行业在某个区域过于集中。

第三步，实现贷后信贷资产管理阶段的组合管理。信贷资产的证券化是化解集中度风险，主动实现动态组合管理的重要手段。在信贷资产组合管理的高级阶段，要加大对贷款转让等工具的使用，银行要加大研究，积极参与。具体而言，一是要加强资产证券化、银行间信贷资产的转让和信用风险缓释工具等贷后资产组合管理手段的研究，使资产管理阶段的资产配置成为组合管理中的一个重要组成部分。二是要适时参与信贷资产的证券化和贷款转让等过程，将银行某些维度中过于集中的贷款转让到市场。

三、加强信息化支持

实施银行的信贷资产组合管理必须有相应的信息系统支持。实现信贷组合管理离不开信息化的支持，只有真正的信息化的支持，才能够真正了解信贷资产的配置情况。

一方面，信息化支持系统有利于提高组合中行业、区域、产品等维度的分析和预警能力。传统的统计手段主要是自下而上进行，流程长，效率低，时间不连续，无法实现对组合管理的适时准确监控。借助信息技术，在商业银行已有的信息系统的基础上，建立单独的组合管理系统或模块，对全行各维度的信贷资产分布进行实时监控，实现总行对全行信贷组合的非现场检查，并进行多维度分析。另外，历史数据的积累可以为银行继续开展更深入的多维度组合管理奠定基础。

另一方面，信息化支持系统能够实现组合硬约束，加大组合管理的约束力度。组合管理策略不仅是为了提供参考，更是为了成为全行遵守的硬约束。将根据风险偏好制定的组合策略嵌入系统中，实现对各个维度组合管理的强制控制。加强信息化建设，以实现对组合管理的支持，使组合管理理念和政策能够严格执行。

四、妥善处理信贷悖论与组合管理之间的矛盾

信贷悖论实际上是集中的信息优势和组合管理分散化要求之间的矛盾。在组合管理过程中，既要充分利用银行既有业务的优势，又要加强信贷投放的分散管理。产业具有区域聚集的特点，为节省运营成本，提高信贷资产管理效率，具有相对区域特色优势的地区可以通过"信贷工厂"等方式批量化运作，但是这些地区的过量信贷集中投放也会导致信贷集中，不利于风险分散，这就需要统筹安排全行的信贷资产，结合区域优势，制定行业策略，既要满足当地的信贷需求，又要有效避免过度集中于某个维度。另外，也可以待我国市场完善后逐步借助贷后积极资产管理的手段妥善处理这对矛盾。制定优势地区和优势行业名单，在有区域优势的行业可以批量化放贷，然后通过贷款转让市场或者其他信贷资产证券化方法将集中在银行的风险转移到市场，这样既能够满足客户的资金需求，又能够避免风险在银行过度集中。

五、加快国际布局

区域维度的组合是信贷组合一个重要的组成部分，由于我国区域经济发展差异较大，目前我国各商业银行的区域集中度基本同经济发展状况相吻合，呈现出过于集中的情况。从境内外的区域组合来看，同大型国际商业银行相比，国内商业银行的国际信贷资产发展相对缓慢，建议借鉴国际先进大型商业银行的成功实践经验，积极稳妥地推动全球化战略，分享全球经济发展的成果。

总之，商业银行需要从战略高度重视信贷资产的组合管理，并积极予以实施。

参考文献

［1］ABDESSELAM R, BONNET J, PAPE N L, 2004. An Explanation of the Life Span of New French Firms ［J］. Small Business Economics, 23: 237-254.

［2］ACHARYA V, HASAN I, SAUNDERS A, 2006. Should banks be diversified? Evidence from individual bank loan portfolios ［J］. Journal of Business, 32: 1355-1412.

［3］AKHAVEIN J, KOCAGIL A, NEUGEBAUER M, 2005. A Comparative Empirical Study of Asset Correlations ［EB/OL］. ［2005-01-31］. https: //www. researchgate. net/publication/248619775_A_Comparative_Em_-_pirical_Study_of_Asset_Correlations.

［4］ALTMAN E I, KISHORE V M, 1996. Almost everything you wanted to know about recoveries on defaulted bonds ［J］. Financial Analysts Journal, 52: 57-64.

［5］ALTMAN, EDWARD I, BRADY, BROOKS, RESTI, ANDREA, SIRONI A, 2005. The Link Between Default and Recovery Rates: Theory, Empirical Evidence, and Implications ［J］. The Journal of Business, 78 (6): 2203-2228.

［6］ARTZNER P, DELBAEN F, EBER J−M, HEATH D, 1997. Thinking coherently ［J］. Risk, 10: 68-71.

［7］ARTZNER P, DELBAEN F, EBER J − M, HEATH D, 1999. Coherent Measures of Risk ［J］. Mathematical Finance, 9: 203-228.

［8］BAWA V S, LINDENBERG E, 1977. Capital market equilibrium in a mean−lower partial moment framework ［J］. Journal of Financial Economics, 5: 189-200.

［9］BCBS, 2001. The Internal Ratings Based Approach: Supporting Document to the New Basel Capital Accord ［EB/OL］. ［2001-05-31］. https: //www. bis. org/publ/bcbsca05. pdf.

［10］BCBS, 2006a. International Convergence of Capital Measurement and Capital Standards: A Revised Framework [EB/OL]. [2006-06-30]. https://www.bis. org/publ/bcbs128. htm.

[11] BCBS, 2006b. Studies on credit risk concentration: An overview of the issues and a synopsis of the results from the Research Task Force project [EB/OL]. [2006-11-30]. https://www. bis. org/publ/bcbs_wp15. htm.

[12] BCBS, 2012. Core Principles for Effective Banking Supervision [EB/OL]. [2012-09-14]. https://www. bis. org/publ/bcbs230. htm.

[13] BEBCZUK R, GALINDO A, 2008. Financial crisis and sectoral diversification of Argentine banks, 1999-2004 [J]. Applied Financial Economics, 18: 199-211.

[14] BEDENDO M, CAMPOLONGO F, JOOSSENS E, SAITA F, 2010. Pricing multiasset equity options: How relevant is the dependence function? [J]. Journal of Banking and Finance, 34: 788-801.

[15] BERGER A N, HASAN I, ZHOU M, 2010. The effects of focus versus diversification on bank performance: Evidence from Chinese banks [J]. Journal of Banking and Finance, 34: 1417-1435.

[16] BERGER A N, UDELL G F, 1998. The economics of small business finance: The roles of private equity and debt markets in the financial growth cycle [J]. Journal of Banking and Finance, 22: 613-673.

[17] BERKMEN P, GELOS G, RENNHACK R, WALSH J P, 2009. The Global Financial Crisis: Explaining Cross-Country Differences in the Output Impact [J]. Journal of International Money and Finance.

[18] CASSART D, CASTRO C, LANGENDRIES R, ALDERWEIRELD T, 2007. Confidence Sets for Asset Correlation [EB/OL]. [2007-12-31]. https://citeseerx. ist. psu. edu/viewdoc/summary? doi=10. 1. 1. 139. 1403.

[19] CAYETANOG, 2006. Valuing a portfolio of dependent RandD projects: A Copula approach [EB/OL]. [2006-01-31]. https://www. researchgate. net/publication/24116136_Valuing_a_portfolio_of_dependent_RandD_projects_a_Copula_approach.

[20] CERASI V, DALTUNG S, 2000. The optimal size of a bank: Costs and benefits of diversication [J]. European Economic Review, 44 (9): 1701-1726.

[21] CHEKLOV A, URYASEV S, ZABARANKIN M, 2005. Drawdown measure in portfolio optimization [J]. International Journal of Theoretical and Applied Finance, 8: 13-58.

［22］CHOLLETE L, DE LA PEñA V, LU C-C, 2011. International diversifica-tion: A copula approach ［J］. Journal of Banking and Finance, 35: 403-417.

［23］CHU B M, 2011. Recovering copulas from limited information and an appli-cation to asset allocation ［J］. Journal of Banking and Finance, 35: 1824-1842.

［24］CLAYTON D G, 1978. A Model for Association in Bivariate Life Tables and Its Appllication in Epidemiological Studies of Familial Tendency in Chronic Disease Incidence ［J］. Biometrika, 65: 141-151.

［25］CROOK J, MOREIRA F, 2011. Checking for asymmetric default depend-ence in a credit card portfolio: A copula approach ［J］. Journal of Empirical Finance, 18: 728-742.

［26］CURRY T, SHIBUT L, 2000. The cost of the savings and loan crisis: Truth and consequences ［J］. FDIC Banking Review, 13: 26.

［27］DANIELSSON J, JORGENSEN B N, SARMA M, VRIES C G D, 2006. Comparing downside risk measures for heavy tailed distributions ［J］. Economic Let-ters, 92: 202-208.

［28］DEMYANYK Y, HEMERT O V, 2011. Understanding the Subprime Mort-gage Crisis ［J］. Review of Financial Studies, 24: 1848-1880.

［29］DIETSCH M, PETEY J, 2004. Should SME Exposures Be Treated as Retail or Corporate Exposures? A Comparative Analysis of Default Probabilities and Asset Cor-relations in French and German SMEs ［J］. Journal of Banking and Finance, 28: 773-788.

［30］DUCHIN R, OZBAS O, SENSOY B A, 2010. Costly external finance, cor-porate investment, and the subprime mortgage credit crisis ［J］. Journal of Financial Economics, 97: 418-435.

［31］DUFFEE G R, 1999. Estimating the Price of Default Risk ［J］. Review of Financial Studies, 12: 197-226.

［32］DWYER D, KOCAGIL A, STEIN R, 2004. The Moody's KMV RiskCalc v3. 1 Model: Next-Generation Technology for Predicting Private Firm Credit Risk ［EB/OL］. ［2004-04-05］. https: //www. moodys. com/sites/products/productat-tachments/riskcalc%203. 1%20whitepaper. pdf.

［33］DüLLMANN K, KüLL J, KUNISCH M, 2010. Estimating Asset Correla-tions from Stock Prices or Default Rates-Which Method is Superior? ［J］. Journal of Economic Dynamics and Control, 11: 2341-2357.

［34］DüLLMANN K, SCHEULE H, 2003. Asset Correlation of German Corporate Obligors: Its Estimation, Its Drivers and Implications for Regulatory Capital [EB/OL]. [2003-03-31]. https://www. researchgate. net/publication/229008979_Asset_ correlation _ of _ German _ corporate _ obligors _ its _ estimation _ its _ drivers _ and _ implications_for_regulatory_capital.

[35] EMBRECHTS P, RESNICK S, SAMORODNITSKY G, 1999. Extreme value theory as a risk management tool [J]. North American Actuarial Journal, 3: 30-41.

[36] FDIC, 1997. An Examination of the Banking Crises of the 1980s and Early 1990s [EB/OL]. [2018-08-29]. https://www. fdic. gov/bank/historical/history/vol1. html.

[37] FITCH, 2004. Default VECTOR 3. 1 Model User Manual [EB/OL]. [2022-09-23]. https://manualzz. com/doc/7294270/default-vector-3. 1-model-user-manual.

[38] FLUCK Z, HOLTZ-EAKIN D, ROSEN H S, 1998. Where Does the Money Come from? The Financing of Small Entrepreneurial Enterprises [EB/OL]. [2018-08-29]. https://papers. ssrn. com/sol3/papers. cfm? abstract_id=1297105.

[39] FRANK M J, 1979. On the Simultaneous Associativity of F (x, y) and x+y-F (x, y) [J]. Aequationes Mathematicae, 19: 194-226.

[40] FREES E W, VALDEZ E A, 1998. Understanding relationships using copulas [J]. North American Actuarial Journal, 2: 1-25.

[41] FREY R, MCNEIL A J, NYFELER M, 2001. Modelling Dependent Defaults: Asset Correlations Are Not Enough! [EB/OL]. [2001-04-30]. https://www. researchgate. net/publication/2848321_Modelling_Dependent_Defaults_Asset_Correlations_Are_Not_Enough.

[42] GLASSERMAN P, SUCHINTABANDID S, 2007. Correlation expansions for CDO pricing [J]. Journal of Banking and Finance, 31: 1375-1398.

[43] GORDY M B, 2003. A Risk-factor Model Foundation for Ratings-based Bank Capital Rules [J]. Journal of Financial Intermediation, 12: 199-232.

[44] GREINER L E, 1972. Evolution and revolution as organizations grow [J]. Harvard Business Review, 50: 37-46.

[45] GROSSMAN R S, SHEA O, BONELI S. Bankloan and bond recovery study: 1997-2000 [R]. Fitch Loan Products SpecialReport, March, 2001: 1-23.

[46] GUMBEL E J, 1960. Bivariate Exponential Distributions [J]. Journal of the American Statistical Association, 55: 698-707.

［47］HAMERLE A, LIEBIG T, RÖSCH D, 2003. Benchmarking Asset Correlations ［J］. Risk, 16: 77-81.

［48］HARLOW W V, RAO R K S, 1989. Asset pricing in a generalized mean-lower partial moment framework: Theory and evidence ［J］. The Journal of Financial and Quantitative Analysis, 24: 285-311.

［49］HAYDEN E, PORATH D, VON WESTERNHAGEN N, 2007. Does diversification improve the performance of German banks? Evidence from individual bank loan portfolios ［J］. Journal of Financial Services Research, 32: 123-140.

［50］HU J, 2010. Dependence structures in Chinese and US financial markets: A time-varying conditional copula approach ［J］. Applied Financial Economics, 20: 561-583.

［51］HULL J C, 2005. Risk Management and Financial Institutions (4th Edition) ［M］. Hoboken: John Wiley & Sons.

［52］IACPM, 2005. Sound Practices in Credit PortfolioManagement ［EB/OL］. ［2005-11-30］. http: //iacpm. org/wp-content/uploads/2017/08/IACPM-SoundPracticesinCPMChinese. pdf.

［53］IACPM, 2011. Principles and Practices in Credit Portfolio Management: Findings of the 2011 IACPM Survey ［EB/OL］. ［2017-08-10］. http: //iacpm. org/wp-content/uploads/2017/08/10-IACPM2011PrinciplesPracticesinCPM-Whitepaper. pdf.

［54］IACPM, 2021. Principles and Practices in Credit Portfolio Management: Leadership and Resilience in the Credit Crisis ［EB/OL］. ［2021-11-30］. http: //iacpm. org/wp-content/uploads/2021/11/IACPM-Principles-and-Practices-in-CPM-2021-White-Paper. pdf.

［55］JUNKER M, SZIMAYER A, WAGNER N, 2006. Nonlinear term structure dependence: Copula functions, empirics, and risk implications ［J］. Journal of Banking and Finance, 30: 1171-1199.

［56］J. P. MORGAN, 1997. CreditMetrics^{TM}-Technical Document ［EB/OL］. ［1997-04-30］. https: //www. researchgate. net/publication/301776007_CreditMetrics_-_Technical_Document.

［57］KAMP A, PFINGSTEN A, PORATH D, 2005. Do banks diversify loan portfolios? A tentative answer based on individual bank loan portfolios ［J］. Journal of Financial Services Research, 32: 132-140.

［58］KLIESEN K L, GILBERT R A, 1996. Are Some Agricultural Banks Too

Agricultural? Federal Reserve Bank of St [J]. Louis Review, 78: 23-35.

[59] KOLE E, KOEDIJK K, VERBEEK M, 2007. Selecting copulas for risk management [J]. Journal of Banking and Finance, 31: 2405-2423.

[60] KONNO H, 1990. Piecewise linear risk function and portfolio optimization [J]. Journal of the Operations Research Society of Japan, 33: 139-156.

[61] LEE J, WANG J, ZHANG J, 2009. The Relationship Between Average Asset Correlation and Default Probability [EB/OL]. [2009 - 07 - 22]. https://www. moodysanalytics. com/-/media/whitepaper/before- 2011/07 - 22 - 09 - the - relationship-between-average-asset-correlation-and-default-probability. pdf.

[62] LI D X, 1999. On Default Correlation: A Copula Function Approach [J]. Journal of Fixed Income, 9: 43-54.

[63] LINTNER J, 1965. The valuation of risky assets and the selection of risky investments in stock portfolios and capital budgets [J]. The Review of Economics and Statistics, 47: 13-37.

[64] LOGAN A, DAHL D, 2002. Granularity and international diversification: An empirical analysis of overdue claims at banks [EB/OL]. [2002-01-01]. https: //www. researchgate. net/publication/245548692_Granularity_and_International_ Diversification_An_Empirical_Analysis_of_Overdue_Claims_at_Banks.

[65] LOPEZ J A, 2004. The Empirical Relationship Between Average Asset Correlation, Firm Probability of Default, and Asset Size [J]. Journal of Financial Intermediation, 13: 265-283.

[66] LUCAS D J, 1995. Default Correlation and Credit Analysis [J]. Journal of Fixed Income, 4: 76-87.

[67] MAHMOOD T, 2000. Survival of Newly Founded Businesses: A Log-Logistic Model Approach [J]. Small Business Economics, 14: 223-237.

[68] MARKOWITZ H M, 1959. Portfolio Selection: Efficient Diversification of Investments [M]. New York: John Wiley.

[69] MATA J, PORTUGAL P, 1994. Life Duration of New Firms [J]. Journal of Industrial Economics, 42: 227-245.

[70] MCELLIGOTT R, STUART R, 2007. Measuring the sectoral distribution of lending to Irish non-financial corporates. Financial stability report [EB/OL]. [2007-01 - 01]. https: //www. researchgate. net/publication/237297631 _ Measuring _ the _ Sectoral_Distribution_of_Lending_to_Irish_Non-Financial_Corporates.

[71] MERCIECA S, SCHAECK K, WOLFE S, 2007. Small European banks:

Benefits from diversification? [J] . Journal of Banking and Finance, 31: 1975-1998.

[72] MERTON R C, 1974. On the Pricing of Corporate Debt: The Risk Structure of Interest Rates [J] . Journal of Finance, 29: 449-470.

[73] MEYER A P, YEAGER T J, 2001. Are small rural banks vulnerable to local economic downturns? Federal Reserve Bank of St [J] . Louis Review, 83: 25-38.

[74] MODIGLIANI F, MILLER M H, 1958. The Cost of Capital, Corporation Finance and the Theory of Investment [J] . The American Economic Review, 48: 261-297.

[75] MORA N, 2012. What Determines Creditor Recovery Rates? [J] . Economic Review, 97: 79-109.

[76] MORGAN D, SAMOLYK K, 2003. Geographic diversification in banking and its implications for bank portfolio choice and performance [EB/OL] . [2003-03-20] . https: //citeseer. ist. psu. edu/viewdoc/download? doi = 10.1.1.524. 2454&rep = rep1&type = pdf.

[77] NAGPAL K, BAHAR R, 2001. Measuring Default Correlation [J] . Risk, 14: 129-132.

[78] NIELSEN S S, RONN E I, 1996. The Valuation of Default Risk in Corporate Bonds and Interest Rate Swaps [EB/OL] . [1996-02-13] . https: //papers. ssrn. com/sol3/papers. cfm? abstract_id = 7247.

[79] ONG M K, 1999. Internal credit risk models: Capital allocation and performance measurement [M] . London: Risk Books.

[80] PHELPS E, 1962. The accumulation of risky capital: A sequential utility analysis [J] . Econometrica, 30: 729-743.

[81] PITTS A, 2004. Correlated defaults: Let's go back to the data [J] . Risk, 17: 75-79.

[82] ROSS S, 1976. Arbitrage Theory of Capital Asset Pricing [J] . Journal of Economic Theory, 13: 341-360.

[83] SALMON F, 2009. Recipe for Disaster: The Formula That Killed Wall Street [EB/OL] . [2009-02-23] . https: //www. wired. com/2009/02/wp-quant.

[84] SAMUELS M, 2011. The calculation of portfolio unexpected loss in credit and operational risk [J] . Journal of Risk Management in Financial Institutions, 5: 76-85.

[85] SAUNDERS A, CORNETT M, 2007. Financial Institutions Management: A Risk Management Approach (6th Edition) [M] . New York: McGraw-Hill.

［86］SCHRÖCK G, 2002. Risk Management and Value Creation in Financial Institutions ［M］. New York: John Wiley and Sons, Inc.

［87］SCHÖNBUCHER P J, 2000. Factor Models for Portfolio Credit Risk ［EB/OL］. ［2001-04-30］. https: //www. researchgate. net/publication/2367502_Factor_Models_For_Portfolio_Credit_Risk.

［88］SERVIGNY A D, RENAULT O, 2002. Default Correlation: Empirical Evidence ［EB/OL］. ［2002-01-31］. https: //www. researchgate. net/publication/228679968_Default_correlation_Empirical_evidence.

［89］SERVIGNY A D, RENAULT O, 2004. Measuring and Managing Credit Risk ［M］. New York: McGraw-Hill.

［90］SHARPE W F, 1964. Capital asset prices: A theory of market equilibrium under conditions of risk ［J］. The Journal of Finance, 19: 425-442.

［91］SHIN G H, KOLARI J W, 2004. Do some lenders have information advantages? Evidence from Japanese credit market data ［J］. Journal of Banking and Finance, 28: 2331-2351.

［92］SKLAR A, 1959. Fonctions de répartition à n dimensions et leurs marges ［J］. Publications de l'Institut de Statistique de l'Université de Paris, 8: 229-231.

［93］SMITHSON C, 2003. Credit Portfolio Management ［M］. Hoboken: John Wiley and Sons.

［94］STEINBACH M C, 2001. Markowitz Revisited: Mean-Variance Models in Financial Portfolio Analysis ［J］. Siam Review, 43: 31-85.

［95］STEVENSON B G, FADIL M W, 1995. Modern Portfolio Theory: Can It Work for Commercial Loans? ［J］. Commercial Lending Review, 10: 4-12.

［96］STIROH K J, RUMBLE A, 2006. The dark side of diversification: The case of US financial holding companies ［J］. Journal of Banking and Finance, 30: 2131-2161.

［97］TABAK B M, FAZIO D M, CAJUEIRO D O, 2011. The effects of loan portfolio concentration on Brazilian banks' return and risk ［J］. Journal of Banking and Finance, 35: 3065-3076.

［98］VARMA P, CANTOR R, HAMILTON D, 2003. Recovery Rates on Defaulted Corporate Bonds and Preferred Stocks, 1982-2003 ［EB/OL］. ［2003-12-31］. https: //www. moodys. com/sites/products/Default Research/2002300000424883. pdf.

［99］VOZZELLA P, GABBI G, 2010. Default and Asset Correlation: An Empirical Study for Italian SMEs ［EB/OL］．［2010 - 01 - 07］．https：//papers. ss-rn. com/sol3/papers. cfm？abstract_id＝1532222.

［100］ZENIOS S A, KANG P, 1993. Mean-absolute deviation portfolio optimization for mortgagebacked securities ［J］．Annals of Operations Research, 45：433 - 450.

［101］ZHANG J, ZHU F, LEE J, 2008. Asset Correlation, Realized Default Correlation, and Portfolio Credit Risk ［EB/OL］．［2008 - 03 - 03］．https：//www. moodysanalytics. com/-/media/whitepaper/before - 2011/03 - 03 - 08 - asset - correlation-realized-default-correlation-and-portfolio-credit-risk. pdf.

［102］2020 年商业银行主要监管指标情况表 ［EB/OL］．［2021 - 02 - 09］．http：//www. cbirc. gov. cn/cn/view/pages/ItemDetail. html？docId＝970583& itemId＝954&generaltype＝0.

［103］《关于健全支持中小企业发展制度的若干意见》解读 ［J］．中国信息化，2020（8）：19-21.

［104］巴年基，牛毅东，张宏洲．银行信贷资产的劣变及其成因调查 ［J］．中国农村金融，2018（11）：47-49.

［105］巴曙松，陈剑．贷款集中度：当前信贷风险管理与监管的关键因素 ［J］．金融管理与研究，2010（8）：18-21.

［106］白保中，宋逢明，朱世武．Copula 函数度量我国商业银行资产组合信用风险的实证研究 ［J］．金融研究，2009（4）：129-142.

［107］保罗·米尔格罗姆，约翰·罗伯特，吴素萍．美国的储贷危机 ［J］．经济导刊，1998（3）：29-34.

［108］薄纯林．商业银行信贷集中风险的价值补偿 ［J］．金融理论与实践，2009（4）：79-80.

［109］蔡昉，都阳．中国地区经济增长的趋同与差异——对西部开发战略的启示 ［J］．经济研究，2000（10）：30-37，80.

［110］曹裕，陈晓红，王傅强．中小企业生存分析——以湖南省工业企业为样本 ［J］．科研管理，2011，32（5）：103-111.

［111］查尔斯·史密森．信贷资产组合管理 ［M］．张继红，陈德胜，吴凌云，常良峰，译．北京：中国人民大学出版社，2006.

［112］钞小静，任保平．中国经济增长质量的时序变化与地区差异分析 ［J］．经济研究，2011，46（4）：26-40.

［113］陈四清．商业银行风险管理通论 ［M］．北京：中国金融出版社，2006.

[114] 陈晓红，曹裕，马跃如．基于外部环境视角下的我国中小企业生命周期——以深圳等五城市为样本的实证研究 [J]．系统工程理论与实践，2009，29 (1)：64-72.

[115] 陈懿冰，聂广礼．银行信贷应该集中管理还是分散投放——基于中国上市商业银行的分析 [J]．中央财经大学学报，2014 (10)：38-46.

[116] 陈颖，纪晓峰．重新审视危机后的信用风险和市场风险相关性 [J]．金融研究，2009 (11)：185-193.

[117] 成思危．成思危论金融改革 [M]．北京：中国人民大学出版社，2006.

[118] 程婕．央行召开三季度金融统计数据发布会金融市场司司长邹澜表示部分金融机构对"三线四档"存在误解 [EB/OL]．[2005-11-15]．https：// baijiahao. baidu. com/s？ id=17137264030309277 27，2021.

[119] 迟国泰，洪忠诚，赵志宏．基于行业组合的贷款总体风险优化决策模型 [J]．管理学报，2007 (4)：398-403.

[120] 迟国泰，王化增，杨德．基于信用迁移全部贷款组合优化下的新增单笔贷款决策模型 [J]．系统管理学报，2008 (1)：1-8.

[121] 迟国泰，于善丽．基于非预期损失非线性叠加的新增贷款组合优化模型 [J]．管理评论，2021，33 (7)：3-15.

[122] 戴建中．九十年代美国银行业的调整和复兴 [J]．外国经济与管理，1998 (5)：21-24.

[123] 邸男．组合风险的相关性分析 [D]．天津：天津大学硕士学位论文，2005.

[124] 丁敏．日本产业结构研究 [M]．北京：世界知识出版社，2006.

[125] 董兢，吴红毓然．破产重整的赛维样本 [J]．财新周刊，2017 (37)：52-59.

[126] 董兢．江西赛维二次重整案结 普通债权清偿率降至 2.3% [EB/ OL]．[2018-01-24]．finance. caixin. com/2018-01-24/101202101. html.

[127] 樊志刚，何崇阳．2010 年商业银行信贷投放预测与分析 [J]．银行家，2010 (1)：38-41.

[128] 高松，刘建国，王莹．科技型中小企业生命周期划分标准定量化研究——基于上海市科技型中小企业的实证分析 [J]．科学管理研究，2011，29 (2)：107-111.

[129] 高玉升．基于企业生命周期理论的融资战略研究——以某集团为例 [J]．现代交际，2021 (3)：248-250.

［130］谷秀娟．信用悖论及其解决［J］．经济经纬，2006（3）：118-121.

［131］郭树清．银保监会国新办新闻发布会答问实录［EB/OL］．［2021-03-02］．http：//www. cbirc. gov. cn/cn/view/pages/ItemDetail. html？docId＝968693&itemId＝915&generaltype＝0.

［132］郭一先，吴鹤立．曾记否，金融梦在椰风中逝去——回首海南发展银行关闭始末［J］．金融经济，2001（11）：6-9.

［133］何信，张世英，孟利锋．动态一致性风险度量［J］．系统工程理论方法应用，2003（3）：243-247.

［134］洪忠诚，迟国泰，许文．基于信用风险迁移条件风险价值最小化的贷款组合优化模型［J］．系统管理学报，2009，18（3）：276-283，301.

［135］胡利琴，李岫，梁猛．基于组合理论的中国商业银行风险整合和资本配置研究［J］．金融研究，2009（3）：119-134.

［136］黄纪宪，顾柳柳．贷款 RAROC 模型定价与银行定价比较研究［J］．金融论坛，2014，19（5）：46-51，57.

［137］开放编年史丨1999：广信破产［EB/OL］．［2018-06-25］．http//finance. ifeng. com/c/7e1Uy7jDP7X.

［138］柯红梅．县域支行信贷管理等级提升初探［J］．湖北农村金融研究，2012（6）：21-23.

［139］李波．2017 年资产证券化发展报告［J］．债券，2018（1）：45-51.

［140］李芳，陈德棉．中国银行业信贷集中的风险收益效应分析［J］．财贸研究，2011，22（1）：94-98.

［141］李国辉．中国人民银行有关负责人答记者问［EB/OL］．［2019-06-02］．http：//www. pbc. gov. cn/goutongjiaoliu/113456/113469/3838479/index. html，2019.

［142］李红侠．商业银行贷款集中度风险的计量模型与实证研究［J］．海南金融，2010（2）：25-29.

［143］李敏新．论国有商业银行产业调查与行业信贷政策研究工作的功能作用——兼谈如何加强产业调查与行业信贷政策研究工作［J］．投资研究，2000（12）：23-27.

［144］李润平，聂广礼．中小企业生命周期与银行信贷资产质量［J］．金融论坛，2014，19（6）：45-52.

［145］李思婕，王瑞娟，许艳．商业银行信用分析框架探讨［EB/OL］．［2022-01-04］．https：//www. sohu. com/a/514348304_121118716，2021.

［146］李卫东，刘畅，郭敏．结构调整、贷款集中度与价值投资：我国商业

银行信贷投向政策实证研究［J］．管理世界，2010（10）：174-175.

［147］李兴华．农行安丘支行支持大姜生产经营一体化取得实效［EB/OL］．［2011-03-14］．http：//www.dzwww.com/finance/yinhang/yhzx/201103/t20110314_6211881.html.

［148］李秀敏，史道济．金融市场组合风险的相关性研究［J］．系统工程理论与实践，2007（2）：112-117.

［149］李勇，谢刚．商业银行信用风险管理的创新方向［J］．中国城市金融，2009（1）：36-38.

［150］联合资信评估股份有限公司．锦州银行股份有限公司2021年跟踪评级报告［EB/OL］．［2022-07-29］．https：//www.chinabond.com.cn/Info/158491954.

［151］联合资信评估有限公司．山东莱州农村商业银行股份有限公司2019年跟踪信用评级报告［Z］．2019.

［152］联合资信评估有限公司．山东莱州农村商业银行股份有限公司2020年跟踪评级报告［Z］．2020.

［153］梁涛．国务院新闻办就银行业保险业2020年改革发展情况举行发布会［EB/OL］．［2021-01-24］．http：//www.gov.cn/xinwen/2021-01-24/content_5582279.htm.

［154］林海青．建行威海分行认真开展服装行业风险排查［EB/OL］．［2013-03-22］．http：//www.tbankw.com/fzhdt/2013-03-22/109580.html.

［155］林毅夫，姜烨．经济结构、银行业结构与经济发展——基于分省面板数据的实证分析［J］．金融研究，2006（1）：7-22.

［156］林毅夫，孙希芳．银行业结构与经济增长［J］．经济研究，2008，43（9）：31-45.

［157］刘戈．储蓄与贷款协会为什么捅出了这么大的娄子？［J］．商业价值，2015（7）：150-152.

［158］刘国光，汪文庆，文世芳．改革开放新时期的宏观调控［J］．百年潮，2010（1）：4-12.

［159］刘鹤．两次全球大危机的比较［J］．管理世界，2013（3）：1-7.

［160］刘胜会．美国储贷协会危机对我国利率市场化的政策启示［J］．国际金融研究，2013（4）：13-21.

［161］刘诗源，林志帆，冷志鹏．税收激励提高企业创新水平了吗？——基于企业生命周期理论的检验［J］．经济研究，2020，55（6）：105-121.

［162］刘姝威．美国新英格兰银行倒闭沉思［J］．中国审计，1999

（8）：43.

［163］刘逸凡，王志雄，孙海容．中国违约债券的回收率问题探究［J］．债券，2020（3）：28-33.

［164］刘郁，姜丹．2020 年以来首次发债城投知多少？［EB/OL］．［2021-01-06］．https：//mp. weixin. qq. com/s/TXAz2eujFul5kyEXuRzPdQ.

［165］刘志东．度量收益率的实际分布和相关性对资产组合选择绩效影响［J］．系统管理学报，2007（6）：628-635.

［166］娄飞鹏．1980-1994 年间美国银行危机及其启示［J］．金融发展研究，2013（4）：66-70.

［167］陆晓明．银行风险管理的警钟——从美国一系列公司危机看银行信用风险管理［J］．国际金融研究，2002（9）：4-8.

［168］栾小华，张军．商业银行信贷结构与资产证券化影响研究［J］．上海经济研究，2018（4）：77-82.

［169］马卫民，张冉冉．金融科技创新助力科技型中小企业融资——基于企业生命周期视角的分析［J］．科技管理研究，2019，39（22）：114-121.

［170］马蔚华，谢平．美国商业银行的危机及其趋势［J］．金融研究，1992（6）：49-54.

［171］美国联邦存款保险公司．美国 20 世纪 80 年代至 90 年代初银行危机研究——历史和教训［M］．朱崇实，刘志云，等译．厦门：厦门大学出版社，2010.

［172］美国银行倒闭事件激增［J］．河南金融研究，1983（5）：13.

［173］聂广礼，陈懿冰．基于 Copula 函数的行业信用风险相关关系研究［J］．统计与决策，2013a（7）：149-152.

［174］聂广礼，陈懿冰．商业银行信用风险相关关系研究方法现状及其发展［J］．金融理论与实践，2013b（4）：1-7.

［175］聂广礼，成峰．商业银行的信贷组合管理——基于我国上市银行信贷投向的分析［J］．现代经济探讨，2012（8）：64-68.

［176］聂广礼，李军彦，袁平．基于 RAROC 的商业银行信贷资产组合管理［J］．农村金融研究，2017（1）：18-23.

［177］聂广礼．利用信贷资产证券化组合管理商业银行信贷资产——基于 2005-2008 试点阶段的分析［J］．现代经济探讨，2013a（5）：52-56.

［178］聂广礼．资本约束下的信贷资产组合管理［J］．管理现代化，2013b（2）：16-18.

［179］彭国华．技术能力匹配、劳动力流动与中国地区差距［J］．经济研

究，2015，50（1）：99-110.

［180］彭建刚，向实，王建伟．内部评级法的基本思想及其对我国银行业发展的影响［J］．财经理论与实践，2005（1）：25-30.

［181］钱海章．高新技术企业的生命周期及融资战略［J］．金融研究，1999（8）：61-66.

［182］全国生姜价格同比降幅超四成［EB/OL］．［2011-10-12］．http：//www.ce.cn/cysc/sp/info/201110/12/t20111012_21052353.shtml.

［183］人民银行上海总部印发《2021年上海信贷政策指引》［EB/OL］．［2021-03-15］．https//www.shanghaai.govcn/nw31406/20210315/153a6b9803bc4423afbeed27550ddee0.html.

［184］任秋潇，王一鸣．行业组合视角下的银行信贷优化管理——基于中国商业银行的优化模型设计与实证分析［J］．金融论坛，2021，26（3）：9-20.

［185］商业银行大额风险暴露管理办法［J］．中华人民共和国国务院公报，2018（20）：63-67.

［186］沈晓明．美国的银行倒闭增加［J］．上海金融，1988（2）：22.

［187］盛来运，郑鑫，周平，李拓．我国经济发展南北差距扩大的原因分析［J］．管理世界，2018，34（9）：16-24.

［188］苏州．信贷资产组合管理在我国商业银行应用的研究［D］．厦门：厦门大学硕士学位论文，2006.

［189］涂锐．我国商业银行信贷活动与经济周期的关联性研究［D］．长春：吉林大学博士学位论文，2010.

［190］屠新曙，王春峰，巴曙松．投资组合效用问题的研究［J］．数量经济技术经济研究，2002（5）：37-40.

［191］王弟海．三次产业增长和产业价格结构变化对中国经济增长的影响：1952~2019年［J］．经济研究，2021，56（2）：22-38.

［192］王菁．我国商业银行业务差异化策略研究［J］．中国金融，2009（11）：67.

［193］王俊寿．汇丰银行应对金融危机的经验与启示——汇丰银行总部考察报告［J］．银行家，2009（3）：46-49.

［194］王一林．转轨时期中国商业银行风险研究［M］．北京：中国社会科学出版社，2001.

［195］王智勋，陈欣．海南发展银行如何走向深渊［J］．社会，1999（3）：14-15.

［196］韦艳华，张世英．Copula理论及其在金融分析上的应用［M］．北京：

清华大学出版社，2008.

[197] 魏国雄. 商业银行应时刻关注行业信贷风险 [J]. 银行家，2004 (3)：13.

[198] 魏国雄. 信贷风险管理 [M]. 北京：中国金融出版社，2008.

[199] 魏红刚. 下跌风险约束下的投资组合选择研究 [D]. 天津：南开大学博士学位论文，2010.

[200] 魏敏，李书昊. 新时代中国经济高质量发展水平的测度研究 [J]. 数量经济技术经济研究，2018，35 (11)：3-20.

[201] 吴红毓然，单玉晓. 审判蔡国华 [J]. 财新周刊，2020 (24)：39-45.

[202] 吴红毓然. 包商、锦州与恒丰：处置问题银行探路 [J]. 财新周刊，2019a (32)：42-49.

[203] 吴红毓然. 恒丰银行蔡国华被查 [J]. 财新周刊，2017 (47)：24-26，28，30，31.

[204] 吴红毓然. 锦州银行张伟何以占山为王 [EB/OL]. [2019-08-17]. https：//mp. weixin. qq. com/s/s3bdMdjuJSVOClPEOArl1w，2019b.

[205] 吴惠强. 金融企业体制的突破——广东国际信托投资公司的经验 [J]. 广东金融，1985 (6)：14-17.

[206] 吴平生，杜海棠. 浅谈国有商业银行信贷投向多元化 [J]. 新疆金融，1998 (9)：4-5.

[207] 徐诺金. 美国八九十年代银行危机：成因、处置方法及启示（一）[J]. 中国金融，2001 (8)：50-51.

[208] 徐学超，孔求是. 关于信贷资产证券化基础资产利率条件的讨论——兼论涉农贷款证券化的可行性问题 [J]. 中国软科学，2020 (10)：36-44，84.

[209] 薛继坤. 东北老工业基地形成、演变过程的历史分析 [J]. 长春大学学报，2005 (5)：11-14.

[210] 闫冰竹. 商业银行开展信贷资产证券化业务的现实选择与政策建议 [J]. 金融监管研究，2016 (10)：55-68.

[211] 阎杰. 重庆发布信贷投向指引排放不达标项目限制贷款 [EB/OL]. [2017-05-02]. http：//49. 5. 6. 212/html/2017-05/02/content_59141. htm.

[212] 颜新秀，王睿. 银行业集中度风险的计量与监管——国际经验及对我国的启示 [J]. 中国金融，2010 (3)：23-25.

[213] 央行降息0. 25个百分点并扩大利率浮动空间 [EB/OL]. [2015-05-10]. http：//caijing. chinadaily. com. cn/2015-05/10/content_20674406. htm.

［214］杨谷芳．基于成本与人本理念的信贷管理再造［D］．长沙：湖南大学博士学位论文，2006．

［215］杨继光，刘海龙．商业银行组合信用风险经济资本测度方法研究［J］．金融研究，2009（4）：143-158．

［216］杨胜刚，胡海波．不对称信息下的中小企业信用担保问题研究［J］．金融研究，2006（1）：118-126．

［217］杨威，刘振中．信贷资产证券化为我国商业银行节约了多少资本金？［J］．债券，2018（12）：73-78．

［218］姚奕，杜音颖．解读巴塞尔新资本协议资本计提的原则和方法［J］．新金融，2007（3）：33-37．

［219］易文德．基于 Copula 理论的金融风险相依结构模型及应用［M］．北京：中国经济出版社，2011．

［220］殷林森，马欣．从"信贷悖论"谈商业银行信贷资产的信用风险管理［J］．征信，2013，31（5）：31-34．

［221］银保监会统信部．"数说十三五发展成就"银行业专题［EB/OL］．［2021-03-12］．http：//www.cbirc.gov.cn/cn/view/pages/Item Detail.html？docId＝970583&itemId＝954&generaltype＝0．

［222］银监会关于印发《银团贷款业务指引》（修订）的通知［EB/OL］．［2011-08-11］．http：//www.gov.cn/gongbao/content/2012/content_2106871.html．

［223］尹灼．信用衍生工具与风险管理［M］．北京：社会科学文献出版社，2005．

［224］游家兴，陈志锋，肖曾昱，薛小琳．财经媒体地域偏见实证研究［J］．经济研究，2018，53（4）：167-182．

［225］余江．我国大型商业银行对中小企业信贷融资问题研究［D］．成都：西南财经大学博士学位论文，2008．

［226］张朝祥．广东国投破产——一段历史的终结［J］．经济世界，1999（6）：7-9．

［227］张景义，张慧鹏．原广东国际信托投资公司破产案审判纪实［EB/OL］．［2003-03-01］．https：//news.sina.com.cn/c/2003-03-01/11396191 6s.shtml．

［228］张潇潇，施文．不良信贷资产证券化与银行声誉［J］．投资研究，2018，37（5）：72-81．

［229］中国 23 座城市 GDP 超万亿元［N］．人民日报海外版，2021-01-30．

［230］中国金融稳定报 2020［EB/OL］.［2020-11-06］. http：//www. pbc. gov. cn/goutongjiaoliu/113456/113469/4122054/index. html.

［231］中国人民银行. 中国人民银行中国银行保险监督管理委员会关于接管包商银行股份有限公司的公告［EB/OL］.［2019-05-24］. http：//www. pbc. gov. cn/goutongjiaoliu/113456/113469/3834025/index. html.

［232］中国人民银行. 利率工具概述［EB/OL］.［2005-01-03］. http：// www. pbc. gov. cn/zhengcehuobisi/125207/125213/125440/125832/2804866/index. html.

［233］中国人民银行. 中国金融稳定报 2020［EB/OL］.［2020-11-06］. http：//www. pbc. gov. cn/goutongjiaoliu/113456/113469/4122054/index. html.

［234］中国人民银行. 中国区域金融运行（2020）［EB/OL］.［2020-05-29］. http：//www. pbc. gov. cn/goutongjiaoliu/113456/113469/4030508/index. html .

［235］中国人民银行. 中国区域金融运行（2021）［EB/OL］.［2021-06-08］. http：//www. pbc. gov. cn/goutongjiaoliu/113456/113469/4264899/index. html.

［236］中国银行保险监督管理委员会，中国人民银行. 银保监会人民银行发布《2019 年中国普惠金融发展报告》［EB/OL］.［2019-09-29］. http：//www. cbirc. gov. cn/cn/view/pages/ItemDetail. html？docld＝847316＆itemld＝915＆general-type＝0.

［237］中华人民共和国国家发展和改革委员会，财政部，中国人民银行，中国银行保险监督管理委员会，国家能源局. 关于引导加大金融支持力度促进风电和光伏发电等行业健康有序发展的通知［EB/OL］.［2021-03-12］. https：// www. ndrc. gov. cn/xwdt/tzgg/202103/t202103122 _ 1269411. html？code＝＆state＝123.

［238］周民良. 经济重心、区域差距与协调发展［J］. 中国社会科学，2000（2）：42-53，206.

［239］周涛. 银行：遭遇破产［J］. 南风窗，1998（10）：35-37.

［240］周小川. 公司治理与金融稳定［J］. 中国金融，2020（15）：9-11.

［241］周小川. 关于农村金融改革的几点思路［J］. 经济学动态，2004（8）：10-15.

［242］周学东. 中小银行金融风险主要源于公司治理失灵——从接管包商银行看中小银行公司治理的关键［J］. 中国金融，2020（15）：19-21.

［243］周志宏. 参与海南发展银行托管工作的几点体会［J］. 中国城市金融，1999（1）：27-28.

［244］朱承亮. 中国地区经济差距的演变轨迹与来源分解［J］. 数量经济技术经济研究，2014，31（6）：36-54.

商业银行信贷组合管理

［245］朱镕基总理会见中外记者并回答记者提问［EB/OL］．［2002-03-15］．https：//www.cctv.com/news/china/20020315/360.html.

［246］朱世武．基于 Copula 函数度量违约相关性［J］．统计研究，2005（4）：61-64.

［247］朱晓谦，李建平．相关性下的银行风险集成研究综述［J］．中国管理科学，2020，28（8）：1-14.

［248］资产质量承压．盛京银行等多家辽宁城农商行被降级［EB/OL］．［2021-08-02］．https：//finance.caixin.com/2021-08-02/101750112.html.